三甲医院妇产科专家集数十年临床工作经验倾情奉献

贴心周到 科学权威

U0800756

完美孕程
胎教必读

王黎娜 张咏梅 编著

中国妇女出版社

图书在版编目（CIP）数据

完美孕程胎教必读 / 王黎娜，张咏梅编著．-- 北京：中国妇女出版社，2015.7
ISBN 978-7-5127-1019-1

Ⅰ．①完… Ⅱ．①王… ②张… Ⅲ．①胎教－基本知识 Ⅳ．①G61

中国版本图书馆 CIP 数据核字（2014）第 292694 号

完美孕程胎教必读

作　　者：王黎娜　张咏梅　编著
责任编辑：陈经慧
封面设计：知天下
责任印制：王卫东
出版发行：中国妇女出版社
地　　址：北京市东城区史家胡同甲 24 号　**邮政编码：**100010
电　　话：（010）65133160（发行部）　65133161（邮购）
网　　址：www.womenbooks.com.cn
经　　销：各地新华书店
印　　刷：深圳市彩之欣印刷有限公司
开　　本：170×240　1/16
印　　张：16
字　　数：230 千字
版　　次：2015 年 7 月第 1 版
印　　次：2015 年 7 月第 1 次
书　　号：ISBN 978-7-5127-1019-1
定　　价：49.80 元

前言

随着人们优生优孕意识的增强，顺利、平安地度过孕期，不再是普通家庭的唯一关注点，胎教也日益走入人们的视野，成为孕育过程中值得关注的又一个焦点。

让腹中的宝宝在出生后更聪明、更健康，能够赢在起跑线上，是每一个现代新手父母的期望。那么如何进行科学系统的胎教呢？想必这一问题困扰着很多人。本书正是从胎宝宝生长发育的特点出发并结合最新胎教理论成果，建议计划要宝宝的夫妻从备孕阶段开始就转变胎教观念，认识和理解胎教的价值和目的，制订科学合理的胎教计划，确立各自在胎教中的角色，为孕育健康聪明的宝宝提早做好打算。

本书根据胎宝宝的发育情况和准妈妈身体的变化，制订了周密系统的胎教方案，并详细地介绍了营养胎教、情绪胎教、环境胎教、运动胎教、音乐胎教、语言胎教、艺术胎教的方法和内容。不同的月份，安排不同的胎教方案，为新手父母实施胎教方案提供了明确的指导。除此之外，本书还采纳了目前流行的胎教形式和创意，一改往日胎教的呆板形式，让新手父母快乐做胎教，轻轻松松度过怀胎育儿的美好时光！

系统、科学、完美的胎教内容和胎教方法，不仅能够帮助胎宝宝在妈妈腹中健康快乐地成长，而且可以为胎宝宝和准妈妈营造幸福、温馨的氛围。我们相信，在夫妻双方的共同努力下，有了本书的陪伴和指引，您一定能孕育出一个健康快乐的宝宝！

目录 Content

Part 1

胎教从备孕开始

随着人们对胎教认识的深入，胎教在当代越来越受到重视，特别是在以 80 后独生子女为主流的新生代父母中间尤其如此。作为父母，谁都不希望自己的宝宝输在起跑线上，都想拥有一个优质宝宝，而胎教则可以帮助众多父母实现这一美好愿望。

我们所熟知的胎教一般是从孕期开始的，殊不知，正确而有效的胎教应该是从计划怀孕的备孕期开始。在备孕期，备孕夫妻就需要学习胎教知识，进行孕前胎教。在备孕时做好充足的胎教准备，为孕育出优质宝宝打下良好的基础。

认识胎教

每一对夫妻在备孕、怀孕期间除了注意自身的身体健康之外，还要掌握科学的胎教知识，正确认识胎教，才能拥有完美的孕程，孕育健康活泼可爱的宝宝。

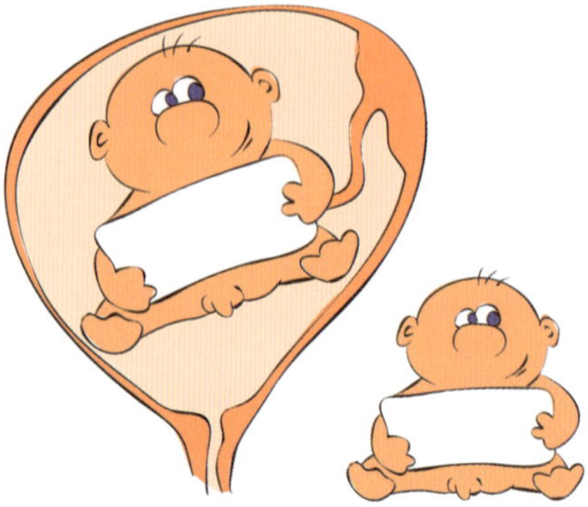

什么是胎教

大家都在谈胎教，古今中外，对胎教的看法也是各不相同。那么到底什么是胎教呢?

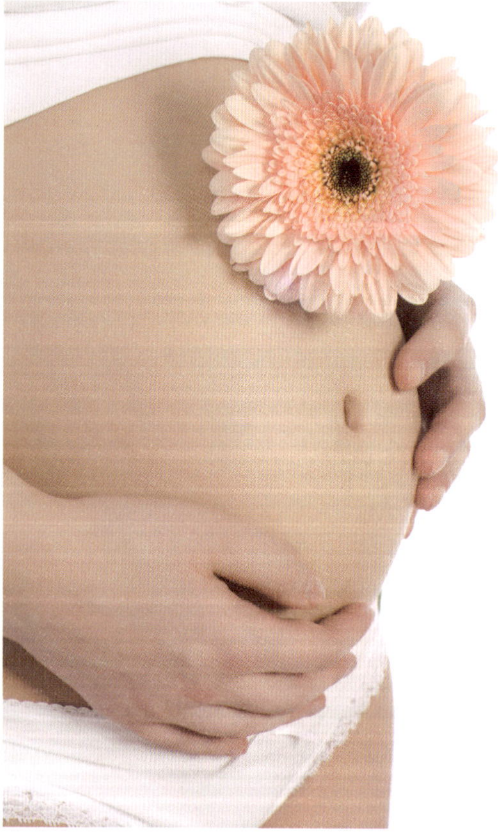

从广义上来讲，胎教是指为了促进胎宝宝在生理上和心理上的健康生长，确保准妈妈顺利度过孕产期而采取的心理、生理、环境等各方面的保健措施。也就是说，胎教对象既包括胎宝宝也包括准妈妈，因为只有健康的妈妈，才能孕育出强壮、聪明、活泼、可爱的宝宝。

从狭义上来讲，胎教就是准爸爸、准妈妈根据胎宝宝各个感觉器官生长发育的实际情况，对其针对性地、积极主动地进行适当合理的信息刺激，使胎宝宝建立起条件反射，进而促进其大脑机能、躯体运动机能、感觉机能及神经系统机能的成熟。也就是根据胎宝宝在生长发育的各个阶段的不同特点，给胎宝宝提供比较科学的视觉、听觉、触觉等方面的刺激，如通过光照、音乐、对话、拍打、抚摸等，使胎宝宝大脑神经细胞不断增殖，神经系统和各个器官的功能得到合理的开发和训练，最大限度地发掘胎宝宝的智力潜能。

胎教的认识误区

在当代社会，胎教虽然不是一个新鲜事物，但很多的准爸爸、准妈妈对胎教的认识还存在一些误区，下面就为各位备孕夫妻罗列几条有代表性的错误认识。

为胎教而胎教

有些准爸爸、准妈妈不愿意错过任何一个胎教机会。他们参加培训班，或严格按照有关胎教的书籍所介绍的方法按部就班地进行胎教，看到听音乐有助于胎宝宝的神经发育，就经常播放音乐；听说多读诗歌散文能促进胎宝宝的感性思维，就每天给胎宝宝阅读诗歌和散文；又听说应提早给胎宝宝创造外语环境，就每天听外语、读外语等。为了胎教，每天都忙忙碌碌的，准妈妈自己身为一个成年人都受不了这番疲劳之苦，更何况肚子里娇嫩的胎宝宝呢。

其实，胎教不必弄那么多“花样”，找到适合又能让自己心情愉悦，而且有效的方法才是正确的胎教之道。

胎教就是听音乐

听音乐确实是胎教的一个好方法。轻柔舒缓、节奏轻快的音乐在让准妈妈心情愉悦的同时，也能通过准妈妈传递给肚子里的胎宝宝，让胎宝宝也感觉愉悦。胎教的方法有很多，不只是听音乐这一种，只采取一种胎教方法，未免显得单调，还有其他一些胎教方式也会很好的效果，如看书、看画展、到郊外散步、与胎宝宝对话、抚摸等。

胎教过的宝宝一定是神童

有些人认为，只要对胎宝宝进行胎教，生出来的宝宝一定会是个神童，这种观点是不正确的。胎教能让宝宝的个人潜能得到更早的发掘，促进胎宝宝的大脑发育，比同龄未接受过胎教的宝宝反应更灵活，发育更为全面。但是，宝宝的聪明才智除了胎教和后天的培养外，还有遗传因素的影响。历史上，没有经过胎教而成为神童的例子也比比皆是。所以，不能简单地认为接受过胎教的宝宝就一定能成为神童。

胎教不必分时间

胎教与其他的事情一样，是一个循序渐进的过程，不能太急，也不能太慢。胎教也要分时间，需找准时间，效果才会更明显。准爸爸、准妈妈应根据胎宝宝的生长发育特点，分阶段、分时间合理地进行胎教，如制订每天的胎教计划和整个胎教期间的时间表。

中外胎教大不同

胎教是现代很多准妈妈的必修课。但由于中西方文化背景的不同，对胎教的认识和实施胎教的方法也大相径庭。

胎教在中国

胎教的历史可追溯到我国古代的西周时期。在西周，胎教的意义已经出现，但"胎教"一词到汉朝才出现。古代所认为的胎教与现代意义上的胎教大同小异。古人认为胎宝宝在子宫内容易受到母亲的情绪影响，所以准妈妈必须遵守礼仪，约束自己的行为，从而保持对胎宝宝的良好影响。

古代不仅统治者重视胎教，一些思想家、教育家、医学家都很重视胎教。伟大的思想家孟子的母亲说过这样一段话："吾怀妊是子，席不正不坐，割不正不食，胎教之也。"即：我在怀宝宝时，席子不正都不坐，肉切得不方正也不吃，就是要对宝宝实行胎教。又如三国时的魏文帝曹丕也对胎教的重要作用有独到之论述。他举例把周成王和汉昭帝在位执政时的政业功绩、个人寿命的长短、作为的大小等几个方面进行了比较，强调胎教对于培养合格、理想君王的重要作用。

近现代胎教的发展更为全面并受到重视，如康有为就提出"胎教院"之说，大学者蔡元培同样也提出设立"胎教院"的建议。而如今胎教已受到更多人的认识和肯定，胎教书籍、胎教训练、胎教课程等已成为当下准妈妈、准爸爸不可缺少的孕期生活的一部分。

胎教在外国

国外最早提出胎教观点的是古希腊哲学家亚里士多德。国外更为重视胎教，取得成果也比较明显。

国外的胎教发展到现在，出现了很多胎教的专门著作和胎教方法，如美国的"胎儿大学"，是从怀孕就入学，到宝宝出生才毕业，说明其对胎教的重视；日本的"0岁音乐会"同样证明胎教在日本也受到很大的重视；而备受准爸爸、准妈妈推崇的斯瑟蒂克胎教也是来源于美国的。

由此可以看出，胎教在国外的发展似乎比中国更为全面和迅速。

现代胎教的新主张

现代胎教是在古代胎教的基础上发展而来的。相比而言，现代胎教更加注重对胎宝宝直接胎教的实施，注重理论与实践的结合，充分运用现代的科学技术成果，而且还把胎教提前到从孕前就开始实施。

古代胎教主要是让准妈妈在怀孕期间保持心态平和、情绪稳定，使身体各器官保持良好的功能状态，创造良好的胎内环境，从而有利于胎宝宝的正常生长发育。而现代胎教除了对准妈妈有特别要求之外，还强调要有针对性地、分阶段地刺激胎宝宝的各个器官的生长发育，满足其营养需求，促使胎宝宝的大脑发育成熟，有利于胎宝宝出生后的成长，使之更加健康、聪明。

为什么说胎教作用大

很多人认为胎宝宝没有接受教育的能力，因此不必进行胎教。其实这种看法不正确。作为对胎宝宝的成长产生刺激作用的重要方法，胎教是有科学理论依据和现实意义的。

科学依据

科学研究表明，宝宝在胎儿期大脑就会完成细胞分裂增殖的工作，这一个过程分为两个高峰阶段。第一个高峰阶段是受孕的2~3个月，第二个高峰阶段是受孕的7~8个月。所以在脑细胞分裂增殖的阶段使它处于高峰期，可以为宝宝具有高智商奠定一定的基础。调查发现，受过胎教的宝宝与没有受过胎教的宝宝相比，其智商和情商有明显的优势。也有实验表明，胎龄在4个月或5个月以上的正常胎宝宝，已经具备了一定的感知能力，特别是听觉、视觉与触觉已经初步建立。这样，随着科学技术的发展，对于胎宝宝的一些前所未知的能力，逐渐被人们发现和得到正确的队识。这说明4~5个月的胎宝宝不仅具备了接受教育的条件，而且符合胎宝宝生理发育的实际情况。因此，胎教是科学的、可行的。

胎教的现实意义

胎宝宝在准妈妈腹中已完全具备了听觉、感觉、视觉、触觉、味觉五种感觉，同时又具有感知和记忆两种能力，这使得对胎宝宝进行胎教成为可能。

目前，胎教已经被越来越多的人认识和接受，很多人还对现代胎教理论进行了深入的研究和探索。

20世纪60年代以来，世界上许多国家，特别是发达国家纷纷建立专门的胎教研究机构、胎教研究中心和胎教大学，进行胎教实验，研究胎教理论，普及胎教知识，推广胎教方法，希望培养和造就更多的智慧儿童，以期提高人口素质。他们的研究，在理论上和实践上都取得了肯定的成就。如美国加利福尼亚州希活市妇产专家尼·凡特卡创办的世界上第一所“胎宝宝大学”、英格兰的语言胎教法研究、日本的英才造就工程、奥地利与德国准妈妈情绪心理学研究、瑞士的母子作息习惯研究、西班牙的产前教育研究所等，都为胎教的科研和推广开辟了通道。

夫妻双方在胎教中的角色

自古以来很多人都会认为，生宝宝是女人的事。但事实上，一个生命的孕育是需要夫妻双方共同努力方能完成的。从精子与卵子的结合开始，甚至更早，生命的诞生都是夫妻双方共同努力完成的。那么同样，在胎教的过程中，夫妻双方也承担着各自的责任，担任着各自的角色。所以从备孕开始，夫妻双方就要知道各自在胎教中的角色。

准妈妈——主角

胎宝宝是在准妈妈的体内孕育成长起来的，与准妈妈有着深厚的血脉联系。准妈妈的身体是胎宝宝的直接营养来源，为胎宝宝的生长发育提供物质基础。由于胎宝宝与准妈妈这层特殊的生理关系，准妈妈毋容置疑地应该担当起胎教的主要责任，是胎教的主角。怀孕期间除了要补充营养，给予胎宝宝充分的营养之外，还要加强精神文化、艺术情感等方面的修养，通过提高自身的修养，将美好的意念传递给胎宝宝，使胎宝宝的发育更全面、更健康。

准爸爸——配角

准爸爸要注意了：不要以为胎宝宝不是在准爸爸体内成长起来的，胎宝宝的健康成长、胎教就与准爸爸没有关系了。虽然胎教的主角是准妈妈，但准爸爸也不能忽略自己的重要角色。

准爸爸要在胎教中协同准妈妈，为准妈妈创造安静祥和、舒适整洁的环境，保障准妈妈的身体健康、营养充足，努力让准妈妈心情愉悦。除了这些，还要与胎宝宝进行互动，如抚摸、对话等，向胎宝宝传递父爱。

备孕夫妻应为胎教做哪些准备

既然准备要宝宝了，就要细心全面地做好各项胎教准备。那么，备孕夫妻到底应该为胎教做哪些准备呢?

物质准备

要有一定的经济基础，提供舒适的“窝”和胎教所需的工具、资料，如各种胎教用具、参考书、文学书、故事书等。

身体准备

有一个好身体才能更好地做事情。胎教也不例外。要想做好胎教，健康的身体是不可缺少的。

备孕夫妻要补充所必需的营养，特别是叶酸，最好夫妻二人一起补充。少吃或不吃各种煎炸、烧烤、油腻过多的不健康食物，多吃蔬菜水果。戒烟戒酒，减少咖啡因的摄入。此外，还需要坚持运动来提高身体的免疫力。

心理准备

夫妻二人在决定怀孕之前，应做好充分的思想准备，比如，宝宝“报到”了，能不能给他一个好的成长环境，能不能让他健康快乐地成长，有没有耐心教育宝宝，能不能熬过艰苦的孕期，能不能让胎宝宝健康地在体内生长发育。

除了这些，还要树立正确的观念，生男生女都一样；了解掌握一定的孕育、胎教知识；注意随时调整不良心态，保持健康向上、积极乐观的情绪。

环境准备

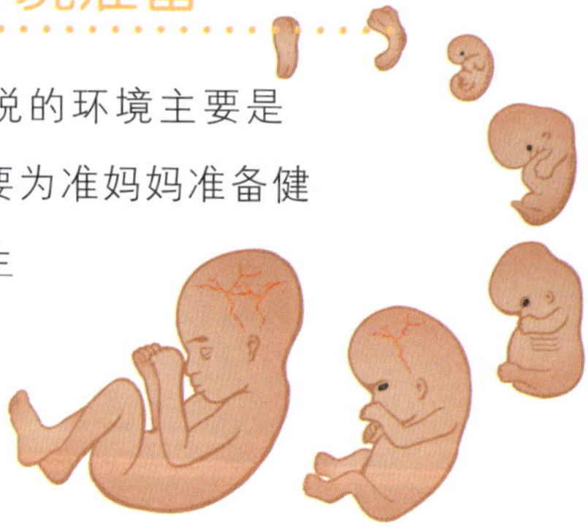

这里所说的环境主要是指外环境。要为准妈妈准备健康舒适的生活环境，避免辐射强、污染严重、危险性较高的工作环境；不住刚装修完或甲醛超标等污染严重的房子；在室内还要注意花草、香薰等的摆放，拒绝不利于胎宝宝的健康的花草和香薰；拒绝噪声污染，选择安静舒适的家居环境。

以上这些准备都是备孕夫妻应该做的。另外，准爸爸不要以为备孕准备只是准妈妈一个人做就可以了，要赶快和准妈妈一起行动，为你们爱的结晶一起加油。

胎教的方法有哪些

胎教有很多方法，具体有哪些方法，各种胎教方法有什么作用，这是备孕夫妻要弄清楚的问题。

营养胎教

营养胎教，也叫饮食胎教，就是在怀孕前和怀孕期间注意饮食均衡搭配，在不同的时期根据胎宝宝生长发育的不同需要重点补充营养。母亲的营养状况将会影响到自身的健康及胎宝宝的健康发育。准妈妈除了在怀孕期间必须注意营养均衡，怀孕前的营养状态也应受到同样重视，因为两者是相辅相成的，身体缺乏的营养元素在短时间内是不可能一下子就补充完成的。所以，想要孕育优质的宝宝，必须从怀孕前就开始调养身体，怀孕时均衡摄取营养，为宝宝的健康成长打好基础。

听觉类胎教

听觉类胎教就是运用听觉来进行的各种胎教，如音乐、语言、对话、呼唤胎教等。

音乐胎教

音乐胎教就是用音波来刺激胎宝宝的听觉器官，从而激发胎宝宝的右脑发育成熟。音乐胎教从怀孕 12 周起，就可有计划地实施。给胎宝宝听音乐是最常用的方法。要注意的是，选择胎教音乐的类型应以悠扬舒缓的乐曲为主，避免节奏过于强烈的音乐。当然，也可以通过准妈妈哼歌来刺激胎宝宝，使胎宝宝早早地就感受到妈妈温柔亲切的声音，从而获得感情、感觉上的满足。还可以通过将专门胎教音乐播放器放在腹部，调节合适的音量，为胎宝宝播放乐曲，但要注意音量不可太大。

语言胎教

语言胎教是指准妈妈或家人用文明、礼貌、富有感情的语言，有目的地对腹中的胎宝宝讲话，给胎宝宝大脑新皮质输入最初的语言印记，为后天的学习打下基础。

对话胎教

对话胎教是指准爸爸、准妈妈与腹中的胎宝宝对话。准妈妈和准爸爸可以将日常生活中发生的事情，像讲故事一样讲给胎宝宝听，如早上起床可以先跟胎宝宝打个招呼，时不时地把看到的事物通过对话的方式讲给胎宝宝听。这不仅是语言胎教的重点，也是建立亲子关系的关键。

呼唤胎教

呼唤胎教属于对话胎教的一种，又可称为“母儿对话”，是准妈妈及准爸爸与胎宝宝之间的语言沟通。胎宝宝是有记忆的，准爸爸、准妈妈可以先给她起一个乳名，经常呼唤他的名字，如“宝宝”“乖乖”等，出生后宝宝会对这样的称呼做出反应。

视觉类胎教

视觉类胎教就是运用视觉刺激胎宝宝的胎教方式，如光照、美学、色彩胎教等。

光照胎教

从怀孕 24 周开始，每天定时在胎宝宝觉醒时用弱光作为光源，照射准妈妈腹壁胎头方向，每次 5 分钟左右，结束前可以连续关闭、开启光源数次，以利胎宝宝的视觉健康发育。但千万不可用强光照射，同时照射时间也不能过长。

美学胎教

经常欣赏艺术作品可以提高人的感受力。准妈妈可以带着肚子里的胎宝宝，一同欣赏美丽的事物，当准妈妈感受到美的同时，也在无形中将美传达给胎宝宝。

色彩胎教

色彩胎教是指准妈妈通过接触色彩，达到训练胎宝宝感性能力的目的，如对于名画的鉴赏、给图片上色、亲近大自然中的五颜六色等都属于色彩胎教。准妈妈看到的东西越多，胎宝宝所能感受到的美感体验就越多。

动作型胎教

动作型胎教就是通过抚摸、运动、游戏的方式刺激胎宝宝发育的胎教方法。

抚摸（触摸）胎教

享受抚摸是孩子的天性，胎宝宝也不例外。胎宝宝受到准妈妈双手轻轻地抚摸之后，会引起一定的条件反射，从而激发胎宝宝活动的积极性，形成良好的触觉刺激，通过反射性躯体蠕动，以促进大脑功能的协调发育。准爸爸、准妈妈可以边抚摸胎宝宝，边与胎宝宝对话，以达到更好的胎教效果。

运动胎教

准妈妈可以进行一定的体育锻炼，促进胎宝宝大脑及肌肉的健康发育，如坚持做孕妇操，有利于准妈妈正常妊娠及顺利分娩。

游戏胎教

游戏胎教可以与运动胎教相结合，即一边运动一边游戏，不同的运动方式可以带给胎宝宝不同的刺激。准妈妈可以与胎宝宝玩“踢肚游戏”。当胎宝宝踢肚子时，准妈妈轻轻拍打被踢的部位，然后等待第二次踢肚，一般在两分钟后，胎宝宝会再踢。每天进行 2 次，每次数分钟。

心理暗示型胎教

心理暗示型胎教就是通过意念、情绪的控制作用使胎宝宝处于愉悦的氛围之中。

意念胎教

准妈妈可以在怀孕期间通过想象来勾勒胎宝宝的形象。准妈妈还可以在房间里贴一些可爱宝宝的画像或照片，时常看一看，感受胎宝宝的存在。

情绪胎教

情绪胎教是指准妈妈通过调节自己的情绪，创造和谐的氛围及愉快的心境，再通过神经的递质作用，使胎宝宝的大脑得以良好的发育。

胎教方法众多，准爸爸、准妈妈要根据的自己的情况和怀孕的时间合理选择，不能过于单一，也不能过于复杂，适合自己的才是最好的。

备受推崇的斯瑟蒂克胎教

现在社会上流行着一种叫做斯瑟蒂克胎教的胎教方法，据称受过这种胎教的宝宝智商会有很大的提高，那么到底什么是斯瑟蒂克胎教呢？与普通的胎教相比，它有什么特殊之处呢？

何为斯瑟蒂克胎教

斯瑟蒂克胎教，是以一对美国普通夫妇的名字命名的，因为这对夫妇所生的 4 个女儿的智商都高达 160，而他们把这原因归结于胎教，所以用这对夫妇的名字来命名这一胎教方法。他们认为“每一个胎宝宝都是天才”，以准爸爸、准妈妈对宝宝的爱为基础制订胎教计划，并积极地将其付诸实施，通过对胎宝宝说话和运用卡片教导文字和数字等，激发胎宝宝的大脑潜能。

斯瑟蒂克胎教如何做

前文提到，斯瑟蒂克胎教主要运用对话和教导的方式刺激胎宝宝的大脑生长发育成熟。具体而言，可以从以下几个方面来具体操作。

音乐熏陶

准爸爸、准妈妈可以经常唱歌给胎宝宝听，还可以多播放旋律优美、节奏明快的音乐或歌曲给胎宝宝听，将幸福与爱的感觉传递给胎宝宝。

交流很重要

准爸爸、准妈妈要注意随时与胎宝宝交谈，一天里在做着什么，想着什么，发生了什么都可以跟胎宝宝说一说。如早上起床，可以跟胎宝宝道声早安，告诉他现在是上午了，今天的天气如何；也可以讲故事给胎宝宝听，但是在讲之前自己必须先了解故事的内容，然后用丰富的想象力，富有感情的声调把故事说给胎宝宝听。

户外活动有诀窍

准妈妈出门散步，不必匆匆忙忙和闭口不言，在路上无论看到什么，如车辆、商品、行人、植物，都可以将它们变成有趣的话题，细致地描绘给胎宝宝听。

形象语言有必要

准妈妈可以在白纸上用各种彩笔写下文字或数字，来加强视觉效果。读文字时，除了反复念之外，还要用手比划这个字的形状，牢牢记住文字的形状与颜色，加以形象化的解说。

宝宝并不代表胎教结束

准爸爸、准妈妈要知道，并不是宝宝一出生，胎教就结束了。在宝宝出生以后，最好的方法就是把以前胎教所用过的东西，一一放在宝宝的面前，这样可以让宝宝回忆起以前学过的东西。

制订胎教计划

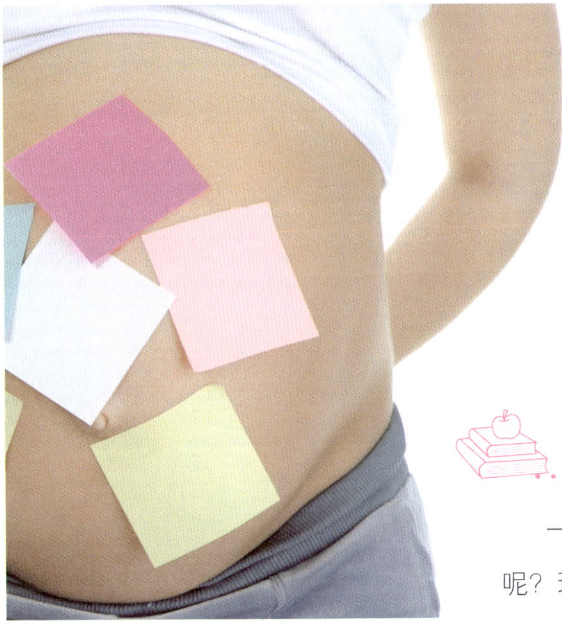

老师在给学生上课之前，都要事先备好课。如果我们把胎教比喻成“上课”的话，那么制订胎教计划就是“备课”了。充分可行的“备课方案”，是收获成果的基础。所以，要想胎教的效果明显，就必须在孕前制订一份完美可行的胎教计划，并且将计划的内容付诸实践。

胎教计划内容扫描

一份完美可行的胎教计划应包括哪些内容呢？现在我们一起来学习一下。

营养计划

不管是在孕前还是在孕期，营养计划都是胎教计划中很重要的一部分。在备孕时，夫妻双方补充营养能提供健康的精子和卵子；在孕期，准妈妈补充营养能给胎宝宝提供直接的养分。所以，胎教计划中应按时间段、有目的地补充营养。

孕前及孕期检查计划

在决定拥有爱的结晶，延续下一代之前，备孕夫妻共同接受孕前检查是非常有必要的。因为孕前检查能更加明确地知道双方的身体健康情况，是对双方和下一代负责的表现。而孕期检查可以帮助准妈妈了解胎宝宝每个阶段的发育情况，及早发现不良情况和先天性疾病。

开始写备孕及怀孕日记

胎教日记是胎教计划中非常重要的一部分。在备孕及孕期定期记日记，记录胎教计划的实施情况和胎宝宝的成长及变化，通过这些，准妈妈就像多了一个倾诉的伙伴，既可以分享快乐，也可以有效缓解孕期的不良情绪。

明确所用的胎教方法

在胎教计划中要明确各种胎教方法的具体运用及效果，有选择地挑选适合自己和胎宝宝情况的胎教方法。要在怀孕前，就开始学习和了解胎教方法和有关优生优育的知识，等到怀孕之后将这些知识运用到胎教实践中去。

胎教计划制订须知

一份完美的胎教计划必须是可行的、有效的，那么如何制订一份可行有效的胎教计划呢？

越近越详细

越近越详细是说对于近期的胎教计划，制订得越详细最好。因为近期的胎教近在眼前，不会有太大的变动，所以安排得越详细，实施起来就越容易。备孕时期的计划包括饮食、情绪的调节等。

早考虑远期

制订计划也不能只考虑眼前，还必须顾及长远，做到远近安排有所兼顾。但是远期的计划变动的可能性比较大，所以做计划可以做得稍微粗糙简单一些。远期的可以包括孕中期、孕晚期所需要的胎教方式及其他的一些生活细节上的安排。

孕前营养胎教

营养胎教不只是在孕期才需重视，在孕前也是必须重视的。因为只有营养充足的身体才能保证精子和卵子的健康，而健康的精子和卵子结合在一起才是孕育健康聪明宝宝的基础。所以，夫妻双方孕前营养也至关重要。

孕前营养胎教须知

孕前的营养胎教，虽然说是在孕前实施的，但却是为了孕期胎教而服务的，所以备孕夫妻必须重视。

孕前营养胎教的时间安排

孕前营养胎教虽说是在孕前，但是具体提前多少时间，很多的备孕夫妻还不太清楚。原则上来说，孕前补充营养是越早越好，最少需提前 3 个月，因为女性的卵子是一个月排出一个，而男性的一个精原细胞发育成一个成熟的精子则大约需要 3 个月。所以最好的营养调养时间应是孕前的 1 年到 3 个月。

孕前营养胎教要有针对性

孕前补充营养是为了母体和胎宝宝的健康而进行的，应对备孕妈妈的体质和未来胎宝宝所需的营养有针对性地进行补充，如维生素、锌、碘、铁、钙等。补充营养也应该是适量的，过少地摄入会影响精子、卵子的健康和成活率，过多地摄入同样会影响备孕夫妻的身体状况。

孕前营养大汇总

蛋白质

蛋白质可以说是“生命之源”。每天摄入一定量的蛋白质才能满足身体机能的需要，养出生命力强的精子和卵子。如果蛋白质摄入不足，即使成功受精，受精卵也会出现营养不足的情况。精子和卵子的基本成分是蛋白质，补充充足的蛋白质才可以提高精子和卵子的质量。蛋白质还可以提高精子和精液的数量、质量，增强精子的活力，增加受孕的概率。所以，备孕夫妻每天应注意摄取足量的蛋白质。蛋白质在食物中含量丰富，可以通过食物来摄取蛋白质，如腐竹、黄豆、鸡蛋、豆浆等。

脂肪

脂肪是供给人体能量的来源，1 克脂肪所产生的热量可以是糖类及蛋白质的两倍多。脂肪中还含有机体细胞组织的必备物质——脂肪酸。女性的脂肪过低会影响女性的正常身体机能运作。因为只有在脂肪占体重的 1/4 时，女性才能维持正常的月经，有利于排卵、受孕、生育和哺乳。所以在受孕前备孕妈妈要注意摄取适量的脂肪，千万不要因为爱美而拒绝摄入脂肪。

维生素

维生素对人体的作用很大，在孕前补充维生素可以增强精子的活力，提高 DNA 防破坏的能力，同时促进夫妻双方的性欲。因此，备孕夫妻在备孕期间不妨多补充富含维生素的食物，如乳类、蛋类、动物肝脏、植物油、芝麻及其制品、瘦肉、红枣、核桃、胡萝卜、番茄、卷心菜、莴苣和各类水果等。

叶酸

叶酸是维生素的一种，也就是维生素 B_9。它对人体的血红蛋白、红细胞、白细胞的增生和氨基酸代谢都有很大的关系，所以也可称为造血维生素。叶酸对胎宝宝的神经管的发育特别重要，叶酸的缺乏会造成胎宝宝的神经管畸形，从而造成胎宝宝身体某一个部位的发育畸形。备孕妈妈在备孕期间应适当地补充叶酸。叶酸可以从食物中获得，也可以在医生的指导下服用叶酸补充剂（叶酸片），叶酸片的服用要注意不可间隔，须在备孕期间内天天连续服用。

其他元素

人体的组成和发育需要多种元素，这些元素包括常量元素和微量元素两大部分，这些元素共同组成机体，任何一种元素的缺乏或许都会造成机能出现问题。所以，在备孕期间，备孕夫妻必须注意摄入人体所需的各类元素，尤其是锌、碘、铁、钙等。孕前补锌可以促进双方性器官的正常发育，保持正常性功能。碘可以促进体内的蛋白质合成，碘的缺乏会降低蛋白质的合成率，所以孕前摄入适量的碘可以为未来胎宝宝提供足够的碘，促进以后宝宝的智力发育。

孕前饮食禁忌

孕前营养胎教虽没有孕期的注意事项多，但也有不少禁忌。

当心洗涤剂

有研究表明，如果饮用了含有洗涤剂中类似于女性雌激素分解物的水，会导致男性的精子数量、形态、活力异常，影响男性的精子活力和生育能力。因此，在备孕期间，备孕夫妻必须注意饮用水的质量，严防洗涤剂污染饮用水。另外，其他被污染过的水也千万不可食用。

当心烟酒

烟酒同样是备孕期间的禁忌品，因为香烟中的有害物质，如尼古丁可通过血液循环系统进入生殖系统，使精子和卵子在遗传因子方面造成突变，从而影响胎宝宝的生长发育。不仅备孕妈妈在备孕期间要戒烟，备孕爸爸在备孕期间同样也最好戒烟，而且尽量少吸“二手烟”。

酒精会致使内分泌系统紊乱，受到酒精损害的精子和卵子结合而成的胎宝宝往往发育不正常，如出生后容易出现唇裂、腭裂、肢体短小、面貌丑、发育差、反应迟钝、智力低下等。所以，为了下一代的健康着想，有饮酒习惯的备孕爸爸、备孕妈妈最好戒酒。

孕前环境胎教

孕期环境包括内环境（母体内部）和外环境，这里说的孕前环境胎教主要是指外环境。那么，孕前的环境胎教有哪些值得备孕夫妻注意呢？

工作环境

工作占去我们时间的一半，也就是说，工作构成为我们生活的重要组成部分。工作环境的好坏同样也会影响着身心健康，所以备孕夫妻千万不要忽视所处的工作环境。

危险性岗位

危险性岗位是指在工作中经常会接触到化学性物质、农药、有机溶剂等。这些物质会影响生殖系统的健康，影响生殖细胞的正常发育。所以，备孕夫妻的任何一方如果从事的职业与这些危害性物质有所接触，最好及早调离这些岗位。

噪声环境

随着城市的快速发展，噪声污染也越来越严重了。噪声不仅影响人们的心情，让人容易焦躁不安，还会影响人的听觉系统，备孕妈妈如果经常处在高分贝的噪声区，会使内分泌功能紊乱，受孕后容易诱发子宫收缩引起早产、流产，还可能对胎宝宝的听觉器官造成损害，甚至会导致胎宝宝某些先天性畸形。所以，备孕妈妈最好找一份环境安静一些的工作。

辐射

电脑是现代都市人工作、娱乐必不可少的工具，可是电脑给我们带来便利的同时也在无形中影响着我们的身体健康，特别是它的辐射会对身体产生影响。所以，备孕夫妻应尽量在工作和生活中减少使用电脑的时间。此外，还应尽量远离其他有辐射的物品，如打印机、复印机等。

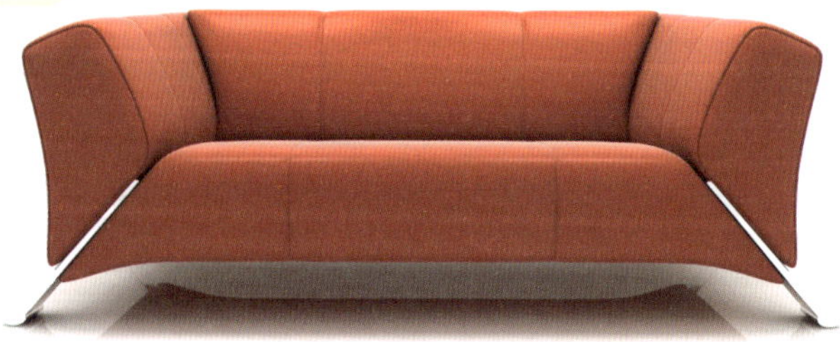

生活环境

除了工作环境外，日常生活环境也是备孕夫妻不容忽视的，这其中包括室内环境和户外环境。

室内环境

下班后和休息日，人们大部分时间都待在室内，所以室内的环境对于备孕爸妈来说是很重要的。潮湿、阴暗、干燥的环境会影响人们的身体健康。所以备孕期间要注意保持室内的通风、适宜的温度和湿度。此外，凌乱的环境也会影响到人的心情，所以室内保持整洁卫生也是非常重要的。

注意隐藏的“杀手”

现在的房子在装修上越来越讲究，可是隐藏的危害也不容忽视。特别是装修所用的装修材料所释放出来的甲醛之类的有害物质，对身体是大有害处的，而且同样也会影响胎宝宝的健康成长。所以，备孕夫妻最好不要住刚装修完的房子。

花草清新空气

很多花草可以起到净化空气、减少污染的作用。备孕夫妻可以在室内适当地养一些花草，既可以清新空气又可以愉情悦志。但要注意这些花草的摆放位置，最好摆放在阳台和大厅内，尽量不要放在卧室或容易碰到的地方。

床上用品清洁

床上用品与身体直接接触，它们的清洁卫生也会直接影响身体健康，特别是粉尘、螨虫之类的。所以，备孕夫妻要注意定期换洗床单、被罩、枕罩，定期给床单、被子、褥子等床上用品进行天然的杀菌——晒太阳。

户外环境

户外环境与室内环境共同构成了生活环境。备孕期间，备孕夫妻可以有选择地到户外环境中去散散心，尽量减少去吵闹、污染严重、噪声大的地方，多选择风景宜人、空气清新、舒适安静的地方散步、运动。

除此之外，备孕妈妈也要注意远离X射线，因为它会对受精卵和胎宝宝造成重大伤害，导致宝宝出生后畸形或智力低下。

孕前生活胎教

孕前形成良好的生活方式，不仅能让备孕妈妈怀上一个健康的胎宝宝，而且能为以后孕期的胎教打下良好的基础。那么，孕前生活有哪些方面需要注意呢？

调节生活方式

生活中，我们或多或少都会有一些不健康的生活方式，习以为常之后也不觉得这样对自己有什么不好的影响。一旦我们打算孕育下一代，会将自己的生活审视一下，看看哪些生活习惯会对胎宝宝产生不良影响，这时就会发现自己身上坏毛病还真是不少。备孕夫妻不要着急，此时开始改变不良生活习惯还不晚。

不熬夜

熬夜不仅损害自己的身体，同样也会影响精子、卵子的健康发育。如果没有健康的精子和卵子结合成为受精卵，何来一个健康的胎宝宝。所以准备怀孕的夫妻们，最好不要熬夜，尽量在晚上 11 点之前入睡，养成良好的作息习惯。

少吃辛辣刺激性食物

不少人“无辣不欢”，饮食上一旦缺少辛辣，就食不知味。然而辛辣刺激性食物不仅会损害精子、卵子的质量，还会加重便秘、痔疮等，影响自身身心健康。所以，在备孕期间备孕夫妻要多食用营养健康的食物，少食用辛辣刺激性食物，为胎宝宝的生长发育构建一个良好的“内部环境”。

不长时间看电视

长时间地看电视，不仅会影响视力，而且电视同样有辐射，会对身体造成伤害。另外，长时间地坐着对颈椎也有损害。所以，备孕夫妻看电视的时间不宜过长，每隔一段时间就要站起来走走，换换视野。

尽量不去蒸桑拿

很多男性爱去桑拿房蒸桑拿，特别是一天工作结束后。殊不知，在桑拿房中，高温会降低精子的成活率和质量，所以准备要宝宝的备孕爸爸，在备孕期间应尽量不去桑拿房，为了有一个健康的宝宝，还是克制一下吧。

不染发、烫发

染发剂、烫发剂含有有毒物质，虽不会马上让你中毒身亡，却会进入你的体内，影响你的身体健康。所以拥有优质的卵子，孕育健康的胎宝宝，备孕妈妈还是先控制一下自己的爱美之心，不要染发、烫发。

调整工作习惯

对于现代的年轻人来说，工作往往成为他们生活的重心，加班、应酬成了工作中少不了的“附属品”，但是对正处于备孕期间的夫妻来说，此时工作就要给备孕让路了，调整工作中的不良习惯刻不容缓。

注意办公桌的卫生

不少人会疏于管理自己的办公桌。其实，办公桌的卫生情况会直接影响个人的健康，办公桌上有一些看不见的细菌，会在不知不觉中进入体内。所以备孕夫妻应经常给办公桌做做清洁，让自己拥有一个整洁、卫生的办公环境。

不趴在桌子上睡觉

很多人在午休的时候直接趴在桌子上睡觉。这样，不仅会影响睡眠质量，还会造成血液循环不畅通、颈椎问题等。所以，不管以前如何，如果你是处于备孕期就尽量不要直接趴在桌子上午休了。

不把工作带回家

把工作带回家做会减少个人休息的时间，增加身体的疲劳，也会造成夫妻双方的不和睦。所以备孕阶段的夫妻尽量也不要把工作带回家，尽量在上班期间完成工作，下班了就好好享受休息的时间吧。

正确的身体护理

在备孕期间，备孕夫妻除了注意以上几个方面的生活习惯外，还要特别注意身体的护理。

慎穿丁字裤

很多女性为了追求时尚和性感会选择穿丁字裤。孕前是“丁字裤爱好者”的备孕妈妈要注意了，经常穿丁字裤会使阴部出现红肿、瘙痒等症状，还可能患上阴道炎，这些都会降低受孕成功的概率。所以，在备孕期，尽量不穿丁字裤，另外，要选择棉质面料的内裤。

少用含铅化妆品

化妆品能使女性看起来更美丽，是广大女性朋友不可缺少的扮靓工具。虽然如此，处于备孕期的女性最好减少使用化妆品的次数，选择含毒性较低的化妆品来使用，尽量不用美白类的护肤品和化妆品，因为美白类护肤品和化妆品一般都含有铅，如果人体内摄入过多的铅，怀孕后会导致胎宝宝出现智力低下、贫血等问题。

护理口腔

备孕妈妈在备孕期间同样还需注意口腔健康的护理。饭后要漱口或嚼口香糖，条件允许的话，可以刷牙，每天至少要刷牙 2 次，保持口腔的清洁和健康。另外，最好定期去看口腔医生。

备孕爸爸的注意事项

备孕期间的身体护理不仅仅是备孕妈妈的任务，因为一个胎宝宝的发育，是父亲的精子与母亲的卵子相结合的结果，所以备孕爸爸也有一份责任。在备孕期间，备孕爸爸应该与备孕妈妈一样，尽量不穿紧身的裤子；如果备孕爸爸经常骑自行车的话，还要注意把自行车的车座改得宽一点儿，减少对臀部的摩擦；若有手机放在裤兜的习惯，那么从现在开始就要改掉了，因为长时间地把手机放在裤兜里，手机的电磁波辐射会影响睾丸，从而使精子的运动能力受到影响。

合理而规律的运动

运动不仅能促进人体机能的新陈代谢，增强免疫力，缓解衰老，在孕前进行合理的有规律的运动，还能为提供优质的精子和卵子奠定基础。

选择有氧运动

备孕夫妻首选的运动方式是有氧运动。有规律的有氧运动有增强和改善心肺功能，调节心理和精神状态的作用。有氧运动有很多，备孕夫妻可以根据自己的具体情况来选择适合自己的运动方式，如骑自行车、游泳、慢跑等。

一起运动效果更佳

处于备孕期间的夫妻可以一起做一些孕前运动，夫妻一起运动既可以互相鼓励，又可以达到运动的效果。所以，时间、精力等各方面允许的备孕夫妻，不妨一起来制订一个共同的孕前及孕期运动表，互相照顾、监督、勉励。

Part 2

孕1月胎教

宝宝妈妈 SHOW

当一颗成熟饱满的卵子和一颗经历了“淘汰赛”最终“过关斩将”的精子结合成受精卵的时候，一个期待已久的小生命就这样出现了。一周后，受精卵开始“着床”，并逐渐分裂、增殖。这个阶段，四肢出现，但是还不能分得很清楚。这个时期，你腹中的小生命只能被称作“胎芽”（8 周之内不叫胎宝宝）。

孕 1 月是从末次月经第一天开始到下次预期的月经日。在怀孕的第一个月，通常在不知不觉中，准妈妈的身体在进行着一场变革，但是准妈妈并没有太大的感觉。具体表现为，准妈妈的基础体温会升高，经期延迟，有时会感到浑身无力，偶尔也会感到恶心，当这些症状出现的时候，你该意识到自己将晋升为准妈妈了。惊喜的同时，你也多了份责任。胎芽对放射线和化学物质的敏感期是在受精后 6 天之内，所以孕早期准妈妈不要拍片、透视，不要随便吃药，尽量远离手机、电脑等辐射体，为胎宝宝的健康护航。

父母齐参与，全家乐融融

胎教并不是准妈妈一个人的事情，夫妻双方一起为胎宝宝做胎教会更有助于胎宝宝健康成长。孕 1 月，准妈妈要好好照顾自己的身体，留心身体的细微变化。除此之外，准爸爸也要耐心地对准妈妈进行监督和提醒。准妈妈在这段时间会变得慵懒没有精神，情绪也会由于激素的影响和孕育压力变得起伏不定，所以准爸爸要尽量帮助准妈妈克服怀孕期间的不良心理。

准爸爸要细心观察准妈妈的各种变化，防患于未然。比如：准妈妈如果食欲不好，就要及早改变家里的菜肴以满足准妈妈的口味和营养需求；准妈妈的睡眠不是很好，情绪就会很糟糕，会影响到腹中胎宝宝的生长发育，这时准爸爸就要及时帮助准妈妈做好情绪调节工作，在不影响身体健康的情况下采取措施帮助准妈妈入眠。在准爸爸和准妈妈的共同努力下，准妈妈的身体会变得更健壮，情绪会变得更平和，胎宝宝也会得到健康的发育。

孕期也能享受性福

在怀孕期间，准爸爸在对待性爱的问题上要比以往更多地照顾准妈妈的感受，多沟通交流。共同学习孕期性生活知识可以增进夫妻间的幸福感，拉近彼此间的距离。另外，享受“性”福也是需要选对时机的，在和谐的氛围之下，在恰当的时机，准爸爸和准妈妈之间的爱意会让胎宝宝在准妈妈的腹中感到温暖和踏实。

胎教的几点注意事项

科学的胎教方法有很多，但是下面的几点内容是孕期不容忽略的。

1. 准爸爸的“甜言蜜语”会更吸引胎宝宝。研究表明，胎宝宝对来自准爸爸的男性声音会更感兴趣。所以和胎宝宝经常聊天是爸爸的“特长”哦！最初，和胎宝宝聊天只要有 3 分钟就足够了，若是可以一边聊天一边轻轻抚摸准妈妈的腹部，那效果就会更好。此外，准爸爸和准妈妈在和胎宝宝聊天的时候要注意情绪的控制，尽量选择在准妈妈心绪平和的时候进行。

2. 除了“哄”胎宝宝开心之外，准爸爸也一定要尽可能地让准妈妈有一个好心情，准妈妈拥有好心情也是有助于胎宝宝发育的。

3. 为了让胎宝宝更好地成长，准爸爸和准妈妈也可以学习一些色彩心理学的知识，如可爱且充满诱惑的粉色、橙色，以及充满温暖和希望的绿色都是有助于生出优质宝宝的颜色。

当然，没有什么比全家人在一起更加开心、幸福的了，胎宝宝需要准爸爸、准妈妈共同的陪护和悉心的照料。

为胎宝宝健康发育营造良好的环境

1. 宁静的环境、清洁的空间就是最好的环境胎教。在准妈妈怀孕期间，一定要保证准妈妈所处的环境清洁卫生，无蚊虫侵扰，同时要慎用消毒液，房间要经常通风，远离污染。房间内可以适当地养一些绿色的植物，不仅可以让准妈妈心情舒畅，还可以净化室内空气。

2. 经常在温暖的阳光下散步，可以让准妈妈和胎宝宝感受到舒适的阳光，汲取阳光中的有益物质，帮助身体杀菌，对宝宝的健康发育大有帮助。

3. 准妈妈穿衣服的时候要格外注意，挤压腹部、紧绷塑形之类的内衣都要统统放弃，最好穿一些纯棉面料的衣服，才会让胎宝宝在准妈妈的腹中有一个宽松自在的“内环境”，更好地发育，否则，紧身的衣服会让胎宝宝的生长环境受到压制，影响胎宝宝的健康。

三餐营养搭配原则

准妈妈一日三餐的营养对胎宝宝的发育极为重要。因此，对于营养的摄取大为讲究。其基本原则是：早餐是全天营养物质的基础，要保证吃好吃饱；午餐既要保质又要保量；晚餐要少吃，减少肠胃负担；若想吃夜宵，可以适量吃一点儿，但宜清淡。

此外，饮食还需讲究以下原则：酸碱搭配均衡原则、粗细搭配均衡原则、主副搭配均衡原则、荤素搭配均衡原则。

为胎宝宝智力发育添动力

越来越多的父母相信，胎教可以孕育出高智商、高情商的优质宝宝。研究发现，大脑发育的关键时期是孕期的最初3个月，这个时期被称为脑神经细胞激增期。脑细胞增殖的特点是"一次性完成的"，这就需要准妈妈在这一时期要特别注意营养的摄入。营养全面均衡会为胎宝宝的发育注入源源不断的养料，为胎宝宝的智力发育增添动力。

准妈妈难过、悲伤、紧张的情绪会通过神经系统分泌的激素随着血液进入胎宝宝体内，使胎宝宝产生与准妈妈一样的情绪特征。所以，准妈妈保持愉悦的心情则是对胎宝宝的情商发育非常重要。胎儿期如果准妈妈心情舒畅，出生后宝宝的直觉力、想象力、空间感、创造力都比较好。所以为了宝宝的情商和智商的发育，准妈妈一定要注意摄入均衡的营养，保证情绪的平和。

胎教与胎宝宝的成长

一个小小的生命"落户"在准妈妈身体中的那一瞬间，他就在努力地"学习"，为出生做准备。这时候，准妈妈满怀爱心地去传授胎宝宝各类知识与行为的"课程"，胎宝宝出生后自然而然地就会成长为健康聪明的宝宝。研究表明，受过胎教的宝宝，智商会高于未受过胎教的宝宝。经过胎教训练的宝宝朦胧期短，智力发育快，语言能力强，动作协调敏捷。胎教的好处，具体表现在以下三个方面：

促进胎宝宝大脑健康发育

胎教的内容情感化、艺术化，融形象和声音于一体，可以促进胎宝宝右脑的发育，有利于宝宝出生后拥有灵敏的知觉和空间感，更容易具有音乐、绘画、整体空间和几何空间的鉴别能力，还能让宝宝感情更丰富、思维更活跃、直觉判断更准确。

通过胎教，还可以给胎宝宝大脑以新颖鲜明的信息刺激，具有怡情养性的作用，更有利于胎宝宝大脑的健康和成熟。

此外，胎教还有利于胎宝宝大脑潜能的全面开发。由于胎教重视情感化和形象化，胎宝宝的学习语言和数字等知识的能力就会有所提高，这样就同时调动了胎宝宝左脑的功能，使得胎宝宝左、右脑功能得到互补，使胎宝宝出生后大脑的潜能能够得到更好的发挥和利用。

有利于心理健康

胎教对胎宝宝的心理影响是积极的、能动的。它不仅有利于胎宝宝感知能力的培养，而且有利于胎宝宝情感接受能力的培养，使胎宝宝未出世就容易在感知、情感等方面和父母相互沟通、交流。

夫妻共同对胎宝宝做胎教效果会更好。父亲的音质、语调、情感、性格都与母亲不一样，如果双方能配合起来，对胎宝宝的最初影响就是多方面的，这会有助于胎宝宝性格等方面的全面发展。胎宝宝出生后在成长过程中就能更好地接受审美教育，更加具有想象、直觉、顿悟和灵感能力，并具有情感体验、调节和传达能力，使宝宝心理得到健全发展。

有利于完善人格

胎教对胎宝宝的影响是具有整体性的，胎宝宝学习的结果也是具有整体性的，因此胎教有助于胎宝宝精神素质等各个方面的塑造，即有助于人格的完善。

澳大利亚和我国的专家对接受过胎教的儿童颈项追访，其结果表明经过胎教的儿童人都性格活泼、爱唱爱跳，而且身体健康、聪明好学，有的成为早慧儿童，有的具有艺术等方面的特殊能力。

所以，胎教是对胎宝宝进行的超早期教育，是人的一生中所接受的全部教育中最基础的部分。胎教在胎宝宝的成长发育阶段的确非常重要，科学系统地实施胎教，对胎宝宝和准妈妈都将大有益处。

准父母常见的胎教误区

宝宝是父母爱的结晶，很多家庭对宝宝的照料很是用心，生怕宝宝输在了起跑线上，有的准爸爸、准妈妈很早就开始对胎宝宝进行一些不恰当的胎教，孰不知有些时候胎教没有考虑到胎宝宝的真实需要，而在不知不觉中走入误区，使得胎教效果适得其反。

拍打胎教

有人说：当感觉到胎宝宝踢肚子的时候，轻轻拍一下相应的位置，这样可以和胎宝宝形成互动，会让胎宝宝变得更聪明。

而事实上：感觉到胎宝宝踢肚子可能只是腹中的胎宝宝伸懒腰或者翻身引起的胎动，这时候去拍他，不但不是互动，反而会影响到胎宝宝的休息，造成胎宝宝烦躁不安。

手电筒光照胎教

有些准妈妈会在胎宝宝醒着的时候用手电筒照肚子，让胎宝宝感受光线的变化，并认为这样可以让胎宝宝体会白天和黑夜相替换的感觉。

但是，手电筒光照是不太安全的，自然光才是最好的。如果真想让胎宝宝感受日夜的交替和不同强度的光照，多出去外面走走吧。大自然的光线，不仅可以让准妈妈身心愉悦，也可以让胎宝宝享受其中。

不当的音乐胎教

有的准妈妈在做音乐胎教时会将音箱摆放在1米左右处，扬声器对着腹部的方向，声音在65分贝～75分贝。而有的准妈妈会把耳机放在肚子上，不仅让胎宝宝听，准妈妈也集中精神听，一起投入。她们认为采用这样的方式让胎宝宝听音乐可以发掘其智力潜能。

这两种方法皆不可取。实际上，这样会让胎宝宝失去安静的环境，变得敏感焦躁，而且如果音量控制不当，分贝过高，可能会对胎宝宝的听力产生不良影响。

认为胎宝宝无意识、胎教无作用

有的人不清楚胎宝宝的发育情况，也不了解胎宝宝的能力，认为胎宝宝没有意识，根本不可能接受教育，所谓的胎教就是无功的徒劳。其实，这样的想法是错误的。

研究表明，胎宝宝 4 个月时就已经具备了全方位的感知能力，即具备了受教育的“能力”。我们应该根据胎宝宝各时期的发育特点，有针对性地、积极主动地给予各种信息刺激，促进胎宝宝身心健康发育，最大限度地发掘胎宝宝的智力潜能，为胎宝宝出生后的早期教育奠定基础。

胎教从得知怀孕后开始

很多准爸爸、准妈妈在刚得知有宝宝的时候就极度兴奋，手忙脚乱地做起各种胎教准备。

但准爸爸、准妈妈更应该知道：真正的胎教应该从怀孕前甚至是婚前开始，如进行婚前检查，了解生理功能；婚后在计划怀孕前选择理想的受孕季节和时间，这样才能保持良好的心情，避免不良因素的影响；还要考虑职业、工作环境对受孕和胚胎发育的影响等。

胎教可以随时随处进行，不需要计划

事实上，准妈妈和胎宝宝是“一体同心”的，如果准妈妈的生活不规律，那么胎宝宝也不会有很规律的生活节奏。因此，制订一个胎教计划是非常有必要的。准妈妈应该每天合理、有规律地对胎宝宝进行胎教，以培养宝宝良好的生活规律。绝对不可以无计划、无规律、无时无刻地随意进行。

如何选择科学合理的胎教方法

在胎教过程中，准爸爸、准妈妈要掌握下面3个原则，才能科学合理地选择适合自己的胎教方法，切实有效地实施胎教。

树立科学的认识

首先，应该正确地认识胎教，实施胎教是为了让胎宝宝的大脑、神经系统及各种感觉机能、运动机能发展得更健全和完善，为了让胎宝宝在将来出生以后接受各种刺激、训练打好基础，使宝宝对未来的自然与社会环境具有更强的适应能力。因此，不要把胎教神话化，而要脚踏实地、科学地进行胎教，树立正确、客观的科学态度。

选择适合的胎教方案

不应该盲目相信某些胎教机构说能培养“超人宝宝”的“完美方案”，这些都是虚假的，大部分机构都是以赚钱为目的，以没有科学依据的方案误导家长。

因此，给胎宝宝和自己选择一个适合的胎教方案，应从正规的专业单位及渠道学习一些有关胎宝宝及婴幼儿发展方面的知识，包括孕期精神卫生、婴幼儿心理与教育学及胎教早教的相关知识，使自己做到心中有数，保持冷静的头脑，善于识别和选择符合自己实际情况，容易坚持操作的胎教方案。

不可急于求成

胎教不会造就神童，但我们不能因此放弃胎教，而要为了宝宝的未来发展在这个时候循序渐进地做好胎教！

胎宝宝最基本的自然需求是身体生长发育得到满足，不能受到太多的打扰。胎宝宝太稚嫩、太脆弱，他醒来时需要有自在的活动空间，睡着时需要有安宁的环境，这两点准妈妈必须首先给予满足，否则就会影响胎宝宝的身体健康，导致智力开发失去意义。

所以准妈妈在做胎教时不宜有过多的直接刺激，一天最多不超过2次，每次不超过10分钟，否则会使胎宝宝太辛苦，过于劳累。而且要细心控制刺激的强度，太强会使胎宝宝的身心吃不消，准妈妈可以自己先感觉一下，觉得不舒适就要减弱强度。

如果在做胎教的过程中准妈妈自己有不舒服的感觉，或者胎宝宝出现受惊、悸动、不安现象，最好立刻暂停胎教。

营养胎教：营养与宝宝的智力发育

营养胎教是根据胎宝宝在孕早期、孕中期和孕晚期的不同发育特点，指导准妈妈合理地摄取食物中的蛋白质、脂肪、碳水化合物、矿物质、维生素、水、纤维素等营养素，促进胎宝宝的生长发育。

营养胎教很重要，胎宝宝呆在准妈妈肚子里的十个月，生长发育全都依赖于准妈妈母体供应营养。营养的好坏直接关系到胎宝宝和准妈妈的身体素质和抵抗力，而且人的身体发育和智力发育与胎儿时期的营养因素息息相关。

在实施营养胎教的时候，需要重视以下几个问题。

营养胎教的重要阶段

胎宝宝大脑发达的3个要件：

1. 胎宝宝大脑细胞数目要多。
2. 胎宝宝大脑细胞体积要大。
3. 胎宝宝大脑细胞间相互连接要增多。

这3点都是十分重要的。根据人类大脑发育的特点，脑细胞分别活跃在妊娠早期、中期、晚期的衔接时期及出生后的3个月内，营养胎教在这3个阶段都是至关重要的，都是和胎宝宝的智力发育紧密联系的！

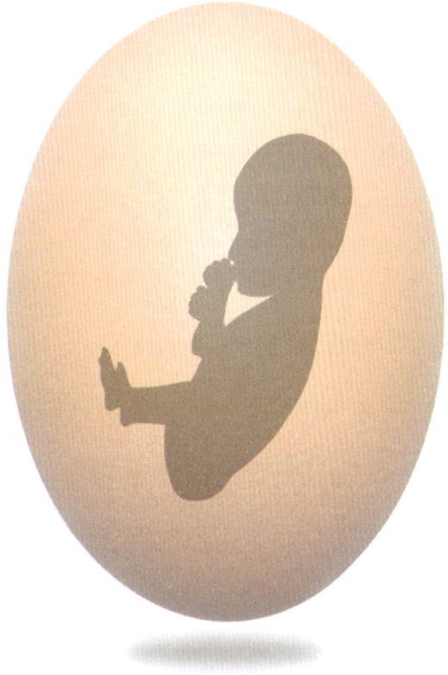

营养胎教是促进胎宝宝智力发育的基本措施

大脑的结构、功能与营养物质的提供息息相关。准妈妈的营养状况是直接影响胎宝宝生长和智力发育的多种因素之一。胎宝宝的脑细胞发育在很多方面是不可逆的，因此在孕期保证母体营养，以使胎宝宝脑发育正常甚至优秀是十分关键的。准妈妈的合理饮食，能促进胎宝宝大脑细胞数量的增加以及质量的提高，为胎宝宝出生后良好的智力发育提供条件。

研究表明，孕期营养不良对胎宝宝的脑发育有极大的阻碍作用。所以，注重准妈妈孕期的营养摄入与均衡，是促进胎宝宝智力发育的基本措施。

营养元素对胎宝宝智力发育的影响

碘：碘的缺乏会造成胎宝宝智力发育迟缓，缺碘对智力发育的损耗是不可逆的。

锌：锌在中枢神经系统有神经调质作用、神经发育促进作用、神经元保护作用。

维生素 A：缺乏维生素 A，可明显降低脑细胞中 DNA 和蛋白质的合成。

维生素 B_6：缺乏维生素 B_6，可影响胎宝宝大脑新皮层神经元的生成。

蛋白质：蛋白质的主要作用是建造及修补组织、预防贫血。

叶酸：足量叶酸可以防止胎宝宝出现神经管缺陷。

DHA：DHA 能够帮助胎宝宝的脑部与眼部发育。

钙：钙质是胎宝宝和准妈妈不可缺少的营养元素。首先，胎宝宝的骨骼、牙齿成长均有赖于钙质的提供，同时准妈妈如果缺乏钙质就容易出现腰酸背痛、骨质疏松的症状。

营养胎教：补充叶酸，防止畸形

神经管缺陷是一种常见的新生儿先天畸形疾病，在每年百万左右的出生缺陷患儿中，大概有 10 万例左右的神经管畸形儿，主要表现为无脑儿出生几天后夭折，或脊柱裂导致宝宝瘫痪。

研究发现，准妈妈身体里缺乏一种促进细胞制造的 B 族维生素——叶酸，往往会导致发育中的胎宝宝大脑和神经病变。

叶酸的支柱性作用

叶酸被认为是胎宝宝脑发育的“支柱”，是与胎宝宝脑发育有关的重要维生素。在孕前和孕早期补充一定量的叶酸可以有效防止胎宝宝出现脑神经管畸形。

叶酸的补充

在孕期，尤其是在孕早期，适当地补充叶酸是很有必要的。但是叶酸的补充也不是多多益善的，大剂量的补充叶酸（每天服用叶酸超过 1 毫克的叶酸）反而会影响锌的吸收而导致锌缺乏，进而出现胎宝宝发育迟缓、出生时体重过低等问题。此外，大剂量的叶酸还能掩盖维生素 B_{12} 的缺乏，从而导致不可逆的神经系统损害。现在比较认可的方法是每天小剂量的补充 0.4 毫克叶酸增补剂，可以有效预防神经管畸形的初发和复发。

除了可以用叶酸增补剂来专门补充叶酸之外，我们吃的食物中叶酸含量也相当高，它普遍存在于有叶蔬菜之中，如青菜、卷心菜等多种蔬菜，在水果中的柑橘和香蕉中也含有较多叶酸，动物性食物中的肝脏、牛肉中含有的叶酸也较多。

环境胎教：营造良好的生长空间

良好的环境可以让胎宝宝受到良好的感应，不良的环境也会让胎宝宝受到不良的感应。外界的色彩、音响和声乐，乃至无限美好的大自然的景色等，不仅使准妈妈置身于舒适优美的环境中，还让准妈妈得到了美与愉悦的感受，使她心情轻松愉快，进而影响到腹中的胎宝宝，真正达到“气美潜通，造化密移”。

总之，胎宝宝的身心、智能的健康发育，不仅需要良好的内环境，同时与胎宝宝生长发育的外环境也是密不可分的，所以下面具体讨论一下内外环境的重要性。

外环境的影响

美化居住空间：居住环境的整洁和雅观可以让准妈妈有一种轻松、舒适的感受。

从大自然中获取新鲜空气：大自然中的新鲜空气，可给胎宝宝提供充足的氧气，有利于胎宝宝的大脑发育。

远离有害物质：准妈妈不能在有毒有害的环境中生活，要尽可能避开各种污染，比如二手烟、汽车排放的尾气等。有害的物质会危害到胎宝宝的健康成长。

创建和谐温馨的家庭环境：和谐的家庭氛围更加有利于胎宝宝成长。

内环境的重要性

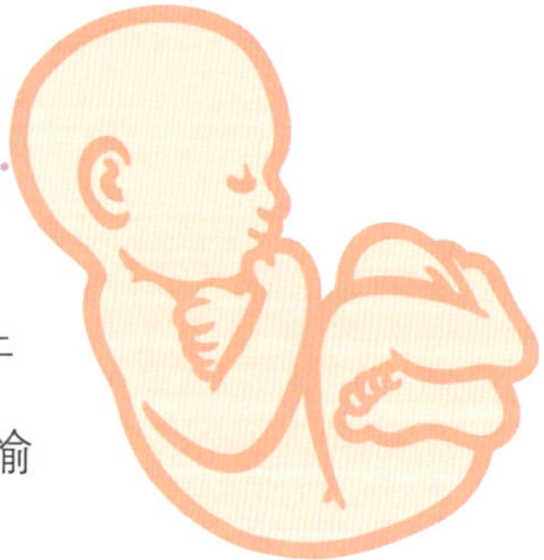

用微笑感染胎宝宝：准妈妈愉悦的情绪可促使大脑皮层兴奋，使准妈妈血压、脉搏、呼吸、消化液的分泌均处于相互平稳、相互协调状态，有利于准妈妈身心健康。同时，愉悦的情绪能改善胎盘的供血量，促进胎宝宝健康发育。

好情绪好心情：身心愉悦，也可以让胎宝宝开心成长。

拒绝不良情绪：准妈妈若是常常担忧、焦虑、发怒或是多愁善感，容易使胎宝宝形成胆小怕事的性格，心理承受能力也降低，不利于胎宝宝的健康成长。

情绪胎教：静心才能好“孕”

情绪胎教是保证胎宝宝和准妈妈二者心理健康的重要方法，它决定着母子关系能否和谐相处，还有宝宝长大以后的心理素质和心理健康。准妈妈情绪好坏直接影响到家庭关系，也是保障夫妻二人在怀孕期间关系和谐的主观因素。

情绪胎教，是对准妈妈的情绪进行调节，让准妈妈抛开烦恼和忧愁，从而创造出清新的氛围与和谐美好的心境，通过准妈妈的神经传递的作用，促使胎宝宝的大脑能够更好地发育和成长。静心就是情绪胎教中效果最好的方法之一。

静心的奇妙之处

静心的一大效果就是使准妈妈能够对自己的内心进行调节，使其在身体上和精神上同时保持着健康的状态。所以对准妈妈来讲，学习静心是 个非常好的选择。

如果能够坚持练习“静心”并保持心静可以帮助准妈妈很快变得安定下来，失眠和头痛等部分症状也能得到较好的改善。

静心才能好“孕”

静心是指准妈妈自己自然地心情平静，不着急、不烦躁、不郁郁寡欢、情绪稳定、心情愉悦舒畅等一系列的精神状态。

准妈妈正常的、有节律的心音才是胎宝宝最喜欢、最熟悉的音乐，准妈妈有规律的胃肠蠕动的声音也会带给胎宝宝稳定和安全的感觉。良好的子宫内环境会使胎宝宝得到更好的生长发育。然而，这一切都是在准妈妈平心静气的心态下，才会达到的。

若是相反的话，当准妈妈生气、焦虑、紧张、不安或忧郁悲伤时，就会使血液中的内分泌激素的浓度升高，胎宝宝便会立即感受到，并表现出不安，胎动也会增加。如果长时间存在这种不好的刺激，胎宝宝出生后患多动症的机会就会增加，有的还可能会发生畸形。

由此可见，准妈妈保持心情舒畅，心境平和，情绪稳定，能生活在充满爱的环境中，这对胎宝宝身心理健康和未来性格的发展都会起到积极、良好的作用。只有情绪稳定、心静平和的准妈妈，才有可能生育一个聪明可爱的宝宝！

情绪胎教：从心理上接受胎宝宝

对于许多第一次怀孕的女性来讲，随着胎宝宝在自己腹中逐渐长大，会因为缺乏经验而变得手忙脚乱，不知如何才能生出一个健康又聪明的宝宝。准妈妈良好的情绪和心理状况可以促进健康状态的保持，促进胎宝宝的正常发育，减少疾病的发生，对整个孕期和分娩过程都有着积极的影响。所以准妈妈一定不能因为瞎担心而又无从下手使得自己闷闷不乐。

为了让准妈妈能快速从心理上接受胎宝宝，建议准妈妈要做好心理调整。

用豁达淡然的态度对待早孕

在妊娠早期，准妈妈在身体和心理上多多少少都会出现不适症状，这段时间准妈妈的心理变化较大，一般表现为情绪多变，经常处于矛盾、烦恼、抑郁和焦虑不安之中；心理变得脆弱，容易激动，容易担心，对于自己能否胜任孕育胎宝宝或胎宝宝是否正常总是抱有怀疑的态度；对自己曾接触过某些对怀孕不利的因素也会忧虑过度，担心胎宝宝流产，开始对性生活产生畏惧和回避的心理，等等。这些不良心态会使得准妈妈情绪不稳定、依赖性强，甚至会表现出神经质，对胎宝宝十分不利。

因此，准妈妈要尽可能做到凡事豁达，不斤斤计较；遇到了不顺心的事情，也不要去钻牛角尖；准爸爸和其他亲属应关心和照顾准妈妈，使准妈妈的心理保持在最佳状态，才会更有助于胎宝宝的健康成长。

运动胎教：选择适合的运动方式

运动胎教是指准妈妈适时、适当地进行体育锻炼，并帮助胎宝宝活动，从而促进胎宝宝大脑及肌肉的健康发育，同时还有利于准妈妈正常妊娠和顺利分娩。

运动胎教的好处

1. 促进胎宝宝正常生长发育：运动不仅有利于准妈妈自身健康，也可以增加胎宝宝血液的供氧，加快胎宝宝的新陈代谢，从而促进胎宝宝快速生长发育。

2. 帮助准妈妈吸收钙元素：准妈妈在室外散步或是运动的时候，可以呼吸大量的新鲜空气，感受阳光中的紫外线，还可以使得皮肤中的脱氢胆固醇转变成为维生素 D，可促进准妈妈和胎宝宝体内钙元素和磷元素的吸收和利用，有利于胎宝宝的骨骼发育，变得更加健壮。

3. 帮助胎宝宝大脑发育并且形成良好的个性：准妈妈适当的运动有助于解除准妈妈的疲劳和不适，保持心情舒畅，利于胎宝宝的大脑发育并且形成良好的性格。

4. 有利于顺利分娩和产后恢复：准妈妈多运动能有效控制孕期体重，促进产后体形恢复。运动可以增强准妈妈腹肌、腰背肌和盆底肌的张力和弹性，使其关节、韧带松弛柔软，有利于准妈妈正常妊娠及顺利分娩。

准妈妈可以做的运动胎教

运动胎教有各种各样的方法，其中包括孕妇操、孕期瑜伽、散步、游泳等。

孕妇操：可以帮助准妈妈锻炼身体的多个关节，也可以锻炼肌肉，使身体的柔韧性更好，更有利于自然分娩。

孕期瑜伽：可以帮助准妈妈增强体力和肌肉张力，增强身体的平衡感，提高准妈妈整个肌肉组织的柔韧度和灵活度，还可以加速血液循环，让准妈妈学会很好地控制呼吸。

散步：散步是准妈妈最适宜的运动。户外散步可以提高准妈妈心肺和神经系统的功能，促进新陈代谢，使腿肌、腹壁肌、心肌等都得到一定的锻炼。

游泳：可以帮助准妈妈调节神经系统功能，促进血液循环，也可以减少由于紧张而引起的许多不良情绪，还能帮助缓和某些孕期综合征，如腰背疼痛、痔疮和下肢水肿等压迫症状。

哪些运动不适合准妈妈

运动可以分很多种，但是每个准妈妈的身体素质都是不同的，所以一定要选择适合自己，做起来轻松开心且难度较小的就可以了。需要注意的是，以下运动并不适合准妈妈做：

1. 避免参加那些会使人摔跤或失去平衡的运动，如骑马、骑车、滑雪或打网球。

2. 不要搬重物或进行负重的运动。

3. 孕期不适合做仰卧起坐类的运动。

运动胎教注意事项

1. 准妈妈运动时心率不能过快，尽量不超过最大心率。运动中准妈妈如出现晕眩、恶心或疲劳等情况，应立即停止运动，并及时就医。

2. 着装宜宽松、舒适，鞋要合脚、轻便，还要及时补充水分，防止虚脱；同时，注意保暖，以免着凉；最好在空气清新、绿树成荫的场所锻炼，这对准妈妈自身和胎宝宝的身心健康都十分有益。

3. 准妈妈不宜做易出汗的运动，要听从医生建议选择合适的运动，以保证身体状况良好。

生活胎教：准妈妈感冒如何用药

孕期生活是准妈妈最重要、最常见的胎教方式之一。除了注意生活中的营养搭配外，还要多多注意增强身体素质，以防止感冒等疾病的侵袭。

感冒是一种常见且发病率较高的疾病，准妈妈的鼻、咽、气管等呼吸道粘膜肥厚、水肿、充血，抗病能力下降，所以十分容易感冒。而患了感冒的准妈妈通常都会十分担心如何用药治疗才不会对胎宝宝产生不良的影响，但是往往因为经验不足而不知在感冒初期应该采取什么措施，最终却使得感冒发展严重而导致发烧。

在孕早期，感冒引起的高热会影响胎宝宝的发育和成长，对胎宝宝的神经系统有严重危害，还可使死胎率增加，引起流产。因此，准妈妈如果患了感冒，最好能在产科医生的指导下合理用药。

治疗感冒的妙方

在感冒初期，准妈妈可以尝试下列不用吃药打针的方法来缓解感冒症状。

1. 咳嗽的时候，可以用一个鸡蛋打匀，往里面加入少量的白砂糖和生姜汁，用半杯开水冲服，服用 2~3 次便可看出效果。

2. 饮用鸡汤可以减轻感冒时候的鼻塞、流涕等症状，而且对清除呼吸道病毒有较好的疗效。若是能常常饮用鸡汤不仅可以增强人体的自然抵抗力，也可以预防感冒的发生。

3. 在感冒遇到喉头又痒又痛的时候，准妈妈便可以用浓盐水每隔 10 分钟漱口清洗嗓子，重复多次会起到很好的效果。

感冒用药注意事项

1. 准妈妈在去医院就诊时，应该主动告诉医生自己已经怀孕以及末次月经的日期。

2. 要紧遵医嘱，一定在医生的指导下使用药物，注意用法和用量。

3. 在妊娠的前 3 个月，能不用药物，就尽量不用，不然不利于胎宝宝的发育。

4. 绝对禁止服用未曾了解的药物，也不要乱用偏方，解除安全隐患。

5. 尽量避免联合用药，最好单独使用。

准妈妈若是感冒，不要惊慌，应积极配合医生治疗，注意合理用药，就不会对胎宝宝产生过大的影响。

音乐胎教：多听音乐多乐趣

音乐是最好的胎教，音乐对胎宝宝发育成熟起到不可小觑的作用。音乐的直接陶冶，可以让胎宝宝大脑获得充足有用的信息刺激，开发宝宝的注意力、想象力，提高大脑的工作效率。

声音传递是胎宝宝与外界产生联系的唯一方式。有意义的音乐旋律，经由系统性、周期性的刺激能增进宝宝大脑发育更充足，神经收集更加丰硕，宝宝在将来的成长中，情商和智商还有身体素质都会优于一般宝宝。

音乐胎教的好处

1. 宝宝可以拥有更好的适应能力，对将来的成长更有利。

2. 宝宝动作协调性好，肢体动作能有更快的发展。

3. 有助于提高宝宝语言能力，做事情的执行力，以及智力的快速发展。

音乐胎教有禁忌

1. 过度嘈杂和节奏太快的音乐会使胎宝宝变得惊慌和紧张，最好不要选用这类音乐。

2. 音乐播放过程中突然有巨响的音乐也不合适，会让胎宝宝受到惊吓。

3. 过高音域的音乐也不适合，胎宝宝的大脑难以负荷，容易造成大脑神经损伤。

献给准妈妈的好音乐

普罗科菲耶夫的《彼得与狼》——会让宝宝变得勇敢。

德沃夏克的E小调第九交响曲《自新大陆》第二乐章——可以抚平胎宝宝和准妈妈焦躁的心情。

格里格的《培尔金特》组曲中《在山魔王的宫殿里》——会让胎宝宝感受到力度与节奏。

罗伯特舒曼的《梦幻曲》——让胎宝宝感受清新与自然。

贝多芬的F大调第六号交响曲《田园》——帮助胎宝宝在细腻的乐曲中享受宁静。

老约翰·施特劳斯的《拉德斯基进行曲》——让胎宝宝充满无限活力。

勃拉姆斯的《摇篮曲》——妈妈无尽的爱，在乐曲声中与宝宝说话。

乐曲欣赏：《来自天上的祝福》

并不是所有的音乐都可以作为胎教音乐。在不同的孕期阶段，胎宝宝需要的胎教音乐也不一样。但总的来说，胎教音乐不需要有具体的歌词，世界名曲、钢琴曲、轻音乐等，只要节奏轻缓、旋律优美，都可以是胎宝宝的最爱。这些胎教音乐不仅可以给胎宝宝美的熏陶，也能促进胎宝宝的大脑发育，还能让准妈妈保持良好的心境。进行音乐胎教以每天 1~2 次，每次 15~20 分钟为宜。

《来自天上的祝福》旋律简单流畅，加入了大自然的意向与流行元素，让人悠然神往。医学研究指出，适度的刺激，对胎宝宝的健康成长是非常重要的。轻松、活泼而喜悦的旋律，可以直接给胎宝宝适度的刺激，在大脑发育时，促进其神经细胞增长，奠定良好的优生基础。

语言胎教：语言胎教怎么做

做语言胎教时，一定要体现出形象性和形象美。只有形象、声音、情感三者统一在一起，语言胎教才会生动形象，准妈妈才能感受到语言胎教的乐趣，胎宝宝才能接收到美好的信息，胎宝宝的心灵才能留下美好的痕迹。

胎宝宝在腹中是可以“学习”的，这听起来好像不可思议，但实践证明，胎宝宝也有“学习”的能力，只是胎宝宝这时候的学习不同于出生后的学习，而是父母通过语言对胎宝宝产生了一种潜移默化的影响。实践已经证明，语言胎教对胎宝宝的成长具有非常重要的意义。

语言胎教的 5 点要求

语言胎教时有些细节要特别注意，下面为你一一介绍。

1. 语言讲解要视觉化

进行语言胎教时，不能只对胎宝宝念画册上的文字解释，而是要把每一页的画面内容细细地讲给胎宝宝听，即内容视觉化。这样准妈妈看东西时受到的视觉刺激，通过生动的语言描述就视觉化了，胎宝宝也就能感受到了。

2. 将形象与声音结合

像看到影视的画面一样，先在头脑中把所讲的内容形象化，然后用动听的声音将头脑中的画面讲给胎宝宝听。这样，你所要表现的中心内容，也就通过形象和声音输入了胎宝宝的脑海里。

3. 把形象和情感融合

要创造出情景相生的意境。例如准妈妈把自己在散步时的所见所闻讲给胎宝宝听，他一定会从中感受到世界的美好。

4. 给胎宝宝读文学作品

可以读一些优美的散文和诗歌。准妈妈在阅读时自己要先沉浸到文学作品所描绘的意境中去，然后让胎宝宝也能感受到这种意境。如能每天坚持对胎宝宝朗读诗歌、散文、儿歌，胎宝宝日后的语言把握能力会有明显优势。

5. 简化并重复短句

把日常生活内容和表达感情的话语简化，如“宝宝，我们吃饭吧”“宝宝，我们很爱你”等，以此加深胎宝宝对语言的印象，

促进他的记忆力和理解力。

总之，语言胎教对准妈妈的要求比较多，所以不要吝啬你们的语言，尽情地和胎宝宝交流吧。

语言胎教的禁忌

1. 忌内容不健康

低级、下流、污秽、打斗、杀戮的文学作品，世俗人情写得过分悲惨、凄厉的文学作品，都不宜讲给胎宝宝听。

2. 忌态度粗暴

大声粗暴地训话会让胎宝宝烦躁不安，胎宝宝出生后，也会变得十分神经质，严重的甚至会对语言持反感和敌视的态度，准妈妈要特别注意。

3. 忌过于疲劳

不能说语言胎教好就废寝忘食，通宵达旦，这样不仅达不到胎教的目的，反而会影响准妈妈的健康和胎宝宝的成长。

语言胎教的好处

1. 有助于语言能力的早期开发，使胎宝宝日后拥有出色的语言表达能力。

2. 促进胎宝宝大脑发育，使其大脑产生记忆，有助于提高胎宝宝智力水平。

3. 充满亲情爱意的语言胎教，会使胎宝宝产生安全感、愉悦感，增进、加深胎宝宝出生后与父母的感情，促进胎宝宝健全人格的培养和形成。

4. 语言胎教中，吐字清楚、声音和缓、语调感性等语气声调的变化，可以使胎宝宝受到感染。

胎教故事：海鸥姑娘

小海鸥十分漂亮，她特别爱美。

早晨，小海鸥拍打着翅膀飞到大海上。

大海是小海鸥的镜子，她每天都到这儿来梳洗打扮。

小海鸥对着这面镜子瞧啊，照啊，她一会儿扭动身躯，一会儿梳理羽毛，自以为是天底下最美的姑娘。

正在小海鸥十分得意的时候，几句刺耳的话从海岸的岩石那边传过来："臭美！臭美！"造燕窝的小雨燕七嘴八舌地议论："不劳动，没人喜欢你！"

"哼，你们嫉妒我！"小海鸥不服地扭过身子，继续照镜子。

中午，小海鸥飞到海礁上，啄食岸边晾晒的鱼虾。突然，海燕跑过来说："懒家伙，不许吃，那是我们捕的鱼虾！"

小海鸥坐在岸边的礁石上哭了，哭得好伤心哟！镜子里的她一点儿也不美。

大海妈妈对她说："劳动，是最高尚的美德，你为什么不和他们一起劳动呢？"

小海鸥点了点头。

后来，海鸟劳动者的队伍里又多了一只美丽的海鸟，她就是小海鸥。

Part 3

孕 2 月胎教

宝宝妈妈 SHOW

孕2月，胚芽渐渐发育成胚胎，月末，他可以名正言顺地称作“胎宝宝”了。胎宝宝生长极快，本月是胎宝宝绝大部分器官分化形成期。从外部看，胚胎尾巴缩短；头和躯干已分得清楚；眼睛、耳朵、嘴都已出现，只是眼睛尚奇怪地长在头的两侧。从内部看，心脏、肺、肠道等器官已初具规模，肝脏发育最为明显；大脑处于急速发育中；脐带组织出现，胎盘正在形成中。

这个时期，准妈妈已经确认自己怀孕了。这个小生命带给你惊喜的同时也给你带来了疲乏、食欲下降、头晕、恶心甚至呕吐等妊娠反应。你的身体也在悄悄发生着改变：乳房增大、乳头敏感，乳头、乳晕开始出现黑色素沉积，甚至出现乳房胀痛、腰酸背疼；外阴也出现了白色分泌物；子宫增大，大小如鹅蛋，已有尿频症状出现。此时准妈妈不要紧张，只要保持充足睡眠，摄取足够的营养物质，远离有害物质，胎宝宝一定会健健康康的。

改变落后的胎教观念

对于宝宝的到来，准爸爸和准妈妈准备好迎接你们的小生命了吗？这个时期，准妈妈和准爸爸要注意，好的胎教可以让胎宝宝更加健康、聪明，为宝宝出生后的再教育打下良好的基础，而落后的胎教观念会对宝宝后天的健康成长造成很大的影响。所以准爸爸、准妈妈必须改变落后的胎教观念，要多了解和实践科学的胎教方法。

给胎宝宝一个健康的成长环境

有些准爸爸、准妈妈认为，只要重视胎宝宝的营养和教育就可以了，其他的对于胎宝宝来说没什么影响。其实，一个好的环境对于胎宝宝的健康成长是很重要的，环境是胎教中需要注意的一大重点。孕早期是胎宝宝的快速成长期，胎宝宝的各个系统和器官正在快速形成，如果这时候没有良好的环境很可能会对胎宝宝的发育造成不好的影响。

曾经有一对生下畸形宝宝的夫妻，当宝宝生下来后，这对夫妻觉得很奇怪，在怀孕期间一切似乎都很正常，没有感冒、发烧，也没有乱吃药，为什么会这样？专家仔细询问："你居住的地方有问题吗？比如你接受过什么有害物质吗？"这时妻子才记起，在孕早期，丈夫总是在吸烟。

胎教的基础是营养，其次是良好的环境，准妈妈不能在有毒有害的环境中生活。其实，在整个孕期，准妈妈都要尽可能避开各种污染，比如二手烟、汽车尾气等。

孕期检查很重要

有些准爸爸、准妈妈最容易忽视的就是孕期检查了，其实孕期的检查对于胎宝宝和准妈妈的健康是很重要的。通过孕期检查，可以了解孕期母婴健康状况，及时发现和消除影响胎宝宝发育的有害因素，提高准妈妈的健康素质，防止各种孕期合并症的发生，为胎宝宝的生长发育创造良好的内外环境，以保护胎宝宝和准妈妈的健康。

让胎宝宝在运动中成长

宝宝诞生的那一刻对于每一个妈妈来说都是一个很痛苦的时刻，尤其是那些怕疼的准妈妈，有的甚至为了避免疼痛而选择剖宫产。自然分娩的过程虽然很痛苦，但是不仅对宝宝的健康有好处，也有利于女性产后身体的恢复。剖宫产分娩的时候虽然不痛，但是伤害程度大大超过了自然分娩，所以准妈妈应尽量选择自然分娩。如何减轻分娩时带给准妈妈的疼痛呢？其实适量的孕期运动就能很好地减轻分娩时带给准妈妈的疼痛。准妈妈不妨做几套简单的孕妇操、孕期瑜伽或进行户外散步多呼吸新鲜的空气。准妈妈要注意，锻炼不是一天两天就可以了的，而是需要长期坚持，这样对于自身和胎宝宝的健康都是很有帮助的。

孕期营养搭配很重要

有些准妈妈、准爸爸总是担心胎宝宝的营养不足，在孕期盲目地补充过多的营养。但是营养不能过分的补充，而实需要准妈妈合理饮食，这样才有益于胎宝宝的健康。准妈妈注意不要过多增加主食，而是要增加副食物的种类和数量，尤其是应注意摄取足够的蛋白质类的营养物质，多吃瓜果蔬菜补充各类维生素。一日三餐避免饮食过量，要做到饮食多样化、营养均衡全面。这样胎宝宝才能健康发育。

开始写胎教日记吧

孕期是一个漫长而艰苦的时期，有的准妈妈会因为怀孕而产生特别的情绪，或发生一些特别的事情，这时候如果准妈妈能写写胎教日记，记录下宝宝成长的点点滴滴，无论是有意识还是随意地记录，这对宝宝将来都是是一笔宝贵的财富。

日记可以帮助准妈妈更加了解胎教

在准妈妈有意无意地记录下胎宝宝成长中的点点滴滴，记录下你们认为比较重要的事情，如每日的胎宝宝情况，听什么音乐，听了多长的时间，每天听了多少次；在进行抚摸胎教的时候，胎宝宝有什么反应；夫妻生活及情绪强烈变化，以及一天中令准妈妈感觉最愉快的事情；都可以记录在胎教日记中。在你们记录的时候，良好的胎教习惯正在一点点养成，对于胎教的理解也在一步步地加深。

日记可以帮助他人了解胎宝宝的发育情况

在准妈妈写下胎教日记的同时不仅仅可以为以后留下一笔宝贵的回忆，而且还为他人了解胎宝宝的发育增加了许多学习和借鉴的经验，让他人不会再陷入同样的胎教误区。这本日记在遇到异常情况时还是医生最好的参考书，医生可以根据日记的记录找到原因和更好的解决办法。

日记是送给宝宝的最好礼物

写怀孕日记是一种纪念，纪念准妈妈在这段特殊时期所带来的心理上的感受，同时它也是妈妈们送给日后长大成人的宝宝的最好礼物。当宝宝长大后，看到妈妈用爱写成的日记，日后宝宝也会很感动。

准妈妈在写日记的时候尽量写得优美一些，注意文笔的同时要有意识地将自己向更加深刻的思考方向引导。其实这也是一个认识自我、超越自我的过程，这会让每一天都拥有比昨天更多的进步，也会让宝宝的明天变得更加美好。何乐而不为呢？

营养胎教：一人吃两人补

营养是宝宝健康成长的基础，只有充足的营养才能让胎宝宝发育得更好。准妈妈在孕前及孕期的营养状况，会深深影响到自身的健康及胎宝宝的健康发育。所以，必须从孕前就开始调养身体，再加上孕期摄取均衡营养，才能为你的宝宝打好健康的基础。

少吃多餐，孕育优质宝宝养

孕早期，胎宝宝的各个系统器官正在迅速分化形成中，但是因为严重的妊娠反应导致准妈妈无法正常饮食，这时候就需要准妈妈注意饮食，多吃些自己喜欢的、清淡的、易消化、营养丰富的食物。准妈妈不用一下吃太多东西，可以少食多餐，这样不仅可以减少准妈妈因为吃东西带来的恶心感，还可以帮助食物的消化和营养的吸收。

营养均衡，让健康宝宝吃出来

孕期准妈妈的营养均衡是最重要的，营养不良可能对宝宝后天的成长发育造成很大的影响。

人体所需的营养大部分是从食物中获取的。不同的食物中所含有的营养物质是不一样的，目前仍有许多营养物质尚未被发现。所以建议准妈妈在饮食上多改变食物的种类，这样营养才易全面充足。但要注意，补充营养要科学、合理，不要认为多多益善，拼命地补充营养，这样会造成准妈妈过胖，不利于分娩。

孕期饮食禁忌

准妈妈应尽量多吃些原生态的食物，如青菜、五谷、新鲜水果；烹调时以保留食物原味为主，少用调味料；切勿吃辛辣过重的食物，应以清淡、营养为主，少吃垃圾食物，不要让宝宝还在肚子里时就习惯此类饮食模式。

有的准妈妈进食大补食物，其实不是食用了好的营养品，就对宝宝的成长有帮助，比如人参之类属大补食物，食用之后使人体感觉兴奋，这样会导致准妈妈出现失眠、烦躁、心神不宁等不适的症状，从而影响了准妈妈的睡眠质量。

孕期需要注意补充的营养素

孕期胎宝宝所有的营养都是通过准妈妈摄取的，所以这就要求准妈妈更加注意自身营养的合理搭配了，尤其是其中的一些营养元素。

铁是胎宝宝生长发育中很重要的营养元素，它是合成血红蛋白的重要原料，而血红蛋白是血液中负责输送氧气的主要载体，因此，人体需摄取少量铁元素，储存在组织中，胎宝宝就从这个“仓库”中吸取铁，以满足自己的需要。到了妊娠中后期，准妈妈的血容量增加，使红细胞相对缺少。另外，母体除了本身对铁的需求之外，还要供给每天处于快速成长的胎宝宝对铁的需要。准妈妈的膳食缺铁时，血红蛋白合成不足，血红蛋白浓度下降，运载氧气的能力不足，会使准妈妈和胎宝宝的身体均处于“缺氧”状态——贫血。如果母体贫血容易出现水肿、妊娠中毒症、心功能障碍，还会出现胎宝宝发育不良、体重偏轻等不良症状。因此，此时准妈妈应该多吃一些含铁丰富的食物，如奶类、蛋类、瘦肉、豆制品、动物肝脏等，还需要多吃富含铁质的蔬菜、水果等。

钙也是胎宝宝生长发育不可缺少的元素，它能使胎宝宝的骨骼得到更好的发育，及时补充钙质还可以预防准妈妈骨质软化。孕期是胎宝宝脑部生长发育的最重要时期，脑细胞的生长、代谢以及脑部的正常运作都离不开钙元素。因此，钙对于新生儿智力与神经系统发育十分重要，合理补钙有利于胎宝宝智力的正常发育。

情绪胎教：夫妻和睦也是一种胎教

准妈妈在孕期的各种行为、生活环境和情绪波动都会对胎宝宝的发育产生影响。好的情绪对胎宝宝的发育是有益的。准爸爸应该为胎宝宝创造一个好的生活环境，让准妈妈拥有轻松愉悦的情绪。

如何处理孕期夫妻关系

怀孕是夫妻双方的事情，是夫妻双方共同的人生体验和宝贵的人生财富。不仅如此，在准妈妈怀孕的过程中，还需要准爸爸的理解与支持。因此，准爸爸扮演着至关重要的角色，准妈妈怀孕的时候也意味着准爸爸从丈夫向父亲角色的开始转变。如果准爸爸想成为一名优秀的父亲，就要与妻子一起经历孕期的各种酸甜苦辣，一起对胎宝宝进行胎教，共同迎接这个新生命的诞生。如果你们之间存在很多的意见分歧，最好是能够互相体谅，静

下来交流，心平气和地去面对冲突，做到冷静、理智地处理问题，避免一些无端的争吵。夫妻双方最好能经常交流互相的看法，积极、主动地倾听对方的观点和想法，要意识到对方的观点虽然不同于你的观点，但可能也是解决问题的一个方法。

夫妻和谐为宝宝健康成长奠定良好的基础

夫妻关系的和谐能为宝宝的健康成长奠定良好的基础。在孕期夫妻之间如果能和谐相处，理智、冷静的对待分歧，是对胎宝宝健康的一种极大的关爱。

孕期夫妻的和谐关系对宝宝的健康有很大的影响，如果孕期夫妻关系不和，双方经常争吵，容易导致准妈妈的情绪不稳定，这样出生后的宝宝容易出现哭闹不止、烦躁不安、消化能力差等现象。

如果孕期夫妻关系和谐，准妈妈的心情愉悦，这样可以刺激准妈妈的大脑兴奋，产生更多的大脑激素，促使各个身体系统更加稳定协调，有利于准妈妈的身心健康，从而保证胎宝宝的健康发育。在和谐的夫妻关系下，胎宝宝能感受到周围良好的生活环境，促使胎宝宝的各个器官正常发育，尤其是给大脑的发育带来莫大的好处。准妈妈孕期情绪保持愉快，宝宝出生后一般情绪稳定，性情温和，不会经常哭闹，能很快地形成健康的生理规律。一般来说，这样的宝宝一般智商和情商都较高。

孕期不同的夫妻关系会让胎宝宝在不同的环境下成长发育，良好的夫妻关系能使胎宝宝在优质的环境下成长发育，给宝宝未来的成长奠定良好的基础。

情绪胎教：好心情，好宝宝

孕期准妈妈的心情对于胎宝宝未来的成长是很重要的，良好的心情会使胎宝宝得到更好的生长发育，为宝宝诞生后的成长奠定非常好的基础。

远离情绪波动，宝宝健康成长

一般在孕期准妈妈会因为怀上了宝宝而心情过于紧张，这时候准妈妈应该注意了，保持心情的舒畅和情绪的稳定对于胎宝宝的未来才是最重要的。这时候家庭环境对于准妈妈的影响也很重要，家人应该给予准妈妈更多的关怀和体贴，准妈妈自己也要心胸开阔、乐观面对生活，遇到不好的或者不愉快的事情要冷静面对。

拥有好心情，健康陪伴你

怀孕时期准妈妈要注意调节自己的心情，保持良好的心态，这样胎宝宝才能健康发育。下面我们就来看看如何使准妈妈在孕期拥有好心情。

1. 布置一个温馨的家：我们可以在家里为宝宝的到来准备一些小东西，以便提醒准妈妈，家里将迎来一个新的小成员，这样每当准妈妈想到胎宝宝的时候就会感觉心情愉悦。

2. 散步中放松心情：每天抽出一点儿时间，和准爸爸一起在宁静的小路上散散步，呼吸呼吸清新的空气，使自己放松一下，这样心情也会随之变得舒畅。

3. 适量的宣泄让准妈妈不再压抑：在孕期难免会遇到不顺心的事，如果积压在心中将会是一件很危险的事，会使准妈妈心情越来越差。这时候适量的宣泄心中压抑的不满将会是保持良好心情的不二之选。

运动胎教：适合孕早期的运动

孕早期的准妈妈注意：适宜的运动对于胎宝宝和准妈妈的身心健康都是很有帮助的。在孕早期，有些准妈妈不敢运动，总担心孕早期胎宝宝情况不太稳定，怕运动会伤害到胎宝宝。其实，这种想法是不正确的。由于孕早期妊娠反应比较严重，但准妈妈适当的运动能使全身肌肉活动，促进血液循环，增加母子血液的交换，能使准妈妈增进食欲，从而使胎宝宝得到更多的营养。运动还能增强准妈妈腹肌、腰背肌和骨盆底肌的能力，有力地改善盆腔充血，使分娩时的肌肉放松，减轻产道的阻力，从而实现顺利分娩。

散步

散步是准妈妈怀孕期间最好的锻炼方式，它不受条件限制，可以自由进行，妊娠各个阶段的准妈妈都可以散步。准妈妈在散步时，可以边呼吸新鲜空气，边欣赏周围的自然景色，这样可以改善心情，消除烦躁和郁闷；同时还可以稳定情绪，增进食欲和睡眠，保持肌肉健康，有利于顺利分娩。准妈妈可根据自己的情况来调整散步时间，最好不要产生疲劳感。散步时间以每天早上和晚饭后为最佳。散步时行走要缓慢，尽量避免身体振动幅度过大，妊娠早期特别需注意。

游泳

对于准妈妈来说，游泳能增强体质、改善心肺功能、增加身体的柔韧性、促进血液循环，使准妈妈更加适应分娩，减少由于紧张而引起不适情绪，缓和某些孕期综合征，如腰背疼痛、痔疮和下肢水肿等压迫症状。

对胎宝宝而言，准妈妈游泳时血液循环加快，不仅有利于胎宝宝和母体之间营养物

质的输送，还可以帮助排出胎宝宝自身所产生的代谢废物。有经验的医生常说，经常游泳的女性大多可以自然分娩。准妈妈可以每周游泳 1~2 次，每次 200 米左右。需要注意的是游泳池的水质必须干净卫生，以免发生感染，影响胎宝宝的健康。同时游泳可以锻炼准妈妈的大肌肉群（臂部和腿部肌肉），而且可以让身形日益庞大的准妈妈在水中感到自己的身体不那么笨重。锻炼的时间根据准妈妈自身的身体情况而定，如果准妈妈孕前就一直坚持游泳，而且怀孕期间身体状况良好，那么可以根据自身的状况继续进行。

孕期游泳注意事项：

1. 选择水质、清洁度、过滤消毒设备完善、管理好的游泳场馆，以保证游泳时的卫生和安全。

2. 要考虑室内温度及通风情况，以防造成身体不适。

3. 水温不应太凉，否则会引起子宫收缩或出现蛋白尿。

4. 游泳之前要补充一定液体食物和营养，否则会出现因能量的消耗而导致准妈妈脱水。

5. 游泳前不要过饱或过饥。过饱会增加身体负担引起不适，过饥或能量补充不足，易发生晕眩。

6. 下水前应活动一下身体，以防在水中发生腿抽筋等不适。

孕期瑜伽

孕期瑜伽是一种很好的孕期保健方式，它不仅可以增强体力和肌肉张力，加强身体的平衡感，提高整个肌肉组织的灵活度和柔韧度，还可以刺激控制激素分泌的腺体，加速血液循环，帮助准妈妈更好地控制呼吸，有助于准妈妈在产前保持平和的心态。准妈妈可以练习不同的瑜伽姿势，但必须以个人的需要和舒适度为准。

1. 孕期瑜伽的拉伸和练习，可以循序渐进地增加肌肉的柔韧性、灵活度和耐力，而不会给准妈妈的关节造成压力。瑜伽动作缓慢、舒适，是孕期的理想运动。随着准妈妈肚子的增大和身体重心的转移，孕期瑜伽体位能够帮准妈妈保持平衡，塑造良好的体态。

2. 孕期瑜伽能够改善准妈妈的血液循环，减轻水滞留，增强准妈妈的骨盆肌肉，因此一些常见的孕期疼痛能够得到很好的缓解，比如孕晚期的下背部疼痛。孕期瑜伽还能帮准妈妈更好地控制血压，从而有助于胎宝宝的健康发育。同时一些专门的孕期瑜伽体位还能帮助准妈妈应对常见的孕期不适，比如便秘、恶心、胀气、背痛和抑郁。

3. 经常练习孕期瑜伽呼吸法，能让准妈妈的大脑保持冷静，更好地应对疼痛，从而让准妈妈的分娩过程更加顺利。

4. 孕期瑜伽的冥想法能够帮助准妈妈更好地应对孕期情绪的变化，增强准妈妈的自我调节能力。

5. 孕期瑜伽呼吸法能够减轻准妈妈的身心压力，培养乐观积极的心态，促进情绪稳定。

6. 孕期瑜伽休息术可以帮助准妈妈克服孕期的疲劳感，让准妈妈感觉精力更加充沛。练习 1 小时的孕期瑜伽休息术，效果相当于 3 小时的良好睡眠。冥想时准妈妈的注意力都会集中在胎宝宝身上，这能拉近准妈妈和胎宝宝之间的距离，增进准妈妈和胎宝宝之间的感情。孕期瑜伽能够让准妈妈感觉自己更加健康，提高自我意识，从而帮助准妈妈与自己的内心对话。

7. 孕期瑜伽不同于普通瑜伽。孕期瑜伽比较舒缓，只是让准妈妈活动一下。孕期瑜伽因人而异，并不是人人都适合的。孕期瑜伽不可简单复制普通的瑜伽课程，无论难度、运动时间长度或者运动量，准妈妈都要格外谨慎，动作的选择更得精挑细选，要绝对保障胎宝宝的安全。

跳舞

有些准妈妈认为孕期跳舞是一件很危险的事，但是据专家研究表明，孕期适当的舞蹈带给准妈妈和胎宝宝的好处是显而易见的。

舞蹈可以缓解怀孕带来的一些不适症状；增加准妈妈的体力，减缓怀孕所带来的紧张不安情绪；能够提高在怀孕各个时期的耐力；减少分娩时准妈妈对于药物的依赖；缩短产后恢复所需的时间；降低怀孕期间出现并发症的危险。

但是准妈妈应该注意，要根据自己的感觉来调整运动强度，如果感觉到呼吸急促、头晕、疼痛的话，就应该立刻停止活动。

同时寻找一个孕妇舞蹈专业老师十分重要，专业老师能够了解怀孕的生理变化和准妈妈进行何种强度的舞蹈才是最安全的。有经验的老师会在训练前咨询准妈妈的身体情况来调整当天的训练活动。而且选择合适的营养补充对于准妈妈也是很重要的，为了避免身体过热，在进行孕妇舞蹈之前准妈妈应该喝充足的水，期间也要注意补充水分，以防身体缺水。准妈妈要避免在炎热潮湿的地方跳舞。除此之外，还要保证摄取足够的能量来补充跳舞消耗掉的能量。

孕妇操

怀孕的时候，看看书或听听音乐是舒缓情绪的好方式。如果在这时候能够再配合做一些孕妇操，就能让身心都得到放松，而且还能有效缓解肌肉酸痛。准妈妈可以尝试一下哦！下面就让我们来看看有哪些帮助准妈妈放松自己的孕妇操吧！

1. 吹蜡式运动：仰卧，屈起双膝，将手指立于离嘴30厘米处，把手指视为蜡烛，为吹熄烛火而用力呼气。

锻炼目的：锻炼腹肌，便于产后恢复松弛的腹肌。

2. 骨盆的运动：单膝屈起，膝盖慢慢向外侧放下，左右各10次。也可以双膝屈起，按以上步骤做。

锻炼目的：放松骨盆的关节与肌肉，增加其柔韧性，利于自然分娩。

3. 盘腿运动：笔直坐好，双脚合十，用手拉向身体，双膝上下活动，10次。

锻炼目的：放松耻骨联合与股关节，伸展骨盆底肌肉群，利于胎宝宝顺利通过产道。

4. 腹肌运动：单腿屈起、伸展、屈起、伸展，左右各10次。

锻炼目的：锻炼支持子宫的腹部肌肉。

语言胎教：多与胎宝宝对话和交流

准妈妈或家人用富有感情的语言，有意识地对腹中的胎宝宝讲话，让胎宝宝接受最初的富有情感的语言，为后天的语言学习打下良好的基础。

语言胎教为后天打下基础

语言胎教是胎教中一项很重要的科目，它关系到宝宝后天的语言基础。研究表明：先天良好的语言胎教能促使宝宝后天语言天赋的良好形成。这时候就需要父母和家人用富有情感的语言和胎宝宝做有意识、有目的的交流。这时候不仅仅需要准妈妈每天与胎宝宝聊天，准爸爸那种雄厚、富有磁性的声音也会让胎宝宝感到更加亲切，这样也能加深宝宝与父亲之间的亲子之情。

轻快、活泼、温柔、缓和、富有感情色彩的先天语言刺激对于宝宝语言潜力的开发拥有无可替代的好处，能使宝宝出生之后拥有出色的语言能力。

良好的语言胎教能促进胎宝宝智力的发育，为后天打下良好的基础。

掌握正确的语言胎教方法

许多准妈妈认为语言胎教就是经常跟胎宝宝说说话而已，其实正确的语言胎教需要注意很多小诀窍。

1. 在给胎宝宝讲故事的时候最好选择轻快、活泼、富有想象力的小故事，这类小故事是胎宝宝最喜欢的内容。故事的主旨应带有勇敢、团结、理想、和谐、幸福、友爱、智慧等正面色彩，能更好地帮助胎宝宝未来健全人格的养成。

2. 准妈妈应保持愉悦的情绪进行语言胎教，不要把与胎宝宝对话当成一种任务，也不要给自己预设过大的目标。

3. 准妈妈在给胎宝宝讲故事的时候要语调平缓，语速缓慢，吐字清楚，语言富有情感，通过语言的描述把故事中的各种感情色彩传递给胎宝宝。

4. 最后我们要注意的是与胎宝宝的对话每次不要超过 10 分钟。时间过长准妈妈容易感觉疲劳。

多与胎宝宝交流，增加亲子感情

孕期多与宝宝进行语言的交流能够增强亲子关系。专家发现，接受过胎教的宝宝在出生时就能辨别出自己母亲的声音，当宝宝哭闹时，妈妈把宝宝抱在怀里，宝宝感受到母亲那熟悉的心跳声，马上能感觉到安心、舒缓、怡然自得，而不哭不闹。这说明，这个小生命在胎儿期就已经具备了出色的记忆力和学习能力。对于胎宝宝来说，他在母亲体内的生命时间虽然短暂，但对其一生影响巨大。因此，在胎儿期对其进行语言刺激，可加快他的智力发育，为出生后的教育打下良好基础。

高尔基把语言称为一切事物和思想的衣衫，这件“衣衫”将要比之后父母送的任何漂亮的、贵重的衣衫都更加美丽和宝贵。作为准父母，应该用富有情感和意境的言语，向腹中的胎宝宝描述大自然景色的美丽，故事中主人公的善良、勇敢，用语言来表达父母对宝宝的一片爱心。富有哲理的语言会激发他的成长，培养他的语言感，使他出生后更加聪明、健康。

怎样进行语言胎教

语言胎教对于宝宝日后健康成长是有很大帮助的，正确的胎教方式将会产生更好的效果。下面给准妈妈介绍几种不错的语言胎教方法。

1. 在音乐的伴奏下朗读

准妈妈可以在音乐的伴奏下朗读诗歌或散文以抒发感情，这是一种很好的语言胎教形式。据专家介绍，胎宝宝在孕 6 个月时就基本具备了听力，这时进行胎教，能有效刺激胎宝宝的听觉器官，促进胎宝宝大脑的健康发育。

2. 多与宝宝进行对话交流

据研究表明，怀孕的第 2 个月是施行语言胎教的最佳时机。因为这时候胎宝宝的听觉系统已经开始发育，自身意识也随之萌芽，此时胎宝宝的脑神经已经能对外界的信息进行一定的获取，一旦捕捉到外界的信息，就会通过神经管将它传达到胎宝宝的大脑。这时候胎宝宝可以接受的少量信息，并开始有思考、感受、记忆。因此，准妈妈可以在这个时期选择一些你认为有意义、对于宝宝身心健康有促进作用的童谣故事来读给宝宝听，同时将作品中的人物情感、故事情节变化，富有感情色彩地描述出来，让胎宝宝融入到准妈妈描绘的故事世界中。

适宜准妈妈采用的语言胎教方法还有许多，每一位准妈妈可以根据自身情况而采取相应的语言胎教方法。胎宝宝什么时候可以听什么样的故事这个都是由准妈妈自己决定的。有数据研究显示，胎宝宝在孕 2 个月左右的时候，就可以捕捉到外界的信息，所以胎宝宝是有记忆的。如果准妈妈这时候能念故事给腹中的胎宝宝听，可以让胎宝宝有一种安全与温暖的感觉。准妈妈若一直反复念同一则故事给胎宝宝听，会令其神经系统变得对语言更加敏锐。

温情故事：《吹来的种子》

导读：《吹来的种子》是一则适合孕早期的胎教故事，这个胎教故事温情有爱，准妈妈不妨跟胎宝宝讲讲这粒爱的种子是怎么来的吧！

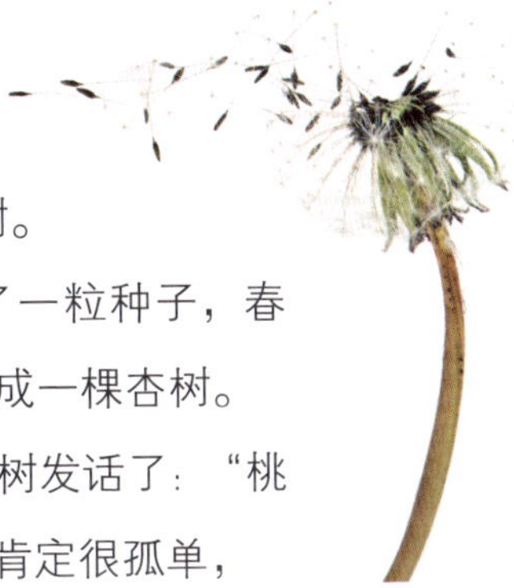

秋天风伯伯把一粒种子吹到了小河边，春天一来，这粒种子就发了芽，长成了一棵桃树。第二年的秋天，风伯伯又吹来了一粒种子，春天一来，这粒种子又发了芽，长成一棵杏树。

在一个风和日丽的下午，杏树发话了："桃树姐姐，要是没有你在这里，我肯定很孤单，可我还是很思念远方的妈妈。"

桃树笑着说："杏树妹妹，你看这条小河的水多清澈，我在这里生活了一年，春天有小动物在河边喝水，夏天有老奶奶在河边乘凉，秋天有大妈在河边洗衣服，冬天有小孩在河边滑冰。而我们却是小河边的一道美丽的风景，不是吗？"听了桃树的话，杏树可开心了。

这天，来了一头小猪，小猪正在找吃的，它看到了桃树旁边有些青草，于是，不客气地用嘴拱着土壤吃青草。不好，小猪把桃树拱到了小河里边。看到桃树被拱到了河里，杏树

一个人在那儿哭泣。

“杏树妹妹，你别哭啊，我还好好的呢！”听到了桃树姐姐的声音，杏树可开心了，它睁开泪眼看见虽然桃树在水里，但它的根部还连着岸边的土壤。经历过这次后，桃树的枝丫都伸展到了河边。

几天后，有一位老人经过河边时看见了倒在水里的桃树，说道：“我得把这棵树移到岸边，这样果子成熟后就不会掉到河里了。”就这样，桃树又回到了岸边。

夏天到了，天气很干燥，这时有几个小孩来河边洗澡，他们看见了河边的桃树和杏树，于是给它们浇了水。

秋天来了，风伯伯从远方带来了桃树妈妈和杏树妈妈的嘱托，它们说道：“宝宝们，我们又结了满满的一堆果子，把这些献给了人们，你们长大后要把快乐带给人间，把丰收的喜悦带给人类。”听了妈妈的话，它们笑了。

后来，桃树和杏树茁壮成长，并且结了许多果子，为人们增添了许多快乐和幸福。

环境胎教：妈妈爱美感染宝宝

爱美是每个女人的天性。孕期对于爱美的准妈妈来说都无疑是一种折磨，不能用化妆品，不能穿凸显好身材的衣服。这时候就需要准妈妈注意自己的穿着打扮了，用对的方法让自己在孕期也能美丽大方。

孕期如何保养皮肤

怀孕时期因为身体机能的变化，很多准妈妈会出现色斑等皮肤问题，这时候准妈妈切勿为了自己爱美，而盲目地用化妆品来掩盖这些瑕疵，只有用正确的方法才能彻底解决皮肤出现的问题，让准妈妈孕期也能拥有白嫩皮肤。

准妈妈的皮肤在孕期相当敏感，所以准妈妈就要更加懂得照顾自己娇嫩的皮肤了。对于准妈妈来说，孕期皮肤的清洁格外重要，每天必须早、晚各洗一次脸，而且白天要用洗面奶加凉水洗脸，这样对皮肤有刺激作用，它可以收缩毛孔，使皮肤更加紧绷一些，洗完脸后可涂抹一点儿温和无刺激性的护肤品。晚上睡觉前用温水洗脸，让毛孔放松，皮肤在这个时候也可以很好地进行呼吸，再用上护肤品就可以放心地睡上一觉了。洗脸一方面可以清除脸上的污渍，另一方面可以增加皮肤的水性，使皮肤更加光滑白嫩，富有弹性。

当然，准妈妈想要自己的皮肤光滑水嫩，只靠外力是不行的，还需要我们自身的调节。准妈妈需要注意补充水分，同时还要多吃富含蛋白质和维生素的食物，如新鲜蔬菜和水果，并及时地补充自身的营养，让皮肤更加健康。

孕期穿着应注意什么

怀孕第 2 个月虽然准妈妈的身体上不会看出太大的变化，但是这时候的胎宝宝已经在你的子宫内开始慢慢长大，准妈妈要注意自己的穿着，以免不适的穿着对胎宝宝日后的发育会产生不好的影响。

孕早期准妈妈的肚子还没有明显的变化，所以这时候准妈妈没必要急着买孕妇装。但是需要买一些适应妊娠曲线变化的衣物。建议准妈妈选择宽松的连衣裙来装扮自己。准妈妈可以选择买高腰裁剪的连衣裙，这样一方面可以适应妊娠曲线的变化，另一方面还可以随着肚子慢慢变大，在孕妇装逐渐变小的同时加上打底裤就可以变成一件不错的束腰上衣。

音乐胎教：适合准妈妈听的音乐

怀孕2个月左右胎宝宝的听觉系统已经开始发育，这时候优美的音乐不仅可以调节准妈妈自身的心境，同时还有助于胎宝宝健康成长。

怎样选择适合准妈妈的音乐

准妈妈在进行音乐胎教的时候一方面希望自己的情绪得到舒缓，另一方面希望胎宝宝也能受到音乐良好的熏陶。这时候如何根据准妈妈的不同需求来选择合适的胎教音乐呢？每个人都有不同的性格特点。不同性格的准妈妈进行音乐胎教时会选择不同曲调和节奏的乐曲。准妈妈可以选择一些节奏缓慢柔和、轻盈安详的乐曲，这样可以使自己的情绪逐渐趋于平静。请注意进行音乐胎教时声音不宜过大，一次最好不要超过20分钟。

适时进行音乐胎教是对胎宝宝听觉系统的一种有效刺激。听着舒适的音乐，可以使准妈妈心情舒畅，增加和胎宝宝的情感交流，还可以引导胎宝宝对音乐的兴趣，有利于后天的培养。同时准爸爸、准妈妈还可以自己唱歌给胎宝宝听，这种方式不仅可以刺激胎宝宝听力的发育，更是亲子之间情感的交流。所以，音乐胎教非常重要。

适合的音乐带给胎宝宝的好处

人的左脑支配逻辑思维、语言能力和分析、判断能力；右脑支配形象思维、感情和直觉能力。音乐训练有助于开发促进人的右脑、增强人的创造力，所以这时候对胎宝宝刚开始发育的大脑进行合适的音乐刺激也是培养宝宝创造力的良好开端。音乐胎教能使准妈妈心旷神怡，浮想联翩，从而改善不良情绪，产生良好的心境，并将这种信息传递给腹中的胎宝宝，使其深受感染。优美动听的胎教音乐能够给躁动于腹中的胎宝宝留下深刻的印象，使他朦胧地意识到，周围世界的和谐、美好。

在进行音乐胎教时，母子共同聆听同一首乐曲，有助于培养母子感情，增进亲子关系。妈妈对宝宝的关爱也可以通过音乐传递给胎宝宝，对宝宝的性格发育有积极影响。

音乐除了艺术上的价值之外，还有各种生理的、心理的效应。胎教音乐通过悦耳怡人的音响效果对准妈妈听觉神经器官的刺激引起大脑细胞的兴奋，促使母体分泌出一些有益于健康的激素，使身体保持极佳状态，促进腹中的胎宝宝健康成长。

生活胎教：缓解孕吐的几种方法

孕早期对于准妈妈来说最难受的就是妊娠反应了，妊娠反应表现为恶心、呕吐、食欲下降等。妊娠反应对于正需要营养的准妈妈来说无疑是一种痛苦。正确的方法能够有效地帮助准妈妈减轻孕吐的症状，缓解孕吐带来的不适，让准妈妈和胎宝宝更加健康。

适当吃些酸味食物

孕早期有的准妈妈孕吐反应比较严重，适当吃些酸味食物能够使胃受到刺激并分泌胃液，从而有利于食物的消化与吸收。另外，酸味食物有利于铁的吸收，可促进血红蛋白的生成。酸性物质还参与游离钙形成钙盐在骨骼中沉积的过程，利于胎宝宝骨骼的形成。所以，准妈妈适当吃些酸味食物很有好处。

怀孕期间吃酸味食物也要讲究科学性，准妈妈可选择番茄、橘子、杨梅、草莓、葡萄、梨、绿苹果等酸性新鲜果蔬，这样既能改善胃肠道不适症状，也可增进食欲，加强营养，有利于胎宝宝的生长，一举多得。但一定要记住不要吃人工腌制的酸菜或者醋制品。人工腌制的酸菜、醋制品虽然有一定的酸味，可维生素、蛋白质、矿物质、糖分等多种营养几乎丧失殆尽，而且腌菜中的致癌物质亚硝酸盐含量较高，过多地食用显然对准妈妈和胎宝宝的健康无益。

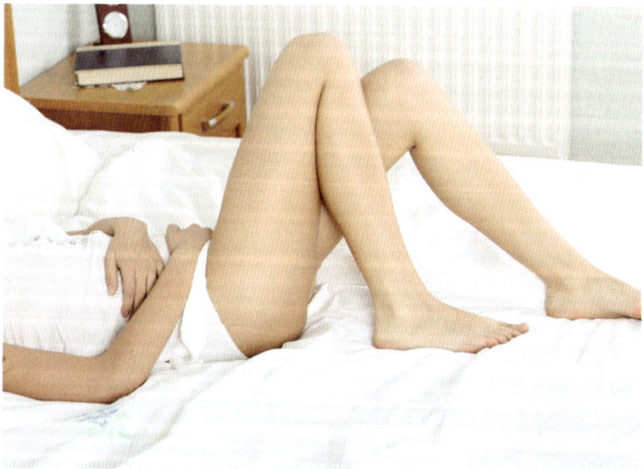

少食多餐

孕早期因为准妈妈的孕吐反应很严重，所以胃里常常被吐空。这时候准妈妈应采取少食多餐的饮食原则，即适当减少每次进食的量并分多次进食。这样不仅可以保证准妈妈的胃里不会因为孕吐而成空腹状态，还能保证每次少量营养更好地被吸收。如果这时候准妈妈孕吐严重就应该多吃蔬菜、水果。

每次吃的食物越少，准妈妈血糖越平稳。餐后食物消化吸收后，血液中的葡萄糖升高，随后逐渐被存储、消耗而下降。吃的食物量少，引起的血糖波动当然也随之变小，因此少食多餐有利于血糖平稳。平稳的血糖能够保证胎宝宝对母体营养的吸收，帮助胎宝宝健康的发育。

饮食以清淡为主

妊娠反应严重的准妈妈应该注意，孕早期食物应以清淡为主。清淡的食物能保证食物的营养，帮助准妈妈减少对于食物添加剂等有害物质的吸收，同时清淡的食物还更容易消化吸收，并可以有效缓解孕吐症状，有利于准妈妈吸收营养。

有规律地适当锻炼

锻炼身体有助于食物消化，从而达到预防孕吐的目的。首选是散步，呼吸新鲜的空气对缓解孕吐相当起作用；其次是游泳。当然，这个要根据准妈妈自身不同的情况来选择。亦可以按产前的有氧运动节奏适当跳舞。有一点必须注意，选择一种适合自己生活习惯的运动方式，每天的运动量要轻微，运动量大小可咨询专业的孕期医生。

避免常见的诱因

孕早期很多准妈妈对一些特殊气味相当敏感，比如闻到炒菜、煎鸡蛋等油性较重的味道时，都会产生孕吐反应。因此做饭时，一定要注意房间的通风或打开排气扇。

孕吐后，放松心情，多休息

准妈妈每次孕吐后可以多休息休息，出去散散步，呼吸呼吸新鲜空气，听听轻音乐，以缓解由孕吐带来的不适感。

在休息期间多给自己一点儿心理暗示，不要让自己心理压力过大，这样也能缓解孕吐反应。因此，心理放轻松比什么都重要。其实，孕吐是一种正常现象，只要孕吐反应不是很严重，准妈妈就不用担心会给胎宝宝造成不良影响。

另外，准妈妈要了解一些孕期知识，多与周围的妈妈或准妈妈交流，相互学习，解除心理压力。也可以多和自己的产科医生交流，把自己的情况告诉医生，看看有没有必要进行相应的孕吐治疗。

意念胎教：静心冥想

静心冥想就是通过静坐，释放压力、改善生活及工作的紧张所导致的恐惧、嫉妒、焦虑、忧郁、多疑等不良情绪，平和身心，完善人格，开发潜在的心灵智慧，加强自我的专注力和洞察力。准妈妈做静心冥想这个运动，可以缓解不良情绪、平和身心。

冥想的要点

1. 时间

练习的最佳时间是黎明和黄昏，你可以一天做 2 次。第 1 次练习从 5 分钟开始，逐渐延长时间，随着练习的推进，如果感觉很好，可以慢慢增加静坐的时间。你可以一次静坐 45 分钟，但不要超过 45 分钟。

2. 从冥想中返回

冥想可以在任何你想要返回的时候返回。开始的几天尽量尝试在中间停止你的冥想。为什么在中间停止？这将会让你养成一个习惯，使你在想要返回的时候随时都可以返回，这不是必须的，但是这可以帮助一些人，因为有些人无法控制自己的返回，他们进入深层冥想，却不能轻易返回，对他们来说从深层冥想状态返回非常困难。当你想要返回的时候，首先清醒地意识到整个身体，关注你的整个身体，感觉你的身体，然后慢慢地开始活动你的手指，略微动动你的双腿。你也可以睁开眼睛，然后慢慢伸直双腿，放松身体。一旦你做完冥想，不要过快地移动你的身体，不要讲话，应该先放松几分钟。

3. 活动颈部

做冥想时由于需要长时间坐着，颈部肌肉会变得有些僵硬，这时你可以慢慢活动一下颈部，顺时针、逆时针各旋转几圈，之后可以用双手按摩一下颈部；如果感觉脊柱僵硬，可以略微扭转背部，或者可以做一下脊柱扭转体位。当感觉身体舒适之后你可以做其他的事情，你可以像这样开始和结束冥想。

准备工作

1. 场地

即使你只有非常小的场地也可以做冥想，但要保持冥想场地的干净简洁，不要坐在太硬的地方做冥想，也不要坐在太软的地方，可以在臀下放一个圆形小软垫。如果外面有声响，就关上窗户，确定你的手机关机或者是静音。如果你是个初学者，你可以在户外做冥想，但是如果你想进入深层冥想，那么建议你在室内做，关上门窗，不要在开放的空间做。

2. 衣着

穿着柔软干净的衣服，不要穿厚重的衣服、紧身的裤子，不要系腰带。如果你只是一个人在房间里，屋里不冷的话你甚至可以脱掉所有的衣服。

3. 姿势

选择任何一个你觉得舒适的坐姿，传统的姿势是席地盘腿而坐（你还可以仰卧，坐在自己的腿肚子上或直背椅子上等）。在每天你做冥想时尽量都采用同样的坐姿，不要更换姿势做冥想，记住要保持背部挺直。

具体步骤

1. 闭上眼睛

一旦你坐下来了，就闭上眼睛；一旦你闭上了眼睛，那就做好准备开始进入冥想了。

2. 放松全身

现在清醒地关注你整个身体，放松整个身体。

3. 关注呼吸

关注呼吸是非常重要的，这也是最简单的事情和非常重要的技法。当你开始关注你的呼吸时，不要做深呼吸，不要运用任何呼吸技法，不要运用任何外力去吸气呼气。什么也不要想，只是去关注你自己的呼吸，慢慢地你的呼吸会变得非常缓慢。

4. 排除思想干扰

当你做冥想的时候也许会有一些思想杂念出现在脑海中，这时你可以做几次深呼吸，之后让你的呼吸再次变得缓慢下来。如果越来越多的思想杂念开始出现，你开始感觉头痛，你可以做蜂鸣式调息，发出像蜂鸣的声音。之后，你应该再次开始关注你的呼吸。

5. 持续关注呼吸时间

不要去想你需要持续多长时间关注呼吸，对于冥想来说要做的就是关注呼吸。关注呼吸就像是通往冥想的桥梁，它会将你带到深度冥想。

Part 4

孕 3 月胎教

宝宝妈妈 SHOW

孕 3 月，胎宝宝进一步生长发育。从外部看，胎宝宝的尾巴完全消失，头部所占身体比例开始变小；眼睛形成，长出眼睑；鼻子、嘴巴周围及声带、齿根也开始生成；下颌、脸颊开始发育；骨头开始骨化变硬，皮肤尚透明；指甲、眉毛、头发开始生长。从内部看，胃、肠、心脏、肝脏进一步发育；肾脏开始发育，已有输尿管可排泄了；脐带变长；脊髓发育形成并开始发挥功能。

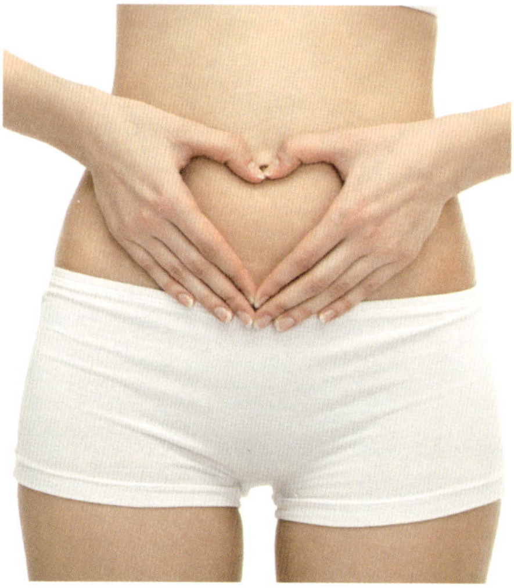

这个时期，准妈妈的身体开始出现明显的变化。首先，准妈妈的妊娠反应更加明显了，食欲缺乏、恶心、呕吐变得严重；其次，阴道内分泌物增多，乳房进一步增大，乳房胀痛明显，乳头、乳晕颜色加重；再者，虽然准妈妈肚子尚未有明显隆起的迹象，但是子宫却在不断地增大，此时差不多如拳头大小了，增大的子宫压迫膀胱，尿频比上个月加重了。前 3 个月是流产高发期和胎宝宝最易致畸期，准妈妈在日常生活上一定要多加留意，同时，胎宝宝会和准妈妈在某方面有共同的节律，因此，准妈妈一定要养成良好的生活习惯，注意饮食胎教。

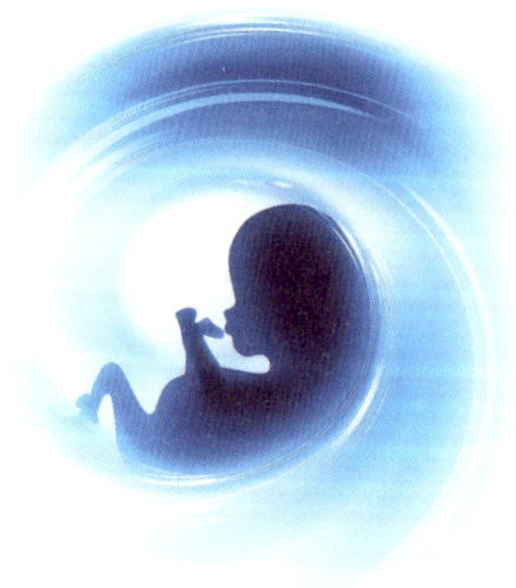

现代医学研究认为，胎宝宝有奇异的潜在能力。怀孕 3 个月是胎教的开始阶段，又是胚胎各器官分化的关键时期。在孕 3 月这个阶段，胎宝宝已经形成感觉和触觉功能，他的听觉、视觉、记忆、思维等功能也开始发育，逐渐能够感受到准妈妈的心跳和外界声音。这时候准妈妈的一举一动都能影响胎宝宝，是对胎宝宝进行胎教的关键时刻。

因此，准妈妈必须抓紧孕 3 月的胎教时机，正确实施可行的胎教手段，如营养、运动、想象、情绪、音乐、环境等胎教，极大限度地开发胎宝宝的智力潜能，使其能力在胎宝宝时期得到较为全面的发展。

准爸爸责任重大

从古至今，女人承担了所有的孕育责任，从小生命在体内“驻扎”开始，一直到他呱呱坠地，看似没有男人的用武之地。但是，不知从何时开始，从丈夫升级为准爸爸的男人们不再袖手旁观准妈妈的孕育过程，而是陪准妈妈一起“怀孕”，积极地参与其中。面对角色的变换，准爸爸在准妈妈孕3月这个阶段要怎样做，才能安抚准妈妈的情绪，帮准妈妈做好孕期的保健工作，创造良好的胎教环境，迎接健康、聪明宝宝的降临呢？在这过程中，准爸爸可谓任重道远。在准妈妈怀孕的第3个月里，从以下几个方面对准妈妈进行细心的呵护，陪着准妈妈快乐、科学地度过孕3月的时光。

当好“后勤部长”

怀孕第9周，胎宝宝的变化很大，现在我们开始把胚胎称为胎宝宝了，这个月是准妈妈整个怀孕期的一个关键时期。胎宝宝现在开始发育形成器官系统，他所有的器官、肌肉、神经开始工作。准爸爸要注意准妈妈在这个时期容易出现的问题，应担负起相应的职责。这个时期准妈妈容易出现乳房肿胀、皮肤易长座疮、头发轻薄油腻、身体缺水等现象，此时，准妈妈期待准爸爸的帮助，希望他们能够积极协助自己孕期的护理工作，从心理和身体上缓解准妈妈的压力和烦躁不安的情绪。

主动承担家务

在这个非常时期，需要准爸爸尽可能地多承担些家务，尤其是当妻子有妊娠反应、感觉不适时，更要多干些活儿，要让她有充分的睡眠和休息。同时，准爸爸要帮助妻子规律作息，养成良好的生活习惯。

妥善安排准妈妈的饮食

孕妇奶粉对胎宝宝大脑、骨骼、神经系统的发育有一定的作用，购买时准爸爸要按照孕妇奶粉的说明督促准妈妈每天定时定量饮用。

准爸爸还应帮助准妈妈纠正不良的饮食习惯，不可偏食、挑食，注意荤素营养搭配，保证各种营养元素均衡摄取。准妈妈从现在开始每天要多吃一些富含钙的食物。如果准妈妈血钙低到一定程度就会引起小腿肌肉痉挛。

让美食为胎宝宝加分

女性在孕期是需要加强营养的特殊生理时期。胎宝宝生长发育所需的所有营养素均来自母体，准妈妈本身需要为分娩和分泌乳汁储备营养素，所以，准爸爸除了尽量做到让准妈妈远离厨房，还要保证饭菜的可口，保证准妈妈孕期营养状况对于妊娠过程及胎宝宝的发育，均有很重要的作用。

让准妈妈充分补水

准爸爸要督促准妈妈喝水，少喝饮料。最好清晨起床后喝一杯温开水，既可以温养滋润肠胃，促进消化液的分泌，促进食欲，又可以加快肠道的蠕动，有利于准妈妈定时排便，防止便秘。在炎热的夏天还可以煮些绿豆汤给准妈妈喝，让准妈妈既解暑又解渴。

陪同孕期检查

怀孕3个月时，准爸爸要陪妻子到医院做第一次的孕期检查，以便全面了解孕育知识和孕期信息，当好准妈妈的咨询师。

此外，在这一时期的准爸爸也有可能“害喜”，表现为食欲缺乏、疲倦、牙疼、紧张、沮丧、失眠、急躁、口吃等，这是准爸爸与准妈妈感同身受的连锁反应。出现这种情况，准爸爸不妨与准妈妈共同参与产前课程，彼此支持，彼此鼓励，调节好自己的情绪，为彼此营造一个良好的家庭环境。

陪同妻子度过危险期

进入孕3月，准妈妈受到孕激素的影响，性情往往会发生一些变化，比如在家中常常表现得特别挑剔，精神上更加脆弱。准爸爸要理解准妈妈的这种变化，尽量迁就一些，多关心、体贴、宽容她，帮助和分担部分家务，使准妈妈有充足的睡眠和休息时间。

研究表明，炒菜时释放出的有害气体比室外空气中的浓度高出好多倍，虽然抽油烟机能够在一定程度上减少油烟，但是依然存在隐患。因此，最好让准妈妈尽量远离厨房，至少要尽量减少在厨房停留的时间。同时，家电对胎宝宝的辐射影响也很大，比如电磁炉、微波炉、电热毯、手机、电视机等，准爸爸对这些电器要有正确的认识，保护准妈妈和胎宝宝的安全。在这个敏感时期，准爸爸要为准妈妈制订健康的日常生活计划。

那么，本月准爸爸的责任主要有以下几项：

注意准妈妈的异常

孕期可能会出现头疼、感冒等常见的现象，尤其是在前3个月，因为此时血压低而身体正努力向头部供血。如果准妈妈因为身体不适而服用了不合适的药物，药物可以通过胎盘直接影响胎宝宝。所以，准爸爸要留心观察准妈妈的身体是否异常，一定要了解孕期药物禁忌。如果必须通过服用药物缓解病痛的情况，准爸爸一定要咨询医生的意见，再对准妈妈进行指导。

开车时系好安全带

准爸爸带着准妈妈乘车出门时，准爸爸要注意准妈妈的乘坐安全，要提醒和督促她系上安全带。准爸爸的健康驾车，也是为准妈妈和胎宝宝的安全和健康着想。

必要情况的陪同

如果准妈妈的年龄超过35岁，准爸爸最好陪准妈妈去做一次羊膜腔穿刺检查，对胎宝宝的先天性及遗传性疾病做出特异性诊断。或者陪准妈妈去医院做出生缺陷筛查，如果有诸如囊性纤维化这样的家族遗传病史，准爸爸可能要考虑做遗传病咨询，或者在怀孕10~12周时进行绒毛活检（CVS），对某些出生缺陷及异常情况进行筛查。

给准妈妈来个温馨按摩

这个时期的准妈妈会经常感到腰酸腿痛、肩周乏力。准爸爸可以学几招按摩的方法，为准妈妈的肩部、腰部、膝部按摩。通过按摩，可以缓解这些症状，帮助准妈妈消除紧张感和酸痛感。准爸爸最好在每晚临睡前帮助准妈妈按摩腰背、小腿和脚。一定要掌握好力度，尤其是按摩腰背的时候，其实只需轻轻揉揉就会让准妈妈感到很舒服。在准爸爸温暖的大手安抚下，准妈妈也会感觉更加平和、甜蜜。如果准妈妈还有皮肤干痒的情况，在按摩时涂些适合准妈妈使用的润肤油、润肤露，就更是一举两得了。

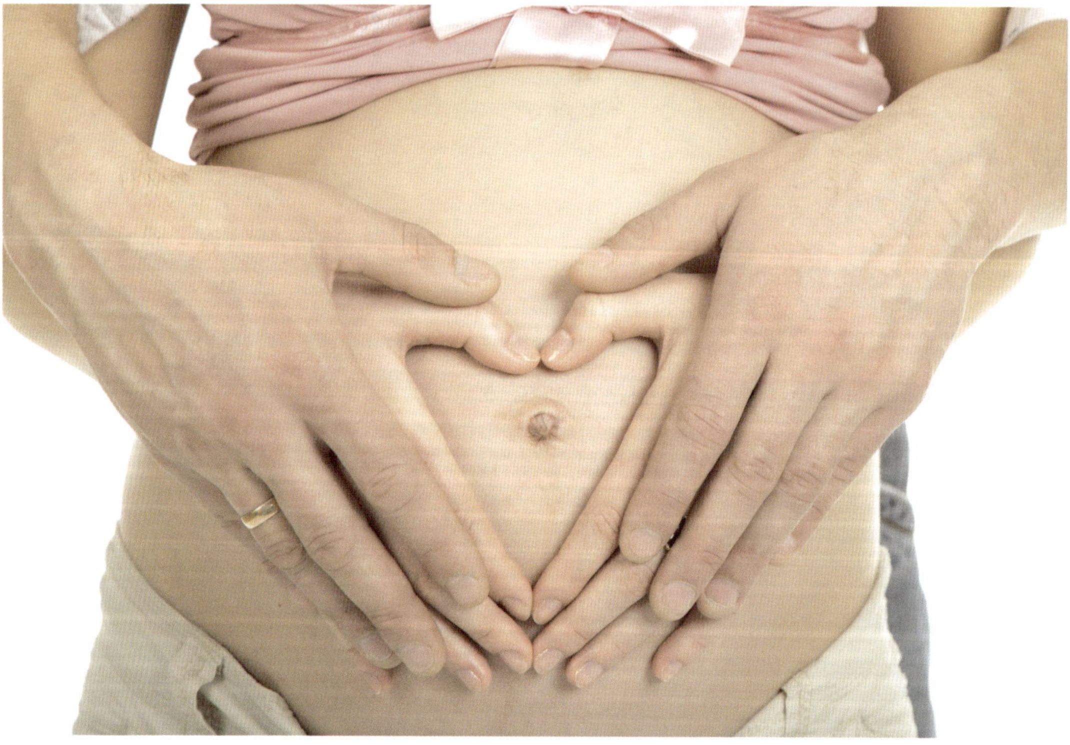

帮助准妈妈进行心理调适

怀孕也许让原本温柔、善解人意的妻子像变了一个人似的，可能一句话没说好就大发脾气，或者稍不如意就泪如泉涌。准爸爸要了解，这种情绪波动是准妈妈在特殊时期的特殊心理表现。准爸爸要练就宽容平和的心态。

准爸爸的爱在妻子的整个妊娠过程中始终是不可缺少的。如果妻子在孕期遇到棘手的问题，准爸爸应鼓励妻子，给她以力量，帮助她树立坚强的信念，这同时也会鼓励胎宝宝同妈妈一起来战胜困难，培养胎宝宝的坚强性格。可以说，准爸爸对准妈妈的心理调适过程，同时也是胎教的过程。

陪同进行室外活动

在乘汽车、逛超市时，要保护好妻子，避免腹部直接受到冲撞和挤压。

陪同准妈妈晒太阳

此时准妈妈腿部容易发生抽筋，尤其是夜间。准爸爸可帮助准妈妈按摩小腿肌肉。工作不忙时，陪准妈妈到室外进行适量的活动，多接触日光照射，尤其是冬天，要多做户外活动，不要隔着玻璃晒太阳，应让皮肤直接接受阳光的润泽。但要注意室外安全，准爸爸要让准妈妈穿上舒服的鞋，以舒适、方便为主，鞋跟要低，最好在2厘米以下。

陪同建立孕检档案

还没有建立孕检档案的家庭，准爸爸要现在要着手准备建档了。孕检档案对整个孕期来说非常重要，医生在为每位准妈妈做各项产检时，会依据手册内记载的检查项目分别进行检查并做记录。一般来说，准妈妈大多会在建档的医院分娩，因此，准爸爸在这个时候要根据需要选择适合准妈妈的医院了。

关注准妈妈的健康细节

准爸爸要开始注意准妈妈的工作和生活习惯了，比如不要让准妈妈佩戴隐形眼镜，否则引发角膜炎和结膜炎的可能性将比平时增大很多。可以让准妈妈改戴框架眼镜，使角膜能有机会休息。此外，还需要把准妈妈的戒指摘下来，在孕期，准妈妈很容易出现身体水肿，医生建议最好将戒指之类的饰物取下，避免因手指水肿而被戒指夹手。

此外要注意的是，孕早期和孕晚期，夫妻同房容易导致流产、早产或阴道感染。一般来说，大多数准妈妈在孕期对性的要求不高，因此克制房事的主要责任在准爸爸身上。

协助做好乳房护理

由于准妈妈乳房的急剧增大，乳头变得很敏感，尝试穿运动胸罩会让准妈妈感觉舒服很多。准爸爸可以给准妈妈购置合适的胸罩和宽松的衣服，并提醒准妈妈做好乳房护理工作，坚持每天清洗乳头，保持乳房清洁。实际上，从孕早期到分娩后，准妈妈的乳房经历着一系列的变化，准爸爸要同准妈妈一起精心呵护乳房，才能保证宝宝日后“口粮”充足。

积极参与胎教

孕3月，准爸爸除了要照顾准妈妈的生活以外，还要积极同准妈妈一起进行胎教工作。胎教不是准妈妈一个人的事情，和准爸爸也有很大关系。准爸爸是准妈妈接触最多，也是最亲密的人，因此，准爸爸的一举一动，甚至情感态度，都会影响到准妈妈和胎宝宝。所以，准爸爸和准妈妈要一同正确理解胎教的科学内涵，以确保胎教工作的有效进行。

避免噪声

高分贝的噪声能够损坏胎宝宝的听觉器官，还可以使准妈妈分泌腺体紊乱。因此，准爸爸要保持环境的安静，在做噪声大、振动强的活动时，要尽量离准妈妈远一些，以免有损胎宝宝的健康。

购置适合的护肤品

一些调查表明，2%~5% 的准妈妈皮肤易长痤疮，尤其是在孕早期。所以，准爸爸在给准妈妈购置日常护理用品方面，要注意选购适合准妈妈使用的物品。

呵护准妈妈的头发

由于激素的作用，准妈妈从头到脚所有的毛发都会发生变化。为适应发质的变化，准爸爸要协助准妈妈注意日常的护发工作，帮忙更换相应的洗发水和护发素。注意不要让妻子进入理发店使用染发剂、烫发剂之类的产品。

营养胎教：补对营养促进发育

据现代神经科学和胚胎学的研究，胎宝宝在生长过程中，大部分脑神经细胞是在出生前分裂而成的，在孕期的 10~18 周增殖速度最快，是胎宝宝脑细胞生长的第一个高峰。脑的生长发育主要依赖细胞数量的增殖和体积的增大，而且脑细胞的增殖具有一次完成的特点，胎宝宝在脑发育期如果营养搭配不当，脑组织结构可能会产生不可逆的永久损害，从而导致胎宝宝智力低下，甚至终身残疾。

这期间，营养全面均衡对胎宝宝早期发育，尤其是大脑发育非常重要。因此，孕 3 月的胎教主要表现为营养胎教。具体来说，就是要求准妈妈除了在孕早期注意饮食中各种营养的搭配均衡外，还要多摄入有助于胎宝宝大脑发育的营养素，这样才能保证胎宝宝的脑发育。同时，健康合理的营养计划可以避免胎宝宝营养缺乏、骨骼发育不良、体重异常或长成巨大儿。

孕 3 月，准妈妈需要遵循的营养原则是吃得巧、吃得好，食谱要有侧重点。那么，我们来看看这个月营养胎教的实施方案及主打营养元素：维生素、蛋白质和一些矿物质。

摄入充足的维生素

胎宝宝发育的整个过程都需要维生素，它尤其能保证胎宝宝皮肤、胃肠道和肺部的健康。怀孕的前 3 个月，胎宝宝自己还不能储存维生素，因此，在饮食调节上准妈妈应注意对各种维生素的吸收，为胎宝宝供应充足。

蔬菜和水果都是准妈妈补充各种维生素的主要来源。此外，孕 3 月也是胎宝宝脑及神经系统迅速分化时期，所以准妈妈要还要一如既往地注意补充维生素，尤其是叶酸、维生素 E、维生素 B_{12} 等的摄入。

蔬菜：营养全面

蔬菜是人体所需维生素的主要来源之一，蔬菜中还含有生物类黄铜、叶绿素等类似维生素的成分，同时还含有矿物质、微量元素、碳水化合物、纤维素等非维生素类营养成分，可对准妈妈的营养膳食和胎宝宝的发育起到促进作用。

温馨提示

蔬菜每日摄入量为200克~400克，其中绿叶蔬菜占2/3的比例。

首先，南瓜、黄花菜、荠菜、萝卜缨、雪里蕻、油菜苔、小茴香、紫甘蓝等都是钙、维生素含量非常高的蔬菜，而且对准妈妈没有危害。

其次，深绿色菜中也含有丰富的维生素，其中维生素 B_6 和 B_{12} 可以防止类半胱氨酸氧化。

另外，多数蔬菜都富含矿物质，尤其是菠菜、空心菜、胡萝卜等，因此准妈妈要多吃此类蔬菜。

值得准爸爸和准妈妈注意的是：

1. 在进行营养胎教的过程中，不要连续食用富含同一种矿物质的蔬菜。

2. 笋干、蕨菜、发菜、香菇等是富含粗纤维的蔬菜，建议准妈妈在孕早期最好不要吃粗纤维蔬菜，因为富含粗纤维的蔬菜消化时间会比其他蔬菜长2小时左右。

3. 维生素制剂不能代替蔬菜，但是准妈妈可以适量摄入维生素制剂，可起到一定的保健作用。

水果：好营养又美味

水果可给人体提供果糖、果胶、维生素、矿物质和纤维素。它们既可以为准妈妈补充营养，还对胎宝宝的皮肤有好处。

准妈妈可以通过多样化的新鲜水果来补脑。例如，柠檬能提高人的接受能力；菠萝富含维生素 C 和重要的微量元素锰，对提高人的记忆力有帮助；香蕉可向大脑提供重要的物质酪氨酸，而酪氨酸可使人精力充沛、注意力集中，并能提高人的创造能力。准妈妈吃水果时，应该多样化地选择鲜品，并且尽量少吃反季水果，水果每餐 1~2 个。以下将具体介绍几种营养丰富的水果给准妈妈，并巧妙配合准妈妈在孕早期的饮食口味，提供适合准妈妈的食用方法。

梨

梨被誉为“百果之宗”，是我国最古老的果木之一。它质脆多汁、清甜爽口、醇香宜人。其性甘寒微酸，很适合孕 3 月的准妈妈食用。梨有镇静安神、养心润肝、消炎镇痛、清热利尿、润喉降压、生津止渴的功效，可治疗准妈妈妊娠期水肿及妊娠期高血压疾病。

将生梨去核后塞入冰糖 10 克、贝母 5 克、水适量，文火炖熟，服汤吃梨，可防治外感风寒、咳嗽多痰等疾患。

常吃炖熟的梨，能增加口中津液，防止口干唇燥，不仅可保护嗓子，也是肺炎、支气管炎及肝炎的食疗品。

葡萄

鲜葡萄富含蛋白质、脂肪、碳水化合物、胡萝卜素、烟酸等，还含有 B 族维生素、维生素 C、钙、磷、铁等成分。葡萄所含营养成分有健脑作用，可以抗血栓形成，预防脑血管和心血管疾病。值得准妈妈注意的是，由鲜葡萄晒干而成的葡萄干，其含糖含铁量较高，食用简单方便，可以充当准妈妈日常的小零食。

柿子

柿子汁多味甘，富含多种维生素及钾、铁、钙、镁、磷等，其矿物质的含量超过苹果、梨、桃等水果。柿子的营养及药用价值均适宜准妈妈适量食用。尤其是患妊娠期高血压疾病的准妈妈可以“一吃两得”。

柿子虽然有很好的营养及药用价值，但它也有不足之处。柿子有涩味，吃多了会感到口涩舌麻，收敛作用很强，容易引起大便干燥。遇酸可以凝集成块，与蛋白质结合后产生沉淀。因此，吃柿子应该点到为止，以一天一个为宜。

柑橘

柑橘品种繁多，有甜橙、南橘、无核蜜橘、柚子等。它们营养丰富，通身是宝。橘子富含维生素 C、维生素 A，它所含的 B 族维生素更是居水果之冠。柑橘中所含的矿物质以钙为最高，磷的含量也超过大米。其汁富含柠檬酸、氨基酸、碳水化合物、脂肪、多种维生素、钙、磷、铁等营养成分，是准妈妈喜欢吃的食物。

但是，柑橘好吃，不可多食。因为柑橘性温味甘，补阳益气，过量反于身体无补，容易引起燥热而使人上火，发生口腔炎、牙周炎、咽喉炎等。一次或者多次食用大量的柑橘后，身体内的胡萝卜素会明显增多，肝脏来不及把胡萝卜素转化为维生素 A，使皮肤内的胡萝卜素沉积导致皮肤呈黄疸样改变，尤以手及脚掌最明显，常伴有恶心、呕吐症状。准妈妈每天吃柑橘不应该超过 3 个。

无花果

无花果的果实无论鲜品还是干品均味美可口。它富含多种氨基酸、有机酸、镁、锰、铜、锌、硼及维生素等营养成分。它不仅是营养价值高的水果，而且是一味良药。它性甘味酸，有清热解毒、止泻通乳之功效，尤其对于乳汁干枯、痔疮便血、脾虚腹泻、咽喉疼痛等疗效显著。

准妈妈最容易患便秘，因此宜常吃适量的无花果，因为无花果不仅有丰富的营养成分，还能够通乳、治疗便秘。

保证脂肪酸的供给

孕3月时，准妈妈脂肪酸供给不足，可导致胎宝宝大脑发育异常，出生后智商低下。因此，准妈妈对于脂肪酸的补充是必不可少的。脂肪酸来源于动物油和植物油。植物油中的芝麻油、豆油、花生油等是主要提供者，植物油是烹调的理想用油。

除此之外，坚果类食物中含有不饱和脂肪酸、磷脂、蛋白质、微量元素多种营养素，还有补气养血、温肺润肠的作用，其营养成分对于胚胎和脑的发育非常有利。

坚果类食物都被归为脂肪类食物。高热量、高脂肪是它们的特性，但是坚果含有的油脂虽多，却多以不饱和脂肪酸为主。对于胎宝宝来讲，身体发育首先需要的营养成分是蛋白质，但对于大脑的发育来说，需要的第一营养成分却是脂类即不饱和脂肪酸。

坚果类食物中还含有15%~20%的优质蛋白质和十几种重要的氨基酸，这些氨基酸都是构成脑神经细胞的主要成分，同时还含有对大脑神经细胞有益的维生素B_1、维生素B_2、维生素B_5、维生素E及钙、磷、铁、锌等。因此，无论是对准妈妈，还是对胎宝宝，坚果类食物都是补脑、益智的佳品。以下将介绍一些适合孕早期食用的坚果类食物:

核桃、栗子

核桃仁和栗子含有丰富的蛋白质、脂肪、钙、磷、铁及各种维生素。其中核桃仁中的不饱和脂肪酸、亚油酸分别占63%和16%，维生素B_6的含量也相当高。栗子含有的碳水化合物、胡萝卜素，脂肪中大部分的聚不饱和脂肪酸，蛋白质中氨基酸的组成部分如天冬氨酸、谷氨酸，可有效供给准妈妈和胎宝宝的脑部需要。

核桃可以生吃，也可以加入适量盐水，煮熟吃，还可以和薏仁、栗子等一起煮粥吃。

核桃蔬菜粥

原料：

泡好的大米15克，绿豆、剁碎的胡萝卜各10克，核桃粉1小匙，香油1/2小匙，芝麻盐少许，高汤90毫升。

做法：

1. 大米磨细，绿豆煮熟，去皮磨碎。

2. 将磨碎的绿豆和胡萝卜放点香油、芝麻盐煸炒，加入高汤和大米，煮熟后再将核桃粉放进去熬煮一会儿即成。

花生、枣

鲜枣维生素C含量非常高，每100克可食部分含量可达540毫克，酸枣中含量更高。枣中的维生素C在人体中的利用率高达86.3%。

花生中蛋白质含量高达30%左右，蛋白质大部分是球蛋白，脂肪中脂肪酸的组合是油酸、亚油酸、花生酸。其营养价值可与鸡蛋、牛奶、瘦肉等媲美，而且易被人体吸收，同时花生皮还有补血的功效。花生可与黄豆一起炖汤，也可以和莲子一起放在粥里或是米饭里。最好不要用油炒着吃。

花生红枣粥

原料：

花生20粒，红枣5枚，大米30克，白糖适量。

做法：

1. 将花生洗净去皮，入锅加清水煮至六成熟时，再加入枣，继续煮烂。将煮熟的红枣去皮、去核后和花生一同碾成泥备用。

2. 将米淘洗干净放入锅中，加清水煮成稀粥。

3. 熟后，混入红枣花生泥，并加白糖适量，搅拌均匀即可出锅。

榛子

榛子含有不饱和脂肪酸，并富含磷、铁、钾等矿物质，以及维生素A、维生素B_1、维生素B_2、烟酸等，经常吃可以明目、健脑。如果不想单吃榛子，可以压碎拌在麦片里一起吃。

榛子枸杞粥

原料：

榛子仁30克，枸杞子15克，粳米30克，冰糖1小匙。

做法：

1. 先将榛子仁捣碎，然后与枸杞子一同加水煮，去渣留汁。

2. 锅置火上，加入清水和榛子枸杞汁，与粳米一同用小火熬成粥即可食用。

松子

松子仁含有丰富的维生素A和维生素E，以及人体必需的脂肪酸、油酸、亚油酸和亚麻酸，还含有其他植物所没有的皮诺敛酸。它不但具有益寿养颜、祛病强身之功效，还具有防癌、抗癌之作用。它可以生吃，或者做成美味的松仁玉米。所以准妈妈可以通过它来改善改善皮肤，还可促进胎宝宝的脑部发育。

松仁玉米

原料：

松子仁50克，玉米粒200克，青豆20克，胡萝卜20克，葱末1小匙，色拉油2大匙，麻油1小匙，水淀粉2小匙，盐、味精各适量。

做法：

1. 松子仁用水洗净，放在油锅里炸到颜色稍微金黄，备用。将胡萝卜切成小颗粒备用。

2. 在锅中放入油，烧至6成热的时候，放入玉米粒，翻炒一下再加入松子仁、青豆和胡萝卜粒翻炒。

3. 所有食材炒熟后加入盐、味精、葱末，水淀粉勾芡，淋麻油装盘，即可。

除此以外，准爸爸可以贴心地为准妈妈储备一些零食，比如葵花子、南瓜子、西瓜子、芝麻、夏威夷果等，让准妈妈随时可以补充所需的维生素和脂肪。

供给充足的蛋白质

孕早期，蛋白质是准妈妈最不能缺乏的营养素之一。胎宝宝的生长发育需要蛋白质，它是胎宝宝细胞分化、器官形成的最基本的物质。准妈妈需要蛋白质来维持子宫、胎盘、乳腺组织及全身的变化。准妈妈饮食中蛋白质的含量不足，不仅影响胎宝宝的整体发育，使胎宝宝体重达不到标准，出现“低体重儿”，而且会影响胎宝宝脑的发育。

除此之外，每 1 克蛋白质还能提供相当 4000 卡的热量。准妈妈整个孕期都需要大量优质的蛋白质食物，每日需要摄取蛋白质 70 多克，比正常人多出 2~3 倍。食用米饭和面食虽然可以摄取一些蛋白质，但数量不够，质量不行，缺乏一些人体必需的氨基酸。所以，还必须从动物性食物中去摄取优质蛋白，以保证准妈妈和胎宝宝对人体必需氨基酸的需求。豆腐、豆腐干、豆芽等黄豆制品也含有丰富的优质蛋白，可与动物性食物配合食用。鸡蛋中所含的蛋白质是天然食物中最优良的蛋白质之一，富含人体所需要的氨基酸，蛋黄中还含有丰富的卵磷脂、钙、磷、铁以及维生素 A、B 族维生素、维生素 D 等。

营养蛋白：软炒鲜奶

营养分析：

本品富含蛋白质、脂肪、维生素 A 和钙、磷、铁等多种营养素，是准妈妈补充蛋白质、钙的上好菜肴。

原料：

鲜牛奶 250 克，蛋清 4 个，笋尖 25 克，马蹄 15 克，火腿末、精盐、鸡精、鲜汤、湿淀粉、植物油各适量。

做法：

1. 笋尖、马蹄分别洗净，切成细粒。蛋清加鲜牛奶、精盐、鸡精、湿淀粉、鲜汤调匀成蛋清奶糊，加入笋尖、马蹄粒拌匀。

2. 锅上火放油烧热，倒入蛋清奶糊，用勺轻轻推动至蛋清奶糊凝固成形，起锅装盘，撒上火腿末即成。

必不可少的矿物质

孕早期，准妈妈受孕吐的影响，容易导致矿物质的失衡。但此时的胎宝宝已经开始生长，骨骼、牙齿、内脏等器官也在发育，更加需要钙、铁、锌、碘等元素的供应。钙、铁、锌、碘等矿物质的供给不足也会对胎宝宝的发育造成不良影响，因为胎宝宝造骨需要钙，造血需要铁，构成甲状腺需要碘，胎宝宝对酶的组成和蛋白质的合成都离不开锌。

钙：帮助胎宝宝造骨

钙质是胎宝宝和准妈妈不可缺少的营养素。胎宝宝的骨骼、牙齿成长均有赖于钙质的提供，同时准妈妈如果缺乏钙质容易出现腰酸背痛、骨质疏松等症状。孕早期准妈妈的钙质摄取量与一般人相同，一天约为 800 毫克的剂量，等同于两杯牛奶的量。

富含钙质的食物主要包括牛奶、小鱼干、鲑鱼、沙丁鱼、豆腐、胡桃、杏仁、深色叶菜类、黄豆制品。

另外，适度晒太阳可帮助形成维生素 D，有利于钙的吸收，不过夏天要尽量避免在上午 10 点到下午 3 点之间在阳光下暴晒，以防晒伤。

这里推荐一款适合孕 3 月的准妈妈补钙开胃的食谱：

胡萝卜豆腐肉泥

营养分析：

豆腐含有丰富的钙质，是准妈妈补钙的理想食物。

原料：

五花肉 100 克，豆腐 500 克，水发香菇 3 个，胡萝卜 2 根，鸡蛋 3 个，油 15 克，盐、料酒、鸡精、干淀粉各适量。

做法：

1. 豆腐用刀抹成泥；把五花肉剁成泥；将两种泥放入碗内，加料酒、盐、鸡精、干淀粉拌匀待用。

2. 取 3 个鸡蛋的蛋清放入碗内，搅拌成泡沫状，倒入腌制好的肉泥里，搅拌均匀。

3. 胡萝卜洗净刮皮，切成梅花状。

4. 取大盘 1 个，周围抹上油，将豆腐肉泥倒入摊平；把水发香菇切成粗细不等的小条作梅花枝干，摆在豆腐肉泥上，将梅花放在枝干上，上屉用旺火蒸 5 分钟，取出即成。

铁：帮助准妈妈和胎宝宝造血

铁是人体造血的重要物质，也是促进 B 族维生素代谢的重要物质。怀孕后，准妈妈身体里的血液量会比平时增加将近 50% 左右，因此，需要大量的铁以便制造更多的血红蛋白，同时，准妈妈也需要补铁来供应正在发育的宝宝和胎盘。

怀孕期间，孕妇肠道从食物中吸收铁的能力较未孕时提高了 3 倍。但还是有约 1/3 的孕妇无法获得充足的铁，因而患有缺铁性贫血。

因此，准妈妈从孕前及刚开始怀孕时，就要开始注意补充铁。多吃瘦肉、家禽、动物肝及血（鸭血、猪血）、蛋类等富含铁的食物，也要多吃些有助于铁吸收的食物。水果和蔬菜不仅能够补铁，所含的维生素 C 还可以促进铁在肠道的吸收，因此，在吃富含铁的食物的同时，最好同时多吃一些水果和蔬菜，也有很好的补铁作用。如鸡蛋和西红柿同时食用，西红柿中的维生素 C 可以提高铁的吸收率。做菜时尽量使用铁制炊具，铁质炊具在烹制食物时会产生一些小碎铁屑溶解于食物中，形成可溶性铁盐，容易让肠道吸收铁。

下面推荐一款适合准妈妈补铁、补血的好食谱——芙蓉杂烩。

芙蓉杂烩

营养分析：

猪肝的含铁量很高，猪肚、猪舌营养丰富，是补铁的较好来源，准妈妈常食可预防缺铁性贫血。

原料：

猪肝 30 克，熟猪肚 30 克，熟猪舌 30 克，火腿 20 克，木耳 10 克，平菇 15 克，鸡蛋 3 个，上海青 1 棵，生姜 10 克，熟鸡油 1 克，食用油 20 克，清汤 10 克，盐、味精、白糖、胡椒粉、料酒各适量。

做法：

1. 将熟猪肝、熟猪肚、熟猪舌、火腿切片，木耳洗净切片，平菇洗净，鸡蛋去黄留白打散，上海青择洗干净，生姜去皮洗净切片。

2. 锅置火上，倒油烧热，放入姜片、猪肚片、猪舌片，加料酒爆炒片刻，注入清汤，用中火烧开。加入猪肝、平菇、火腿、木耳、上海青翻炒片刻，加盐、味精、胡椒粉煮透，淋入熟鸡油，盛入深碗内。

3. 另起锅下油，倒入鸡蛋白，用小火轻轻炒至蛋白硬身而洁白，铲入杂烩上面即可。

镁：促进胎宝宝生长发育

镁多存在于神经与肌肉细胞内，调节神经的感应性与肌肉的收缩。缺镁会引起神经与肌肉的功能失调，出现肌肉震颤、手足抽搐、惊厥等现象。近期研究表明，怀孕头3个月摄取镁的数量关系到新生儿身高、体重和头围大小。所以，镁不仅可以预防准妈妈妊娠抽搐、早产等并发症，而且促进胎宝宝肌肉和骨骼的正常发育。

一般情况下，准妈妈对镁的摄取量往往不足，在饮食中应特别注意吃以下几种富含镁的食物：胡萝卜、芥菜、菠菜、黄花菜、紫菜、嫩玉米、谷类、大豆制品、香蕉、色拉油、绿叶蔬菜、坚果、大豆、南瓜、甜瓜、香蕉、草莓、葵花籽和全麦食物等。

下面推荐一款富含镁矿物质的营养食谱——虾皮紫菜汤。虾皮、紫菜中含有丰富的镁元素，此外，虾皮中含有丰富的蛋白质和矿物质，尤其是钙的含量极为丰富。适合早孕期的准妈妈食用。

虾皮紫菜汤

原料：

干虾皮、紫菜、黄瓜、冬瓜、番茄、葱叶、盐各适量。

做法：

1. 在锅中加入两碗清水，打开火门。
2. 将虾皮和紫菜放入锅内，冬瓜、黄瓜、番茄，家中有什么菜都可以放，根据自己喜好，随意放一两样。如果午餐蛋白吃得少，可以将一个鸡蛋搅碎，倒入锅中。
3. 待汤烧开，下紫菜，再开锅，加盐调味起锅。将汤盛到碗里，撒上葱叶，一碗简单又营养的虾皮紫菜汤就做好了。

锦上添花的 DHA

DHA 又称“脑黄金”，能够帮助胎宝宝的脑部与眼部发育。DHA 属于脂肪酸，例如鲭鱼、鲑鱼、鲔鱼、鲱鱼、沙丁鱼、鱼油胶囊以及亚麻仁油等，都含有可以在人体内转化为 DHA 的物质。准妈妈只要每天吃一大块的鱼就可摄取足够的鱼油。但若饮食上无法满足摄取，可以开始补充鱼油，或饮用添加足量 DHA 的孕妇奶粉。

温馨提示

准妈妈每周至少吃一顿鱼，特别是三文鱼、沙丁鱼和青鱼。鱼类脂肪中含有 Ω-3 脂肪酸，能保护人的神经系统，起到健脑的作用。另外，吃鱼还有助于加强神经细胞的活动，从而提高准妈妈的记忆力。

下面推荐一款适合准妈妈的鱼类补脑食谱：

清蒸鲤鱼

营养分析：

孕 9~12 周的准妈妈多少都会有胃酸反流的“害喜”症状，通常医生都会建议要避免食用油炸、过于刺激的食物，尽量选用易消化的食物。清蒸鱼就再合适不过了。鲤鱼和鲫鱼属于性平的鱼，鲤鱼还有安胎的作用。不过注意一定要趁热吃才有减缓呕吐的效果，放凉后就容易有鱼腥味了。

原料：

鲤鱼一尾（600 克）、大葱 150 克，盐、蒸鱼豉油各适量。

做法：

1. 将鲤鱼除鳞、去内脏，洗净。大葱切丝备用。

2. 将鲤鱼隔水蒸熟，关火，撒上葱丝及蒸鱼豉油即成。

孕期饮食禁忌

很多准妈妈以为孕3个月以后就度过危险期了，其实不然。除了要了解孕早期应遵循营养全面、合理搭配的原则，避免营养不良或营养过剩，准爸爸还得和准妈妈一起深入了解孕期有哪些饮食禁忌，确保孕3月的营养胎教顺利进行。那么，在孕期有哪些饮食禁忌呢？不妨我们一起来认识一番。

忌食未熟食物

生海鲜，未经高温消毒的牛奶或软奶酪、肉酱，生鸡蛋以及生的或半熟的肉类都不应出现在孕期饮食中。因为生的鱼、肉等食物中往往含有绦虫、囊虫等寄生虫，直接食用这些食物可以使人感染疾病。生鸡蛋的蛋白质不易被蛋白水解酶水解，不易被肠道吸收，而且生鸡蛋常常被细菌污染，直接食用很容易得肠胃炎。同时，要注意厨房卫生。

忌食刺激性食物

浓咖啡、浓茶、辛辣食物、碳酸饮料、酒精等刺激性食物均会对胎宝宝产生不良刺激，影响其正常发育，甚至引起胎宝宝畸形。

值的注意的是，在烹调时应少放调味品，如茴香、花椒、辣椒粉、八角、五香粉、胡椒等调味品性热且有刺激性，准妈妈的肠蠕动本就减缓，若再食用此类食物，易造成便秘。

山楂、马齿苋和米仁等均有刺激子宫收缩的作用，甚至有导致流产的可能。

此外，准妈妈应忌喝冷饮及汽水，女性怀孕后胃肠功能减弱，过冷的食物会使胃肠血管突然收缩，从而出现腹泻、腹痛等症状。汽水会消耗准妈妈体内的铁质，从而导致贫血，影响宝宝发育。

慎食熟食、油条、腌制品

经过加工的半成品食物虽然美味可口，但这些食物在加工过程中，需要加入一定的添加剂，如人工合成的色素、香精、甜味剂及防腐剂等，准妈妈应尽量少吃，准妈妈摄入过多，将对胎宝宝不利。

油条也不适合准妈妈食用，因为油条中加入一定量含有铝的明矾，铝可以通过胎盘进入胎宝宝大脑，造成宝宝大脑发育障碍。此外，经烟熏、腌制、烧烤的食物和皮蛋等含铅食物也应尽量不吃。

忌高脂肪、高蛋白饮食

如果准妈妈长期多吃高脂肪食物，会使大肠内的胆酸和中性胆固醇浓度增加，不利于母婴健康。孕期也不宜高蛋白饮食，会影响孕妇的食欲，增加胃肠道的负担。

忌进食热性食物

因为热性食物使人体内热加重，有碍机体聚血养胎。热性食物包括荔枝和桂圆这类水果。忌食杏及杏仁，杏的热性及其滑胎特性，为准妈妈之大忌。杏仁中含有有毒物质，故准妈妈应忌食。

忌食人参等补品

中医认为，多数准妈妈阴血偏虚，滥用人参进补可导致气盛阴虚，很容易上火，还会加重早孕反应，出现呕吐、水肿及高血压等症状。除此之外，鹿茸、鹿胎、蜂王浆等补品，准妈妈也不宜服用。

忌过度咸食

有些准妈妈由于饮食习惯嗜好咸食，尤其是北方居民较严重，多爱咸食。现代医学研究认为，吃盐量与高血压疾病发病率有一定关系，食盐摄入越多，高血压疾病的发病率也越高。众所周知，妊娠期高血压疾病是女性在孕期才会发生的一种特殊疾病，其主要症状为水肿、高血压和蛋白尿，严重者可伴有头痛、眼花、胸闷、晕眩等自觉症状，甚至发生子痫而危及母婴安康。准妈妈过度咸食，容易引发妊娠期高血压疾病。为了孕期保健，专家建议每日食盐摄入量应为 6 克左右。

运动胎教：多散步，勤动手

研究结果表明，凡是在子宫内受过运动训练的胎宝宝，出生后翻身、爬行、坐立、走路及跳跃等动作的发育均明显早于一般宝宝。准妈妈到了孕3月，应该开始进行适当的运动，以促进胎宝宝大脑以及肌肉的发育。

运动胎教是通过改善准妈妈的微循环从而间接影响胎宝宝。但是，运动胎教并不是每个准妈妈都适用。

孕期运动的注意事项

适当进行热身和放松运动

运动前，先做5分钟的热身体操，运动结束时利用5分钟做一下放松运动。这样可以避免一下子调动血液供应肌肉的运动，或者运动突然停止，使血液大量滞留在肌肉内，影响子宫内的血运，也可以有效地避免运动伤害。

需要提醒准妈妈的是，一旦出现头晕、头痛、呼吸急促、心悸、子宫收缩、阴道出血或出现大量分泌物、虚弱，或者身体任何部位感到疼痛，都要立刻停止运动。

不要让体温过高

尤其是孕早期，如果准妈妈体温长时间保持在39℃以上，就有可能影响胎宝宝的发育。测试运动强度是否合适最简单的办法：如果你在运动的时候一说话就会有上气不接下气的感觉，就表明你的运动强度太大了。运动时心跳速率需在每分钟140下以内，若是超过此范围，准妈妈的血流量较高，血管可能负荷不了。

此外，准妈妈运动时最好穿运动服。运动服往往具有吸汗散热的功能，可避免不吸汗材质为皮肤带来的不适，有弹性的运动服也有利于身体的活动及伸展。注意了，避免在天气炎热和闷热时做运动，在炎热的天气下做运动，可能使准妈妈中暑，最适宜运动的温度为 26℃ ~27℃。

注意补充水分

补充水分除了能避免脱水之外，也可以控制体温上升的速度，一旦准妈妈体温快速上升，胎宝宝心跳也会跟着加速。准妈妈体温每上升半度，胎宝宝的心跳约会增加 10~20 下，会相对增加胎宝宝状况的不稳定性。因此，准妈妈运动期间一定要记得补充水分。

不宜跑步和骑车

跑步和骑车都会引起腹部的强烈收缩，会对子宫产生很大的压力。由于胚胎正处于发育阶段，特别是胎盘和母体子宫壁的连接还不紧密，很可能由于动作不当使子宫受到震动，使胎盘脱落而造成流产。

尽量避免长途旅行

孕 3 月还属于孕早期，所以需要静养，这一时期很容易疲劳，而且大多数准妈妈有孕吐反应，长途旅行不论是坐飞机还是乘火车都容易让身体感觉疲劳，并且对于异地的情况又不是十分熟悉，所以建议准妈妈尽量避免长途出行，可将旅行计划推迟到孕中期。

避免跑步

孕 3 月，腹部并没有增大，很多人觉得很安全，仍然像以前一样运动。其实不然，前 3 个月后 3 个月是最危险的时期，所以这种事在怀孕后还是避免吧，不管多急也不要跑步，更不要一口气上下楼梯。上班的准妈妈如果怕迟到，请提早出门几分钟吧，晚上一定要早点儿休息，养成良好的作息时间。有时候行动过于激烈可能会导致流产的现象出现。

避免极度牵拉、跳跃、冲击力过强的运动

怀孕期间母体会分泌一种叫松弛素的物质，这种激素会让准妈妈的关节和韧带变得松弛柔软，太过强烈的运动极易导致关节和韧带的损伤。而那种需要瞬间爆发力的运动，如羽毛球、网球、乒乓球、高尔夫球、滑雪，以及会对腹部产生压力的运动，应该完全禁止。当然，不管是何种运动，准妈妈都应以轻松、缓慢的方式进行，避免激烈运动。如果曾有先兆流产或习惯性流产史的准妈妈，通常建议在孕早期卧床休息，避免运动。

户外散步

孕早期如果运动方式不当容易使子宫受到震动造成流产。所以，准妈妈应该选择慢一些的运动，如散步。下面就和准妈妈一起分享一下散步的心得感受。

散步环境

准妈妈在闹市区、交通要道上散步不利于健康。由于马路上的车辆川流不息，汽车排放的尾气中不乏致癌致畸物质，尾气中的氮氧化合物主要是二氧化氮，对人和植物都有极强的毒性，能引起呼吸道感染和哮喘，使肺功能下降，同时汽车马达轰鸣声、刺耳的高音喇叭声等噪声都会对准妈妈及胎宝宝的健康造成极为不利的影响。

因此，散步应选择风和日丽的天气，雾、雨、风及天气骤变不宜外出，以免发生感冒。在环境的选择上，可以考虑在道路平坦、环境优美、空气清新的地方散步，比如可以在自家周围选择一些清洁僻静的街道作为散步地点，花草茂盛的乡间小路、绿树成荫的公园、人工湖是准妈妈散步最理想的场所。准妈妈置身于这样宜人的环境中散步，有利于消除疲劳，并利于胎宝宝健康成长。

散步的时间段好选在清晨和晚饭后。你还可以根据自己的工作和生活情况安排适当的时间。散步时可以让丈夫陪同，这样可以增加夫妻间的交流，培养丈夫对胎宝宝的感情。散步时，要穿宽松舒适的衣服和鞋。每天每次散步的时间可以控制在半小时至 1 小时。

散步方式

舒缓散步法

首先放一些轻松舒缓的音乐，然后按节奏行走，步伐不要太大，自我感觉轻松舒适就好。同时，双臂自然在身侧摆动，幅度不必太大，配合深呼吸，将充足的空气从鼻孔吸入肺部，由嘴部呼出。这种散步方式可扩张肺部功能，锻炼分娩时需要的呼吸技巧。

交替散步法

所谓交替就是快慢结合。第一步，从慢走开始，利用慢走热身，10 分钟左右即可。第二步，步伐稍微加快，1~2 分钟即可。第三步，快步行走，2 分钟即可。如此循环 4~5 次，其中自第 2 次开始，慢走减为 5 分钟，结束时，慢走 5 分钟，放松身体。这样可以锻炼腿部肌肉力量，帮助自然分娩。

综合散步法

在交替散步法的基础上，添加肢体动作，达到活动全身的目的。比如，每做完一个循环，双臂掐腰，一只手臂前伸，慢慢收回继续掐腰，同时换另一只手臂继续此工作，如此反复。这一过程也是 4~5 次。

孕妇体操

在孕 3 月的早期，准妈妈适合做一些体操运动。体操锻炼可以增加腹肌、腰背肌和骨盆底肌肉的张力和弹性，使关节、韧带松弛柔软，有助于分娩时肌肉放松，减少产道的阻力，使胎宝宝能较快地通过产道。据有关研究结果显示，坚持做孕妇体操的准妈妈正常阴道产率显著高于没有做体操的产妇。以下将介绍几种简单可行的孕妇体操，其目的主要是让准妈妈安然健康度过孕早期，也有利于日后顺利分娩。

脚腕的运动

功效分析：胎宝宝体重日益增加，为了能轻松行走，准妈妈需要使自己的脚腕关节变得柔韧有力。另外，此体操还有助于消除妊娠后期的脚部水肿。日常生活中，坐在椅子上时、躺下时等，都要经常锻炼脚腕。

1. 姿势：仰卧。

2. 左右摇摆脚腕 10 次。

3. 左右转动脚腕 10 次

4. 前后活动脚腕，充分伸展、收缩跟腱 10 次。

腿部运动

功效分析：锻炼腿部及臀部肌肉，便于阴道顺利分娩。

1. 姿势：站立。

2. 把一条腿搭在另一条腿上，然后放下来，重复 10 次，每抬 1 次高度增加一些，然后换另一条腿，重复 10 次。

3. 两腿交叉向内侧夹紧、紧闭肛门，抬高阴道，然后放松。重复 10 次后，把下面的腿搭到上面的腿上，再重复 10 次。

腹肌运动

功效分析：锻炼支持子宫的腹部肌肉。

1. 姿势：坐姿。

2. 单腿曲起、伸展、曲起、伸展，左右各 10 次。

3. 双膝曲起，单腿上抬，放下，上抬，放下，左右各 10 次。

4. 双膝曲起，左右摇摆至床面，慢慢放松，左右各 10 次。

盘腿运动

功效分析：放松耻骨联合与股关节，伸展骨盆底肌肉群。这样有助于分娩时胎宝宝顺利通过产道。

1. 姿势：坐姿。

2. 笔直坐好，双脚合十，用手拉向身体，双膝上下活动，宛如蝴蝶振翅，做 10 次。

3. 同一姿势，吸气，伸直脊背，呼气，身体稍向前倾，做 10 次。

骨盆摇摆运动

功效分析：这是振动骨盆的运动，可以缓解腰痛。还可以锻炼腹部肌肉，更好地支持子宫。

1. 姿势：附卧。

2. 趴下，手与双膝分开。

3. 边吸气边拱起背部，头部弯向两臂中间，直至看到肚脐。

4. 边呼气边恢复到第 1 步的姿势，边吸气边前抬上身。

5. 边呼气边后撤身体，直至趴下。1~4 重复 10 次。

温馨提示

怀孕毕竟是个特殊的生理过程，准妈妈在练体操时要注意运动时间、运动量、热身准备，防止过度疲劳和避免宫缩。有习惯性流产史、早产史、此次妊娠合并前置胎盘或严重内科合并症不宜进行孕期体操。

想象胎教：想象可爱的宝宝

怀孕3个月时，准妈妈由于生理功能的变化，很容易心情烦躁，不能很好地休息。此时是胚胎发育和各器官形成的重要时期，胚胎迅速成长。想象胎教可以使准妈妈的心情平和，它能将妈妈脑海里的联想，神奇地“传递”给胎宝宝，使胎宝宝向理想的方面发展。

在阅读中进行美妙的联想

生活中每个人都会被一些优美的言语、引人入胜的文学作品所吸引。读一本好书，可以获得来自心灵的感动。因为从中我们可以感受到大自然母亲般的胸怀，从书中对人世间一切美好事物的描写中感受到世界的美好。准妈妈比起寻常人，有了更多的闲暇时间，这时候拿起一本好书，投入地看下去，不仅可以使准妈妈感觉充实，还可以在阅读的过程中展开联想。母亲的心情与感受熏陶了腹中的宝宝，让他也感受这诗一般的语言、童话般的仙境，而且还会刺激胎宝宝快速地生长，使其大脑的发育优于其他胎宝宝。

准妈妈通过阅读书籍，向胎宝宝传递“这个世界值得去体验”的信息。此时胎宝宝无法听到妈妈的声音，因此准妈妈不要刻意认为这是在为胎宝宝念童话，就当作为自己念童话吧。

在平静的心态下，或追忆过去有趣的往事，或对未来展开美好的憧憬，展开阅读的想象，不论是对宝宝还是对准妈妈，都将是获益匪浅的。

这个时期，准妈妈可以坚持每天在固定的时间段读童话故事、美丽的诗篇、精短的散文等，每天持续30分钟左右为宜，要选择安静的环境，确保内心处于平静状态。

孕早期最好选择绘图较多、能够激发准妈妈想象力的童话和散文。在内容上，适宜选择充满爱、幸福、勇气和智慧的故事。

用意念塑造漂亮宝宝

研究表明，准妈妈如果经常想象胎宝宝的形象，这种设想的形象在某种程度上与将要出生的胎宝宝较相似。准妈妈在做胎宝宝的形象构想时，情绪达到最佳状态，能促进良性激素的分泌，使胎宝宝面部结构及皮肤的发育良好。准妈妈与胎宝宝具有心理和生理上的相联系，准妈妈的想象是通过自己的意念构成胎教的重要因素，并转化渗透到胎宝宝的身心之中。

选一个比较宁静的时候，准爸爸和准妈妈坐在一块儿，共同和胎宝宝说话，主题就是“宝宝像谁”。尽量描述对方最好看的地方，比如像爸爸一样有个坚挺的鼻子，像妈妈一样有乌黑亮丽的头发，等等。

准妈妈可以在家中的墙壁上都悬挂一些自己喜欢的漂亮的婴幼儿照片，这些“心理图像”会给你带来更多美好的体验，天天看上几回。美好的想象能够提高准妈妈的自信心，并能最大限度地激发胎宝宝的潜能，对克服妊娠抑郁症也很有效果。

在学习中展开想象的翅膀

在整个怀孕过程中，准妈妈有了充分的时间来充实自己，学习各种各样的知识，比如画画、书法、学外语等。这段宝贵的时间千万别浪费，也可以用来对宝宝进行联想胎教。比如画画时，准妈妈可以进行实物的联想，画山水、花草、动物时可以告诉宝宝这些事物的颜色和形态，画水果时可以告诉宝宝各类水果的知识等。

再比如“1”这个数字，常规的教法对于胎宝宝来说是极为枯燥的。但如果以“竖起来的铅笔”“一根电线杆”“食指”“英文字母 I”的形状做联想游戏，或者用身旁的具体的物来表示“1”的意思，如 1 个苹果、1 只猫、1 个盘子等，给予胎宝宝想象的空间。

请注意：准妈妈的学习不要求高深，只要传达最基本的信息即可。

借助音乐营造想象的氛围

音乐能给人提供无尽的想象。在聆听音乐的过程中，准妈妈可以随着音乐的节奏一起感受，同时脑海中可以想象与音乐内容相关的画面。也可以轻轻哼唱柔美的抒情歌曲，一边唱一边有意识地联想，联想一切美好的事物，联想幸福的生活，联想大自然充满生机的景象，联想胎宝宝正静静地在听母亲唱歌。

请注意：避免选用激烈的曲子，曲调偏柔和、婉转、优雅为佳。听音乐的过程中，准妈妈要放空大脑，尽量想象美的画面，比如宁静的大海、辽阔的草原等，并将感受的画面轻诉给宝宝听。

借助联想倾听大自然的声音

走进大自然，胎宝宝可以和准妈妈分享眼前看到的一切。在大自然中，母亲可以欣赏到飞流直下的瀑布、幽静的峡谷、潺潺的泉水、鲜艳的盆栽、可爱的小金鱼等。大自然就像一首诗，文字虽少，联想却很深远。赏心悦目的感受中，可以将这些盛景不断地在大脑中汇集、组合，然后经母亲的描绘，将这一信息传递给胎宝宝，使他受到大自然的陶冶。一般来说，准妈妈不宜舟车劳顿，但出门逛逛公园却是有好处的。公园里比较清雅，特别是在天气晴好的时候，如果能够出门走走，感受一下大自然中花鸟虫鱼的生命力，更会对联想胎教有帮助。准妈妈可以和准爸爸一起出门，欣赏自然的美景，把心理体验“联想”给宝宝。

准妈妈在丈夫的陪伴下信步于街心绿地，遨游于清爽公园或外出郊游，都可以欣赏到大自然的美景。在农村，春天风和日丽，万物争荣；金秋季节，天高气爽，硕果累累，并有草地、树林、山峰、池塘等景物。只要有了审美的眼光，一切都能使准妈妈赏心悦目，每时每刻都会给人们注入青春的活力，增添精神营养。由于美的熏染，胎宝宝的灵性也得到了陶冶，有利于胎宝宝健康地生长发育。

情绪胎教：抑郁情绪巧缓解

情绪胎教对宝宝今后的情商和性格都有很深的影响。准妈妈请注意自己的情绪发展和变化，让未来宝宝拥有好性格，从情绪胎教开始。这个时候是胚胎各器官分化的关键时期，准妈妈的情绪可以通过内分泌的改变影响胎宝宝的发育。准妈妈的不愉快、抑郁的心情，往往可以借助母子沟通的方式而影响胚胎。因此，保持健康而愉快的心情是这一时期情绪胎教的关键。

值得注意的是，情绪胎教也被称为爱的胎教，这就要求准爸爸也要进入胎教状态，情绪胎教的成功，是父亲的责任与母亲的行为结合的结果，也是宝宝出生时夫妻双方共同育儿的准备过程。

那么准妈妈如何调节好心情来缓解孕早期的抑郁症状呢？以下将给出具体的缓解小妙招，让准妈妈与准爸爸能有效地进行情绪胎教。

自我调节心情

虽然家人会千方百计为准妈妈增添营养，以保证母亲、胎宝宝的健康，但仅有饮食方面的营养是远远不够的，准妈妈更需要有愉快的心情和稳定的情绪，即“心理营养”。事实上，绝大多数准妈妈只要坚持学会调适自己的情绪，就能缓解抑郁症状，都可以顺利度过孕期。那么如何做呢，我们不妨看看以下建议。

1. 准妈妈调节情绪可以多读一些文笔优美的文学名著、散文或诗歌，多观看视觉明快或诙谐幽默的影视作品，多欣赏美丽的图片。

2. 孕期可增加一些小爱好，如编织、绘画、弈棋、钓鱼、郊游等，多分散注意力。此外，通过合理的方式进行自我宣泄，保持心理平衡，分散、转移注意力，比如让自己换一个发型或买一件新衣服来转移注意力。

3. 缓解抑郁情绪，可以重新布置或装点一下家中的房间，创造雅致、温馨的家居环境，都会带来新鲜感，改变沮丧的心情。

4. 情绪紧张或不安时，可去林阴大道、江边、野外散步，观赏自然景观。多欣赏花卉、盆景、美术作品，与大自然亲密接触。

5. 学会控制自己的情绪，经常与情绪积极乐观的朋友交往，充分享受与他们在一起的快乐，让他们的乐观情绪感染准妈妈，增强心理承受能力。学会控制自己的情绪，与丈夫、亲人、邻居、同事保持和谐的人际关系。准妈妈也可写日记，或找同样处境的人交谈，或为胎宝宝的出生做些准备，调节不安抑郁的心情。

正确认识分娩

畏惧的心理主要是准妈妈缺乏分娩知识，对分娩有不正确的认识。生育能力是女性与生俱来的能力，分娩也是正常的生理现象，绝大多数女性都能顺利自然地完成，如存在一些胎位不正、骨盆狭窄等问题，现代的医疗技术能够采取剖宫产方式，顺利地将胎宝宝取出，最大限度地保证母婴安全。

特别是孕早期，准妈妈由于缺乏对生产的直接体验和正确认识，孕期任何一点生理变化，都可能影响到准妈妈的心情和精神状态。要解决这个问题，最重要的就是要多学习，学习的渠道可以有多方面，如:

1. 从电视、报刊等媒体上学习一些孕期保健知识。

2. 积极参加准妈妈俱乐部活动，通过和别人交流，正确看待自己的焦虑问题。

3. 经常参加正规医院举办的孕期讲座。

4. 有问题及时向医生咨询，和一些妈妈们交流一下，讨教经验。

5. 还要多与母亲和婆婆等长辈交流，直接了解一些小常识。

准爸爸的关爱

准妈妈怀孕期间，不仅准妈妈要常常微笑，准爸爸也要常常微笑，因为准爸爸的情绪常常影响着准妈妈的情绪。在夫妻感情融洽、家庭气氛和谐、心态良好的情况下，胎宝宝就会“安然舒适”地在子宫内生长发育，生下的宝宝就更健康、聪慧。

1. 在妻子怀孕期间，丈夫应体贴照顾好妻子，处理好夫妻之间的一些矛盾，与妻子共同分担所承受的压力。夫妻双方应互相尊重、互相理解，耐心倾听对方的意见，理智地、心平气和地对待彼此间的分歧。

2. 怀孕后因生理原因会使准妈妈的心理产生变化，丈夫要多理解准妈妈，生活上多给一些关怀、体贴、照料和理解，积极主动承担家务事。

3. 当准妈妈不开心时多做开导，经常把手放在准妈妈的腹壁上，与她一起分享体验胎宝宝成长的快乐。

音乐胎教：让准妈妈愉悦的音乐

胎宝宝在孕3月的时候开始有了听觉功能，这个时候可以进行音乐胎教了。听胎教音乐为的是让宝宝更加聪明，性格能更加开朗，因此，建议准爸爸、准妈妈一定要掌握并谨记选购胎教音乐的方法，会识别劣质音乐，保护宝宝的神经系统与听力。每日进行正确的音乐胎教，才能顺利生下健康快乐的宝宝。

胎教音乐的选择

孕3月属于孕早期，这个时期胎盘正在形成，胎宝宝的各器官正在分化发育，防止流产的孕激素分泌还不充分，因此最容易发生流产或先兆流产。这一时期准妈妈的妊娠反应比较明显，忧郁和疲劳极为常见，适宜听轻松愉快、诙谐有趣、优美动听、轻柔优雅的音乐，让音乐的旋律消除准妈妈的忧郁和疲乏。

进行音乐胎教时，应选择旋律温和自然、有规律性的音乐，如大自然的河川、溪流声、虫鸣鸟叫声。《小夜曲》《广东民乐》《彩云追月》《蓝色多瑙河》等旋律悠扬的圆舞曲，甚至是流行歌曲《菊花台》交响乐改编版本，都可成为与宝宝沟通的音乐使者，效果不分伯仲。

此外，还有一些古典名曲非常适合胎宝宝聆听，比如勃拉姆斯的《摇篮曲》，这首曲子表达妈妈对宝宝无尽的爱，由大提琴改编的版本避免了女高音刺激的高音域，改以柔和的中低音域表现，能够缓和情绪，曲调优美、抒情、静谧，非常适合胎宝宝聆听。柴可夫斯基的《小夜曲》旋律甜蜜，流露出暖暖的爱意，营造一种轻柔的气氛，对准妈妈有助眠、安神的作用。巴赫的钢琴曲和小提琴协奏曲中蕴含了让人感动的情感，能抚平准妈妈和宝宝躁动的情绪，还以平静的心态。

其实，欣赏胎教音乐时，准爸爸、准妈妈的情绪配合也很重要，尤其是准妈妈。首先要保持心情愉快，随着乐曲的展开，还可以加入丰富的想象，在脑海中浮现各种美好事物。这时处于音乐胎教的最佳状态，并通过神经系统将这些信息传递给胎宝宝，让胎宝宝也能一起感受到音乐的魅力和美感。

音乐胎教有哪些方法

朗诵抒情法

在音乐伴奏与歌曲伴唱的同时，选几首你喜欢的诗词或是童话，合着音乐朗诵给胎宝宝听，器乐、歌曲与朗读三者前后呼应，优美流畅，娓娓动听，具有很好的抒发感情作用，能给你和胎宝宝带来美的享受。适宜准妈妈采用的音乐胎教方法还有许多，每一个准妈妈可以根据自我的具体情况而采取相应的胎教音乐方法。

哼唱谐振法

哼唱谐振法是指准妈妈用柔和声调哼唱轻松歌曲，同时想象胎宝宝静听的模样，从而达到与胎宝宝心音共鸣。准妈妈每天哼唱几首歌，最好是抒情音乐，也可以是摇篮曲。唱时应心情愉快，富有感情，通过歌声的和谐振动，使你的胎宝宝有一种“世界是美好的”感觉，以获得感情、感觉上的满足。

音乐熏陶法

音乐熏陶法是指通过播放收听轻音乐使准妈妈精神愉悦、心情舒畅。准妈妈可以在每天多次的音乐欣赏中发挥自己的想象，如同进入美妙无比的境界，而这种感受可通过准妈妈的神经体验传递给胎宝宝。

父教儿“唱”法

胎宝宝虽有听觉，但毕竟不能唱，准爸爸可以想象自己腹中的宝宝会唱。准爸爸可以边抚摸准妈妈腹部边反复轻声“教唱”胎宝宝一些简单音阶或儿童歌曲。通过反复教唱，使胎宝宝产生记忆印迹。

音乐胎教的艺术作用

音乐胎教对胎宝宝的身体和将来的性格、智力、情感的发展，都是非常有利的。

音乐是一种能深入心灵的方式，能激起人们美好的幻想，并能唤起平时被抑制了的记忆，是一种艺术的表达。音乐胎教能使准妈妈心旷神怡，浮想联翩，从而产生良好的心境，并将这种艺术讯息传递给胎宝宝，使其受到感染，形成后天的艺术细胞。同时，优美动听的胎教音乐，能够给胎宝宝留下深刻的印象，激发其艺术潜能，为后天造诣打下基础。

音乐胎教的生理作用

音乐胎教的生理作用主要表现为两个方面，即对准妈妈的作用和对胎宝宝的影响。

1. 对准妈妈的作用：可以刺激准妈妈的听觉神经，使大脑产生兴奋，分泌一些利于健康的物质，如酶、乙酰胆碱等，这些物质可以使准妈妈身体保持健康的状态，促进胎宝宝的生长发育。

2. 对胎宝宝的影响：因为此时胎宝宝的听力已开始发育，所以，也可以直接刺激胎宝宝的听觉器官，使大脑与外界联系起来。胎宝宝大脑中的神经突触，经过外在信息刺激，能够加速脑细胞之间的相互连接，不断增加胎宝宝的脑容量，从而提高胎宝宝的后天素质。

音乐胎教是一个综合的学科知识，是以音乐治疗的学科专业为基础，以音乐的方式促进准妈妈与胎宝宝健康成长的综合性方法。音乐胎教有着积极的作用，因此，提倡准妈妈按照孕早期、孕中期、孕晚期的不同阶段，合理的安排音乐胎教内容。

音乐胎教注意事项

1. 切忌将话筒贴在腹部进行胎教。研究表明，胎宝宝在母亲肚子里长到3~4个月大时就有了听力。这时进行胎教，确实能刺激胎宝宝的听觉器官发育。3个月胎宝宝的耳蜗才开始发育，内耳基底膜上面的短纤维极为娇嫩，当受到高频声音的刺激后，很容易遭到损伤。因此，准妈妈千万不能将传声器贴在腹部进行胎教。

2. 音乐的音域不宜过高。胎宝宝的脑部发育尚未完整，其脑神经之间的分隔不完全。因此，过高的音域会造成神经之间的刺激串连，使胎宝宝无法负荷，造成脑神经的损伤。此时准妈妈应听优美、安静，以E调和C调为主的音乐。

3. 胎教音乐不宜过长。当胎宝宝3个月大以后，进行音乐胎教时可以选择准妈妈休息或吃饭时进行，在临睡前有胎动的情况下做更合适，每天两次，每次10~15分钟。

4. 音乐节奏不要太快，音量不宜太大。节奏太快的音乐会使胎宝宝紧张，太大的音量也会令胎宝宝不舒服。

5. 音乐中不要有突然的巨响。突然的声响会让胎宝宝受到惊吓，所以，胎教音乐的戏剧性不要太过强烈，以缓和、有规律的音律为好。

乐曲欣赏：《喜洋洋》

胎教音乐主要有两种：一种是给母亲听的，特点是优美、宁静、情绪安静；另外一种则是供胎宝宝欣赏的，以 E 调和 C 调为主，基调应该轻松、活泼、明快，能较好地激发胎宝宝情绪反应。

《喜洋洋》是我国著名民乐，以新板胡为主要乐器演奏，由我国已故民乐大师刘明源先生于 1958 年创作。其节奏欢快轻松，充满喜庆氛围；曲调优美酣畅，起伏跳跃；旋律轻盈优雅。听《喜洋洋》，能使准妈妈心情平静，仿佛看到春姑娘穿着美丽的衣裳同我们欢聚在一起，有助于准妈妈解除忧郁。

欢乐儿歌：《数鸭子》

门前大桥下，游过一群鸭，快来快来数一数，二四六七八，嘎嘎嘎嘎，真呀真多呀，数不清到底多少鸭，数不清到底多少鸭。

赶鸭老爷爷，胡子白花花，唱呀唱着家乡戏，还会说笑话。小孩，小孩，快快上学校，别考个鸭蛋抱回家，别考个鸭蛋抱回家。

这首童声独唱的低幼歌曲描绘了一位幼儿天真地唱数桥下游鸭的情景，形象地表现了幼儿们的咿哑学语及长辈们对其日渐成长的期望。作品歌词亲切生动，饶有儿歌情趣。曲调活泼甜嫩，曲式浅简，节奏欢快，念唱结合，易学易唱，很受到儿童们的喜爱，相信腹中的胎宝宝也一定很喜欢这首欢快的儿歌。

环境胎教：不妨为家中添点儿色彩

美好的环境能对人的神经系统起到调节作用，尤其能对准妈妈的性格、心情起到改善作用，对于胎宝宝的身心健康也是极为有利的。那怎样营造良好的家庭居住环境呢？布置居室、整理居室，其实也是很好的环境胎教课。准爸爸可以在准妈妈的指导下，设计健康绿色之家。

居室环境对于准妈妈是非常重要的，最基本的要求是要使居室整洁、雅观。

适宜的温度和湿度

准妈妈的居室要注意空气新鲜，流通顺畅，光线充足，经常开窗换气，最好朝南，能晒到太阳。住房温度要适宜，不要过暖也不要过冷。夏季室温应以 27℃ ~ 28℃为宜，室内外温差不要太大，空气湿度应保持在 50% 左右。湿度太低，使人口干舌燥，鼻干流血。湿度太高，使被褥发潮，人体关节酸痛。如果室内太干，可在室内放盆水。室内太湿，可以放置去除潮湿之物或开门通气。冬季室温最好保持在 16℃以上。注意了，夏天可使用电扇，但电扇不宜直对着准妈妈，更不能长时间直吹，冬天可使用暖气升温。

在这样的环境下，准妈妈自然会心情轻松、愉快。

居室色彩

家是准妈妈实施胎教的主要环境，因此居室的色彩设计就必须着重考虑。总的指导思想为：安静、幽雅、舒适、整洁。

在胎教中让准妈妈处于某些特殊的色彩环境里，来刺激准妈妈体内的激素发生变化，从而取得较好的胎教效果。对准妈妈来讲，居室的主色调应该以冷色调为主，色彩应搭配和谐，以清新淡雅为宜，如浅蓝色、淡绿色、白色等，因为这类颜色令准妈妈保持情绪稳定，使准妈妈体内的胎宝宝安然、健康地成长。在主色调的背景上，不妨布置一些暖色调，如黄色、粉红色等。因为这些颜色能够给人一种健康、活泼、鲜艳、明快的感觉。这种生机盎然、轻松活泼的环境能够帮助准妈妈从单调、紧张的工作状态中得到放松。

值得注意的是，应该避免过多接触大红色、黑色、紫色等刺激性较强的色彩。

居室装饰

居室装饰要和谐，家具布置需方便生活，居室中也可以用艺术作品来加以装饰。如果居室小、东西多，会使人感觉到拥挤和紧张，不妨用优美宜人的风景图片、油画来开阔人的视野，帮助准妈妈忘记紧张和疲劳，解除忧虑和烦恼。

对准妈妈来说，适合的装饰品主要以简单明亮、令人愉悦的图画为主，墙面以及软装饰的图案也要以一些开心快乐的为主，而最好不要出现野性凶恶的动物图案。

居室绿化

居室绿化应以轻松、温柔为主格调，无论盆花还是插花，都应以小为佳，不宜采用大红大紫的风格，不宜种植香味浓郁的植物。准妈妈处在被花朵装饰得温柔雅致的房屋里，一定会有舒适轻松的感觉，这有利于消除准妈妈的疲劳，增添情趣。

准妈妈不仅要考虑自身的健康，还要注意胎宝宝的健康，这就要求准妈妈对平时的小事情要加以注意，如家中所养的花草，哪些有害，哪些有利，下面讲给准妈妈分别介绍。

适宜花卉

净化空气的植物：

1. 吊兰、黛粉叶，对装修后室内残存的甲醛、氯、苯类化合物具较强吸收能力。

2. 蔷薇可吸收硫化氢、苯、苯酚、乙醚等有害气体。

3. 虎尾兰、龟背竹、一叶兰等叶片硕大的观叶花草植物，能吸收多种有害气体，净化空气。

4. 芦荟、景天、菊花，晚上不但能吸收二氧化碳，放出氧气，还能使室内空气中的负离子浓度增加。

5. 雏菊、万年青等可以有效消除三氟乙烯的污染。菊花可以减少居室内苯的污染。

芳香植物：

1. 仙人掌、文竹、常青藤、秋海棠的气味有杀菌抑菌之力，可以清除空气中的细菌和病毒，具有保健功能。同时，植物的芳香还可以调节人的神经系统，如丁香、茉莉可使人放松，有利于睡眠。

2. 玫瑰、紫罗兰可使人精神愉快，让人有发奋工作的欲望。

立体绿化居室的植物：

爬山虎、葡萄、牵牛花、紫藤、蔷薇等攀缘植物，在家居周围栽种，让它们顺墙或顺架攀附，形成一个绿色的凉棚，可有效地减少阳光辐射，大大降低室内温度。

防辐射的植物：

仙人掌或仙人球是庭院绿化、美化的上好花卉品种，尽管它们满身带刺，但具有吸收电磁波辐射、减少电脑危害人体健康的“特异功能”。

禁忌花卉

不宜长期放置的花卉：

1. 松柏类花木，包括玉丁香、接骨木等的芳香气味对人体的肠胃有刺激作用，不仅影响食欲，而且会使准妈妈感到心烦意乱，甚至恶心呕吐、头晕目眩。

2. 洋绣球花，包括五色梅、天竺葵等所散发的微粒，如与人接触，会使人的皮肤过敏而引发瘙痒症。

3. 夜来香在晚上会散发出大量刺激嗅觉的微粒，闻之过久，会使高血压和心脏病患者感到头晕目眩、郁闷不适。

4. 玉丁香、月季花长期放在室内，散发出的气味，会引起一些人气喘烦闷。

5. 紫荆花所散发出来的花粉如与人接触过久，会诱发哮喘症或使咳嗽症状加重。

6. 兰花、百合花的香气会令人过度兴奋而引起失眠。

有毒的花卉：

1. 黄杜鹃的植株和花内均含有毒素，一旦误食，轻者会引起中毒，重者会引起休克，严重危害身体健康。

2. 郁金香的花朵含有一种毒碱，接触过久，会加快毛发脱落。

3. 一品红全株有毒，白色汁液能刺激皮肤红肿，误食茎叶后有中毒死亡的危险。

4. 夹竹桃可以分泌出一种乳白色液体，接触时间一长，会使人中毒，出现昏昏欲睡、智力下降等症状。

5. 光棍树属多浆植物，其茎干折断后流出的白色汁液能使皮肤红肿，误入眼睛内能引起失明。

6. 水仙鳞茎误食会引起肠炎、呕吐，叶和花的汁液能使皮肤红肿。

7. 石蒜鳞茎含有石蒜碱等有毒物质，人的皮肤与石蒜碱接触后会引起红肿发痒，石蒜碱吸入呼吸道会引起鼻出血，误食会引起呕吐、腹泻、手脚发冷、休克，严重时可因中枢麻痹而死亡。

8. 含羞草体内含有含羞草碱，过多地接触会引起人的毛发脱落、眉毛稀疏。

9. 虎刺梅等茎中白色乳汁有毒，不能入眼。

生活胎教：调整起居习惯

日出而作、日落而息的生活方式对现代人来说似乎难以实现，但准妈妈仍要养成良好的睡眠习惯，早睡早起，不熬夜，以保持充沛的精力。在怀孕的头几个月，胎宝宝正处于主要器官形成的关键时期，准妈妈应该注意休息保养，避免生物钟颠倒，否则会导致内分泌紊乱，影响新陈代谢，不利于胎宝宝生长发育，同时睡眠时间的不正常还会影响饮食习惯。过度熬夜、长时间固定体位、应酬活动或是过度紧张的工作容易使准妈妈的情绪激动或是精神状态紧张，甚至有可能引起血压升高，对胎宝宝发育和准妈妈身体都会造成不利影响。

因此，最好在晚上9：00~10：00就寝，11：00就能进入深度睡眠，这是睡眠的最佳时间。早晨起来以后开窗通风，或者到小区里散散步，呼吸新鲜空气，都有益于身心健康。如果白天感到疲惫，那么准妈妈不妨睡个舒舒服服的午觉。

在生活胎教中，有许多日常生活起居小细节值得准妈妈注意，下面我们一起来看看。

不宜长时间保持同样体位

上网、看电视、打麻将等容易上瘾的娱乐活动，准妈妈也应谨慎对待、控制时间。这些活动可能会使准妈妈长时间保持一个体位，对胎宝宝的成长是十分不利的。由于怀孕期间准妈妈的子宫会越来越大，逐渐压迫到下腔静脉造成下半身静脉回流不畅，易导致痔疮或是下肢和会阴部静脉曲张。经常熬夜、减少平躺睡眠时间，会使这种症状加剧。

应避免抽烟与饮酒

目前已知烟草中含有 1200 多种有害物质，而其中的尼古丁、烟焦油、一氧化碳等对人体危害最大。被动吸烟危害就更大了，准爸爸不应在室内吸烟，准妈妈也应避免在有烟环境内久留。喝酒对胎宝宝也有不良影响。

不宜过多接触洗涤剂

洗涤剂中的直链烷基磺酸盐、酒精等化学成分，可破坏和导致受精卵的变性和坏死，特别是在受孕早期，若过多地接触各种洗涤剂如洗衣粉、洗发水、洗洁精等，它们所含的化学成分就会被皮肤吸收，在体内积蓄，从而使受精卵外层细胞变性，导致流产。

喝水需要好习惯

水主要负责消化食物、传送养分、保持各关节和内脏器官的湿润、调节人体的温度。白开水对人体有“内洗涤”的作用。准妈妈在孕期补充了大量营养，需要白开水这位“清洁工”帮忙清理肠道，以促进营养的吸收。但是，孕期喝水也是很有讲究的，准妈妈要培养饮水的生活小习惯。

起床一杯水

清晨可以说是一天之中补充水分的最佳时机，因为清晨饮水可以使肠胃马上苏醒过来，刺激蠕动、防止便秘。更重要的是，准妈妈经过了长时间的睡眠后，血液浓度增高，这个时候补充水分，能迅速降低血液浓度，促进循环，让人神清气爽，恢复清醒。

睡前一杯水

人体在睡眠的时候会自然发汗，在不知不觉中流失水分及盐分，而睡眠的 8

小时内，身体都无法补充水分，这就是为何起床会觉得口干的原因。因此，建议准妈妈睡前半小时要预先补充水分、电解质，让身体在睡眠中仍维持平衡状态，同时降低尿液浓度，降低结石发生的概率。

餐前宜空腹饮水

早、中、晚三餐之前约1小时，应该喝一定量的水。饭前空腹喝水，水在胃内只停留2~3分钟，便迅速进入小肠并被吸收进入血液，1小时左右可补充到全身组织细胞，供应体内对水的需要，尤其是早餐前，因为睡了一夜，时间较长，人体损失水分较多，早上醒来，多饮些水是非常重要的。

不要等到口渴才喝水

准妈妈感到口渴，表明体内水分已失去平衡，细胞已处于轻度脱水状态。如果到口渴时才去饮水的话，犹如土地龟裂时才去给庄稼浇水，为时已晚。应该养成良好的饮水习惯，经常饮水，少饮多次，让母体水分常处在良性状态，让胎宝宝舒适健康。

运动后不宜快速大量饮水

准妈妈在做一些运动胎教后，体内虽然会缺失水分，但也不能快速大量地饮水，而是要“细水长流”。为弥补运动的失水，应该在运动前、运动中、运动后给予补充，并且建议在运动前饮水300毫升~500毫升，在运动中每隔15分钟饮150毫升~250毫升，在运动后再补足所需的水分。

温馨提示

准妈妈喝水切记不能饮用没有烧开的自来水、久沸的开水、蒸饭或者蒸肉后的“下脚水”、保温杯沏的茶水、汽水、浓茶和冰镇时间过长的饮料等，它们中含有的有害物质对胎宝宝的成长不利。

如何进行皮肤清洁

怀孕后新陈代谢旺盛，准妈妈的汗腺、皮脂腺分泌增多，阴道分泌物也增加，常有不适感。经常沐浴、擦身、更换内衣会使准妈妈感觉舒适。洗澡既可以保持全身皮肤清洁，又可以刺激皮肤、促进血液循环，有助于松弛肌肤、清除污物、消除疲劳、振作精神、促进心神爽快，同时促进皮肤的排泄功能，减轻肾脏的排泄负担。

出于对安全的考虑，要提醒准妈妈：

1. 沐浴时，地面加用防滑垫。

2. 沐浴时间不宜过长，以防发生头晕。

3. 沐浴水温适中，过冷或过热均可刺激子宫，诱发早产。

注意：慎用化妆品，现在的护肤品基本都含有植物提炼物和雌性激素，这些多多少都会对胎宝宝产生不良影响，应尽量少用。

这个时期准妈妈身体的重心开始有点儿变化，但变化并不明显，此时准妈妈穿鞋要考虑安全性，不能穿高跟鞋或容易脱落的凉鞋。因为穿高跟鞋会增加腰和后背肌肉的支撑力量，加重姿势改变的程度而导致背痛和疲倦。

这个时期的准妈妈在挑选鞋的标准为：

1. 脚背部分能与鞋紧密结合。

2. 具有牢固的宽大后跟。

3. 鞋后跟高度在 2 厘米 ~3 厘米。

4. 鞋底带有防滑纹。

准妈妈的着装

准妈妈穿弹性好的连裤袜，避免穿环形袜带以及圆口松紧的长筒袜，因为它们妨碍下肢静脉回流，加重静脉曲张。理想的准妈妈服装标准是有助于纠正膨胀的外形，既美观又有时代感，还不紧缩身体。因此，准妈妈应该依据不同季节，选择不同材质的衣服，其式样最好是从肩以下较为宽松、无腰带的而且衣服要便于洗涤。

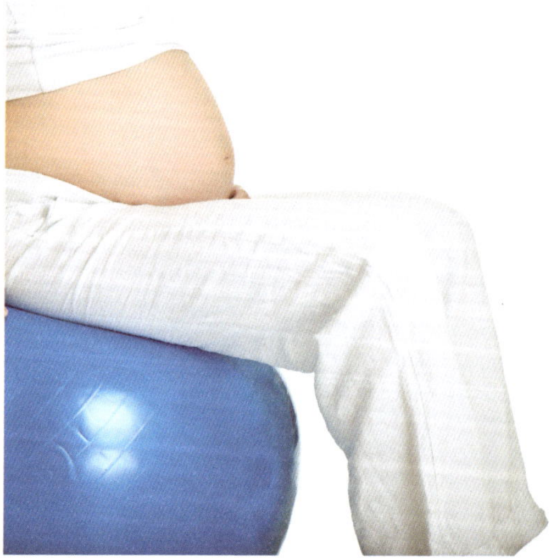

Part 5

孕4月胎教

宝宝妈妈 SHOW

孕 4 月，胎宝宝已初具人形。此时，虽然准妈妈可能没有多大感觉，但是胎宝宝已经开始明显地运动了。从外部看，脖子完全成形，并能扭动；嘴唇可以张合；眼睛开始向前移动，逐渐发育成熟，但是眼睑还闭着；耳朵迁移，可以感受外部声音；骨化加快，四肢越来越有力；皮肤为深红色。从内部看，胎宝宝心脏跳动活跃；脑的发育趋于完善，已具有最初的意识；胎膜变得更加结实，胎盘也发育成熟，与母体联系更加紧密，安全感大大增加了。

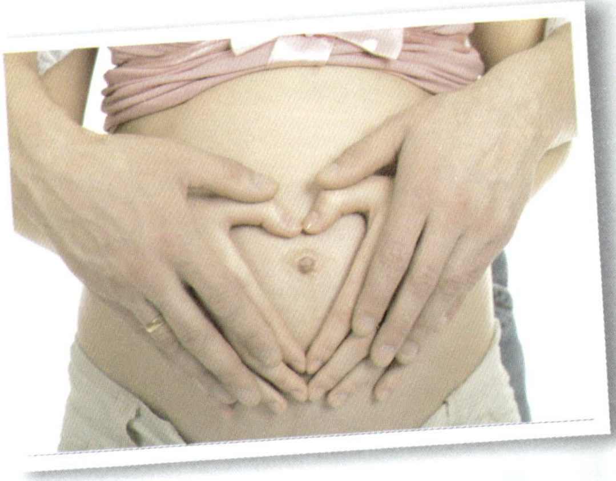

这个时期，准妈妈基本告别了孕早期的不适反应，流产危险期也基本结束。准妈妈的基础体温开始下降，进入持续低温状态；乳房继续胀大，有的准妈妈可以挤出乳汁；腹部开始慢慢凸起；准妈妈的心情开始变得愉快，食欲也开始大增。孕中期是胎宝宝生长发育最快的时期，准妈妈一定要均衡饮食，补充宝宝成长所需的营养，可以经常抚摸一下自己日渐隆起的腹部，进行抚摸胎教，同时可以进行音乐胎教了。

营养胎教：清淡饮食防水肿

准妈妈的饮食除了要注重营养的补充之外，还要注意低盐饮食。因为过多地摄入盐会对身体产生不利的影响。低盐的意识有利于保证准妈妈的健康和胎宝宝的成长。

水肿是怎么一回事

一些准妈妈会出现生理性水肿，一般是手和脚的水肿，化验尿液检查也不会出现异常。大多数准妈妈的脚背或小腿呈现凹陷性水肿的现象，常常是白天的时候出现，经过夜间的休息自然消失。但是这种生理性水肿也要重视，正常的水肿也可能恶化。一般情况下，水肿会在站立的时候出现，早上起床时消退。一天的不同时段，水肿的具体部位也不同。把脚抬高 1 小时可以减轻腿部和脚踝的水肿。正常的水肿现象体重不会突然增加，血压在正常范围内，产检时尿液检测没有尿蛋白。

如果经过一夜的休息之后，水肿并未消，而是在大腿、腹壁、阴部甚至全身出现，这个时候必须重视。因为情况严重者会发展到周身水肿，甚至可伴有腹水，必须马上就医。这时如果准妈妈在尿检中查出蛋白，同时还伴有高血压，有可能发展到合并妊娠期水肿或者是轻度妊娠期高血压疾病。水肿还可能会导致神经受压，有时会出现大腿外侧发麻、指尖刺痛，或感觉丧失等现象，危及到生命健康。

清淡饮食预防水肿

预防和改善水肿可以从饮食方面着手，这时低盐清淡的饮食显得尤为重要。

减少盐分的摄入

盐分过多的食物容易使水钠滞留，造成妊娠中毒，引发高血压、水肿、蛋白尿等病症。正常情况下，每天的食盐摄入量最好控制在 6 克左右。除特殊生理变化或是气温升高、运动需补充盐分外，一般不要摄入过量的盐。所以应避免食用各种含钠高的酱类，如甜辣酱、豆瓣酱、菠萝酱、辣椒酱等，味精也含有钠，量不宜多。加工食物的熏肉类、腌瓜、酱菜、速冻食物等，均含有较高的钠，要尽量避免食用。

食用易消水肿的食物

糕点不利于减轻水肿症状，要尽量少食用。生冷、油腻和不易消化的食物也不要多吃。

冬瓜、赤豆、薏苡仁、扁豆、荠菜、黑鱼、鲤鱼、玉米、西瓜等有利尿退肿的功效，应适量多吃一些。这样可以避免水肿的情况恶化。

要多吃蔬菜、水果

蔬菜和水果中含有人体必需的多种维生素和微量元素，它们可以提高机体抵抗力，加强新陈代谢，还具有解毒利尿等作用。因此，准妈妈应多进食蔬菜和水果。

烹饪中合理搭配

烹饪菜肴也要以低盐清淡为饮食原则，在蒸煮的菜肴中要少放盐或者不要放，炒菜时要等到菜将熟的时候，再放少量盐。平时口味较重的准妈妈可能会因为清淡而食欲不佳，这时可以利用酸味刺激食欲，如用醋凉拌菜，多吃桔子、西红柿等果菜。肉类食物注重色、香、味方面的改善，口味清淡的同时也能增进食欲。氨基酸可以调动人的食欲，它在肉汤中的含量较高，可以用肉汤制肉冻等多种样式的菜品，也可使准妈妈胃口大开。

低盐饮食不会造成钠元素缺失

当然，钠对孕期的妈妈是很重要的，钠可调节体液，维持体内酸碱平衡，并协助营养素通过细胞膜。当怀孕及哺乳期，钠的代谢与利用被激素的活动所改变，黄体素增加尿中钠的浓度。不只有盐中含有钠，日常的食物中也含有丰富的钠，例如每个鸡蛋含 70 毫克、30 克肉类含 25 毫克、120 毫升牛奶含 60 毫克、50 克贝类含 50 毫克等。所以并不用担心因为控制饮食而使必要的钠无法得到补充。

音乐胎教：音量不宜过大

音乐胎教有利于胎宝宝的健康发育。但是在进行音乐胎教时，音量过大反而会伤害到胎宝宝的听力。选用适当的方式、适合的音量，这些准妈妈在准备音乐胎教时必须注意。

音乐可以让准妈妈尽快入睡，也可让准妈妈打起精神，心情愉快对宝宝的成长也是非常有益的。通过欣赏音乐，不仅陶冶了准妈妈的情操，调节了准妈妈的情绪，同时也会对胎宝宝产生潜移默化的影响。音乐胎教有利于胎宝宝的神经系统发育，对胎宝宝智力、体格均十分有益。

音量过大有害处

在进行音乐胎教的时候，准妈妈必须注意胎教音乐的音量，否则会对胎宝宝造成伤害。声音中的高频部分在空气中传播会有比较大的损耗，准妈妈本人听听音乐，不会对胎宝宝产生太大的影响，但是，如果把播放音乐的喇叭直接放在准妈妈的肚子上，高频声波会引起胎宝宝内耳基底膜的震动，这会导致耳蜗底部遭到无法估计的破坏。新生宝宝的听觉能力受损，多数情况与此有关，受损程度轻的仅能听到说话，但听不到高频声音，受损情况严重者会造成终生耳聋。所以准妈妈在准备和进行音乐胎教时必须对音乐胎教的方法有所了解。

怎样进行安全的音乐胎教

胎教音乐的选择

准妈妈在选择胎教音乐时要注意，高振动频率音波对胎宝宝会造成伤害，因此不要听过于嘈杂的音乐。选择如大自然的河川、溪流声、虫鸣鸟叫声这样的旋律温和自然、有规律性的音乐。音乐不可以有过多的跌宕起伏，这样会使胎宝宝受到惊吓。所以说电声和摇滚乐等就不适合给胎宝宝听。

进行音乐胎教的时候，准妈妈可用耳机收听带有心理诱导的准妈妈专用音乐，也可以听喜爱的乐曲，跟随着音乐进行充分的联想，以达到心旷神怡的意境。

适合准妈妈听的乐曲很多，例如，贝多芬奏鸣曲《月光》的第一乐章，旋律轻盈明快，酣畅安详，可使准妈妈心绪安定；舒伯特的《小夜曲》，音色优美悦耳、节奏平和柔缓，可引发准妈妈无尽的想象；柴可夫斯基的《B小调第一钢琴协奏曲》，以新颖明晰的素材，表达了对光明的向往和对生活的热爱，曲调中充满了青春与温暖的气息，小提琴和钢琴的合奏、有利的和弦、钢琴的伴奏，再加上活泼生动的快板，整只乐曲就想波澜壮阔的大海，又像是和煦的春风，让胎宝宝跟随着准妈妈感受到生活的美妙。

播放胎教音乐的最佳方式

如果准妈妈想象平时一样听音乐，可以用收录机直接播放，收录机距离准妈妈1米~2米，音响强度在70分贝以下，这个时候也可使用胎教传声器，直接放在准妈妈腹壁对应胎宝宝头部的位置，身体较胖的准妈妈，音量可以稍大一些；较为瘦的准妈妈，音量应小一些。每天胎教的时间要控制在1小时以内，每次给胎宝宝听音乐的时间不宜过长，一般是5~10分钟，晚上胎教的效果会更好些。

乐曲欣赏：班得瑞代表乐曲

班得瑞的胎教音乐，给人一种很美很惬意的意境。在他的音乐里，准妈妈可以放下孕期所有的烦恼，淡化孕期所有的不适，静静地感受流水、雀鸟之声。它能镇静准妈妈的情绪，松弛准妈妈的身心，给人一种返回大自然的感觉。听了这些声音，胎宝宝的脑电波会增加，左、右脑的沟通亦会更加有效，智慧因而慢慢打开。

《寂静之音》

这首曲子收藏在《寂静山林》这张专辑里。寂静山林，让我们静静地、没有任何的干扰地、淡淡地再一次聆听过去，如亲临阿尔卑斯山的原始天籁！

这首曲子没有过多的渲染层次，没有过多的音乐角度，淡淡的音乐，自然的氛围，迎面而来的却是如此熟悉的旋律，感觉相识，却又是如此的不一样，经班得瑞全新的诠释后，给我们一种纯音乐角度的美感，相信胎宝宝听到这些来自大自然的音乐，也会心情愉悦。

运动胎教：避免久坐

生命在于运动，孕期的准妈妈更要注重运动胎教。不论是在家休息还是工作，都应适量运动，不能久坐。

久坐的危害

准妈妈应避免久坐，长时间保持同一个姿势，可能会让身体产生不适，如腰酸背痛、水肿等，时间久了，这些问题会影响日后分娩。同时，长时间坐着，活动少，影响身体的血液循环，尤其骨盆会受压迫致使子宫血液循环不畅，让母体受到伤害而影响宝宝健康。

血液循环不畅也很可能引发静脉曲张。女性妊娠时，常常会出现下肢和外阴部静脉曲张。随着妊娠月份的增加，静脉曲张的现象可能会逐渐加重，到了妊娠晚期，静脉曲张的病症会加剧，经产妇比初产妇更为常见并且会更严重。妊娠时子宫和卵巢的血容量增加，随着妊娠月份的增加，逐渐增大的子宫压迫盆腔内静脉，阻碍下肢静脉的血液回流，使静脉曲张更为严重。所以准妈妈妈妈还是应该适当运动运动，以促进血液循环，预防或缓解静脉曲张。

适量运动好处多

运动胎教可以通过改变胎宝宝的位置来训练胎宝宝的平衡感，还可以促进准妈妈全身血液循环，增加胎盘血液供应，有利于胎宝宝的健康发育。同时，还可以锻炼准妈妈腹肌、腰背肌和盆底肌，增强这些肌肉的张力和弹性，使其关节、韧带松弛柔软，有利于准妈妈正常妊娠及顺利分娩。运动使准妈妈的体重得到控制，为产后体形恢复创造条件。通过适量的运动，准妈妈的疲劳和不适得到缓解，使准妈妈心情舒畅。

简单的运动胎教方法

运动的好处虽多，但作为特殊人群的准妈妈并不是什么运动都适合做的，运动的幅度不能太大，也不能伤到腹中胎儿，如果能够对将来分娩有益那就最好不过了，下面就为准妈妈介绍几种具有这些特点的简单运动。

蜜蜂式呼吸

蜜蜂式呼吸有镇静安神的作用，能延长呼气时间，加强对呼吸的控制，对准妈妈非常有利，可为分娩做好充分的准备，还可以深入震动肺部组织，减少充血，是减轻胸闷的好方法。

做法：准妈妈将臀部坐在后脚跟上，通过两个鼻孔吸气和呼气。呼气时嘴闭紧并大声发出嗡嗡声，只要感觉舒服，持续呼气并发出声响，然后用鼻孔吸气，不发声。重复练习10次。

扭动骨盆

做法：准妈妈仰卧、屈膝，双膝并拢。双膝带动大小腿左右摆动，像用膝盖画半圆似的，慢慢有节奏地动作，双肩贴紧床。将一条腿伸直，一条腿弯曲，弯曲膝盖的腿朝向伸直的腿倾倒，带动同侧腰臀部离开床，但肩部仍然贴着床，对侧臀部仍然贴在床上，似翻身样，左右腿交替上述动作。反复10次，一天做2~3回。

这个动作能锻炼骨盆关节，同时加强腰部肌肉的力度及柔韧性。

俯身运动

做法：准妈妈双手及双膝着地，低头，隆背呈圆形，收腹5次，反复几回。双手、双膝着地的姿势不变，手膝在原地，抬头、挺腰，上半身慢慢前移，一呼一吸伴随收腹3次，恢复原来姿势，反复做多次，早晚为宜。

这组动作可使腹部肌肉强健，使脊椎得到放松。

产道肌肉收缩运动

做法：运动前排空小便，姿势不拘，采取站、坐、卧位均可。利用腹肌收缩，使尿道口和肛门处的肌肉尽量向上提，以增强会阴部与阴道肌腱的弹性，减少分娩时撕裂伤。

运动胎教：做点家务也无妨

适当的体力劳动能使人气血通畅、经络疏通、精神愉快，对于准妈妈来说，适当做一些家务也是一项很好的活动。统计显示，有些家庭经济条件好的准妈妈，自己很少从事体力劳动，增加了难产的概率。由此可见，不做家务对准妈妈身体的保养及胎宝宝的健康发育并无帮助，相反还可能造成很严重后果。

适当做家务的积极作用

研究发现，准妈妈活动减少、卧床休息，胃肠蠕动的能力降低，可导致食欲缺乏、营养不良、便秘等症状。另外，减少活动会增加准妈妈对身体的注意力，加重心理压力和妊娠反应，易出现精神不振、乏力、头痛、情绪急躁等不良现象。

所以，准妈妈不宜长期卧床休息，应坚持一般日常工作及家务劳动。但准妈妈不宜进行负荷过大的劳动或剧烈运动，以工作或劳动后不感到过度疲劳、紧张为宜。晚期妊娠时要适当减少工作量，接近分娩时应该提前两周休息。有的准妈妈身体素质较好，没有孕期并发症及合并症，这样的准妈妈也可以不用提前休息，这对胎宝宝的发育和分娩均更为有利。

做简单的家务可以从多方面帮助准妈妈。首先，适量的家务劳动能促进血液循环，有助于消化，加速机体新陈代谢；其次，做家务的过程中能使准妈妈锻炼肌肉力量，尤其是腰腹盆底肌肉，加强这两个部分肌肉的力量有利于胎宝宝自然分娩；最后，做力所能及的家务能减轻怀孕带来的不适症状，舒缓准妈妈的心情。

与日常生活息息相关的胎教会使胎宝宝出生后对现实生活充满巨大的热情。准妈妈一边做着家务一边与胎宝宝讲话，是一种很好的语言胎教。合理地安排家务，既能融语言胎教于家务活之中，又能使夫妻的生活规律、舒适。既能留出一段安静的时间进行语言胎教，又能节省时间去郊外观光。

做适当的家务，避免意外发生

区分不同情况

平时，准妈妈在家里时，可以擦擦桌子、洗洗菜、洗洗碗，外出散步或去买点儿菜、做饭、洗衣服、织毛衣、扫扫地、坚持走走路等。做家务时，人的手脚一直处于活动的状态，筋骨得到舒展，身体也会更好，胎宝宝也从中受益。

每个准妈妈的妊娠反应并不完全相同，有的人可能体质弱一些，需要更多的卧床安胎；有的人却行动自如，生龙活虎。但适当的活动是必不可少的，只要避免繁重的体力劳动即可，比如做些力所能及的家务，不感觉累就行。但毕竟怀孕后身体和平常有所不同，体质好的准妈妈可以尝试做做家务。

注意事项

1. 准妈妈在扫地时，必须做到双脚前后站立，保持腰背挺直，慢慢前行。不要登高打扫卫生，也不要在扫除时搬抬重物。这些动作既危险，又压迫肚子，必须注意。

2. 熨衣服时，应该打开双足，向前或向外跨出一大步，挺起腰部，以免使腰部活动量过大。可将一脚踏在低矮的小板凳上，以消除腰部的紧张感，也比较轻松。

3. 准妈妈在做饭洗菜时，尽量不要将手直接浸入冷水中，因为这有可能因遇寒而使子宫收缩，引发流产。择菜时不可长时间蹲在地上，这样会压迫腹中的胎宝宝。另外，准妈妈也不要长时间在厨房劳作，因为油烟会危害准妈妈和胎宝宝的健康。

4. 在打扫卫生间时，准妈妈不可长时间地擦洗浴盆或是弯腰拖地板，更不可以跪在地上干活。

总之，准妈妈在劳动时应以缓慢为原则，即使自己感觉还有力气，也不可以一口气做很多活儿，应分段进行，每做 20 分钟休息 10 分钟，不要让自己长时间站立。如果感觉身体不适，要立即停止劳动，躺下休息。如果休息完后依然感觉身体不适，就要尽快向医生咨询。

艺术胎教：了解民间艺术之美

准妈妈通过欣赏民间绘画、剪纸以及戏曲、影视文学作品，接受艺术的熏陶，可以把自己对艺术之美的感受传递给自己的宝宝，让宝宝在发育阶段感受艺术带给人的冲击，从不同的方面体会到世界的温馨。这不仅可以使准妈妈本身得以充实、丰富，同时熏陶了腹中的胎宝宝，让他也感受美的意境，快速地生长，使其大脑的发育优于其他胎宝宝。由于这种教育使胎宝宝事先拥有了朦胧美的意识，出生后一般也较其他婴儿聪慧、活泼、可爱。宝宝与妈妈的关系也会因此而倍感亲密。

动手实践

一般认为，画画、剪纸这两种艺术胎教不仅能提高人的审美能力，令人产生美的感受，还能通过笔触和线条释放内心的情感，调整心态平衡。

画画的时候，准妈妈不要在意自己的画技好不好，可以持笔临摹美术作品，也可以随心所欲地涂抹，只要感觉是在从事艺术创作，感到快乐和满足，就可以画下去。研究显示，画画具有和音乐一样的治疗效果，即使不会画画的准妈妈在涂涂抹抹之中也会显得自得其乐。

如果选择剪纸，准妈妈可以先勾轮廓，然后再细细剪出形状。可以剪一个胖娃娃，也可以剪一些小动物，如猫、狗、兔子、鸭子、小鸡等，当然也可以剪一些喜庆的字，如喜字、福字等。准妈妈不要怕麻烦，也不必担心自己不会剪，因为胎教的过程不在于准妈妈剪得好坏，而在于准妈妈在进行艺术胎教，在向胎宝宝传递深深的爱，传递美的信息。

欣赏艺术之美

准妈妈可以选择一些民间的神话故事、文学作品进行阅读。文学对于未出生的宝宝而言也是一种熏陶，一种享受。多数文学作品可以使孕期生活艺术化，使准妈妈的情感也得到优化。这不仅能使准妈妈更好地度过孕期，而且能更好地维系母子的感情。

当准妈妈以柔和的语调将故事对胎宝宝娓娓道来时，既能让准妈妈心态平和，又能对胎宝宝有感染力，而且能有效地培养胎宝宝的想象力，增进胎宝宝大脑发育。所以在孕期，准妈妈一定不能忽视文学艺术教育，应与胎宝宝一起感受文学的趣味。

欣赏民间艺术作品，观看一些传统民间手工工艺品、绘画作品，听民间地方戏曲、感受民俗之美，这些都是在欣赏和享受美，可以陶冶母亲的情操，对腹中胎宝宝的形体器官发育和成熟都起到了良性的刺激作用。艺术胎教使准妈妈情感变得柔和，精神生活变得充实，从而性情保持宁静。胎宝宝与准妈妈之间有着微妙的心理感应，准妈妈一言一行都将对胎宝宝产生潜移默化的影响。准妈妈广泛的情趣对改善胎宝宝大脑的功能有着极为重要的作用。

语言胎教：和宝宝对话的好素材

语言胎教，能促进胎宝宝出生以后在语言和智力上的全面发展。通过语言的传递，胎宝宝会将父母的呼唤记在脑中，沟通了彼此之间的感情，把父母的爱传递给胎宝宝，形成孕育、养育、教育的最佳气氛。婴儿出生后哭闹时，呼唤他的乳名，便会使他产生一种安全感，从而安静下来。

优美的语言既能够陶冶准妈妈的情操，又能使准妈妈进入一种宁静的精神状态，还可促进胎宝宝的大脑发育。

准爸爸与胎宝宝对话

男性的声音低沉、浑厚，胎宝宝特别喜欢这样的声音。专家指出，让准爸爸多对胎宝宝讲话，这样不仅增加夫妻间的恩爱，共享天伦之乐，还能将父母的爱传递给胎宝宝，这对胎宝宝的情感发育有很大的好处。每天晚上睡觉前，准爸爸可以轻轻地抚摸准妈妈的腹部，并实施对话胎教，比如对胎宝宝说："哦，宝宝，爸爸来啦，让爸爸摸摸你的小手，再摸摸你的小脚。"

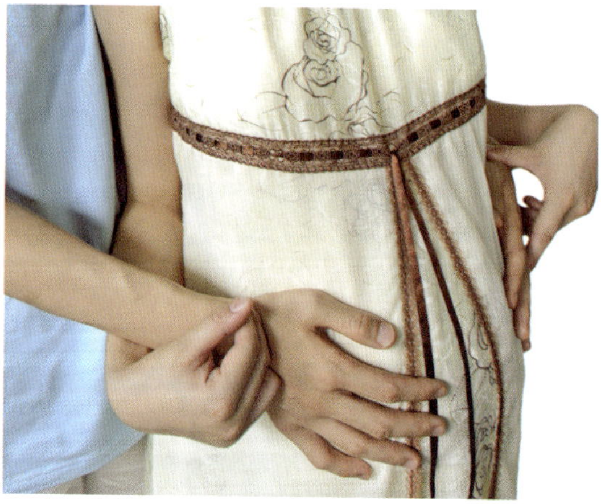

给胎宝宝讲故事

喜欢听故事是宝宝的天性，胎宝宝也不例外。给胎宝宝讲故事时，准妈妈要把腹中的胎宝宝当成一个大宝宝，用亲切的语言将信息传递给胎宝宝。讲故事的方式可以多种多样，可以由准妈妈、准爸爸任意发挥，也可以找来图文并茂的儿童读物有感情地朗读。故事的内容宜短、轻快、平和，不要讲容易引起恐惧和伤感、压抑感情的故事。吐字清楚，声音要缓和，既要避免高声尖叫，又要防止平淡乏味地读书。

温馨美文：《翠鸟》

翠鸟喜欢停在水边的苇杆上，一双红色的小爪子紧紧地抓住苇杆。它的颜色非常鲜艳，头上的羽毛像橄色的头巾，绣满了翠绿色的花纹，背上的羽毛像浅绿色的外衣，腹部的羽毛像赤褐色的衬衫。它小巧玲珑，一双透亮灵活的眼睛下面，长着一双又尖又长的嘴。

翠鸟鸣声清脆，爱贴着水面疾飞，一眨眼，又轻轻地停在苇杆上了。它一动不动地注视着泛着微波的水面，等待游到水面上来的小鱼。

小鱼悄悄地把头露出水面，吹了个小泡泡。尽管它这样机灵，还是难以逃脱翠鸟锐利的眼睛。翠鸟蹬开苇杆，像箭一样飞过去，叼起小鱼，贴着水面往远处飞去了。只有苇杆还在摇晃，水波还在荡漾。

我们真想捉一只翠鸟来饲养。老渔翁跟我们说："宝宝们，你们知道翠鸟的家在哪里？沿着小溪上去，在那陡峭的石壁上，洞口很小，里面很深。逮它很不容易呀！"我们只好打消了这个想法。在翠鸟飞来的时候，我们远远地看着它那美丽的羽毛，希望它在苇杆上多停一会儿。

导读：爱心是人天生应该具备的，宝宝的心中更是充满了爱。这篇小文章通过描写翠鸟的外形、活动和居住的特点，表达了作者对翠鸟的喜爱之情。文章渗透了爱护自然的思想，作者让我们明白动物也应该有自由自在的生活，希望胎宝宝在欣赏活泼、生动的语言的同时，以后长大也能充满爱心。

健康胎教：按摩益处知多少

按摩可以刺激皮肤内的神经末梢，促进血液循环，缓解肌肉疲劳，使全身产生一种舒适的感觉，同时还可以缓解身体压力，放松心情，这些对准妈妈很有好处。

孕期按摩益处大

准妈妈在孕期的情绪变化会很大，有时候自己都会觉得莫名其妙。这是因为孕期在雌激素的影响下以及生理上的变化，使情绪反复不定，可能会引发现实中的各种问题。

心情忧郁烦恼，亦会影响胎宝宝的发育。准妈妈情绪好，身体会分泌一些有益的激素，还有酶和乙酰胆碱，这些都有利于胎宝宝的正常发育。准妈妈在情绪不良的时候，可能会影响激素的正常分泌，不利于胚宝宝的正常发育。所以，准妈妈要学会放松心情。按摩是一种较好的放松法。

对身体的益处

孕期按摩可以促进血液、内分泌循环，改善末梢循环和淋巴结循环，增强准妈妈的抵抗力，有助于准妈妈吸收营养和排除废物，协助减低分娩时的痛楚。适当力度的按摩可以舒缓肌肉不适，减轻准妈妈腰酸背痛和下肢水肿，预防抽筋。掌握一定的按摩方法后还可以增加准妈妈皮肤张力，减少妊娠纹出现，同时促进优质睡眠。

对心理的益处

按摩在改善准妈妈生理的同时也缓解了在心理上的不适。按照一定的按摩技巧可以解除紧张，舒缓压力，稳定情绪。准爸爸帮准妈妈按摩，可以促进夫妻关系的和谐，给准妈妈安全感，缓解准妈妈的不良情绪和疲劳，让彼此之间的距离更近，减少产后抑郁症的发生。胎宝宝在妈妈腹中感受到爸爸的关怀，也能同时增进亲子关系，有助于胎宝宝的正常发育。

孕期按摩禁忌及注意

孕期按摩要达到最佳效果应注意：

1. 房间温度适中，环境要舒适安静，按摩时可播放一些轻音乐，也可以聊聊天，尽量放松。

2. 按摩的双手要清洁温暖，放松心情，夫妻心灵合一。选择在沐浴后，睡觉前按摩，可帮助缔造甜蜜睡眠。在整个过程中，丈夫应该不时问问妻子力度是否适中，并根据情况做出调整。

3. 准妈妈肌肤比较敏感，应选用性质温和的润肤油或润肤露进行按摩，这样在按摩时可以减轻肌肤的摩擦，还可以滋养准妈妈的肌肤。

4. 怀孕头3个月及分娩前1个半月，力度要适中，不能太大。在太饿、太饱或心情烦躁的情况下不宜进行按摩。

5. 若有妊娠并发症或其他疾病，例如皮肤病、心脏病、哮喘及高血压等也不能考虑按摩；医生判断胎宝宝有异常状况也不可进行按摩。

简单的按摩方法

按背减腰酸

准妈妈腰部支撑着腹部，容易疼痛，按摩背部能减轻痛楚，亦可松弛紧张肌肉，改善不正确姿势。

步骤：

1. 让妻子伏在枕头上或床边，然后由肩膀扫向妻子手臂。

2. 双手回到肩上，以“八”字形扫下背部。

3. 当扫至臀部时，用拇指下的掌肉轻按。

4. 握拳，从脊柱顶部直向下压，重复数遍。

按手促进循环

准妈妈循环系统不如常人，手部按摩能助准妈妈增加手部血液及淋巴结的循环。

步骤：

1. 以双手拇指从妻子手掌起向上臂轻柔。

2. 以一只手掌轻捉着手腕向上臂推，然后沿着上臂回推至手腕。

3. 以双手握着妻子手臂向上轻搓至腋下。

4. 搓揉手掌，然后用两指从手腕部位向手指逐个拉向指尖，再搓揉每个手指，搓到指尾时稍稍加压。

按脚消肿防抽筋

胎宝宝逐渐变大，会压迫准妈妈的淋巴循环系统，准妈妈容易出现下肢水肿现象。准妈妈小腿还容易抽筋。适度按摩有助于加快积存在腿部的水分循环，减轻水肿现象，同时轻按小腿，可舒缓肌肉不适，减少抽筋现象。

步骤：

1. 双手拇指从妻子小腿向上推，然后以两手掌围着腿部来回推。

2. 以双手握着妻子的腿，由足踝向上搓揉。

3. 捶捶脚面，在每个趾缝位向趾尖轻搓，然后轻拉脚趾。

生活胎教：远离电器防辐射

日常生活中充满了各种辐射，家用电器以及用于检查的 X 射线等都会产生电磁波，是常见的辐射。成人长期在这些强辐射下会引起失眠、嗜睡、多梦、头晕、头痛、记忆力减退、急躁、乏力和脱发等一系列不良反应，严重的甚至会引起内分泌失调、性功能减退等问题。准妈妈更要注重保护自己远离辐射。

准妈妈要远离辐射

辐射对胎宝宝的影响更大，科学家发现有三类细胞对于辐射比较敏感，它们分别是还未分化的、比较原始的和快速成长的细胞。因此，准妈妈要提高警惕，远离辐射源，避免让胎宝宝大量地接触到辐射线。怀孕前 4 个月内胎宝宝器官还未发育完成，胎宝宝特别容易受到外界影响而造成伤害；胎宝宝在 4 个月过后，虽然发展得比较稳定，但仍要避免长时间暴露在辐射环境中。

怀孕的各个阶段，胎宝宝有不同的发育状况，对辐射线的敏感度和影响结果也不同。如果在胚胎各种器官形成的孕早期受到过剂量的电磁辐射，很容易导致自然流产和胎宝宝畸形；如果在胎宝宝成长期受到过剂量的电磁辐射，胎宝宝则很可能会出现智力低下、免疫力低等问题。

生活中需注意的几种辐射源

1.X 射线。X 射线的穿透力很强，如果准妈妈接收到了过剂量的 X 线照射，特别是在孕早期，很可能导致胎宝宝畸形、流产或胎死宫中等。因此，准妈妈要进行 X 射线检查需谨慎，一定要告诉医生自己已经怀孕。

2. 微波炉。在家用电器中，微波炉的辐射对人体危害较大。它通过微波在短时间内将食物的水分子加速振动以达到加热食物的目的。在产生微波的同时它还会产生强电磁波，对胎宝宝的发育有一定的影响。因此准妈妈应远离微波炉。

3. 电脑。电脑会产生的电磁辐射在无线上网和刚开机时最强。此外，电脑屏幕也会产生辐射，屏幕越亮，电磁辐射就越强。电脑屏幕的背面辐射是最强的，其次是左、右两侧。孕早期不可长时间使用电脑，同时，准妈妈如果长时间坐在电脑前，腹部不易伸展，会影响宝宝的正常发育，也会影响准妈妈的心血管、神经系统功能。

4. 手机。手机的辐射要远高于电脑。手机在接通时产生的辐射是通话时的 20 倍左右。因为手机通话常常接近头部，对准妈妈和胎宝宝的影响就更大了。准妈妈在条件允许的情况下，应尽量使用座机。

5. 电吹风。电吹风是高辐射的家用电器，在开启和关闭时辐射最大，且功率越大辐射也越大。

6. 液晶电视和等离子电视。他们的辐射比传统电视的辐射要小很多。但是如果准妈妈沉溺于电视节目，长时间看电视也会受到电磁辐射的影响。看电视要保持 2 米左右的距离，同时室内要有适当照明，观看的时间不要连续超过两小时。看完电视可以洗洗脸，这样能够清理面部皮肤吸收的辐射物质。

Part 6

孕5月胎教

宝宝妈妈 SHOW

孕5月，胎动更加明显，也更加频繁，这个小家伙在准妈妈的子宫里随心所欲地上演着自己的舞蹈。从外部看，胎宝宝全身已长出了细毛，眉毛、睫毛又多了很多；胎宝宝的头有鸡蛋那么大了，但是比例仍然没变；手指甲、脚趾甲可以清楚辨别；皮下脂肪开始沉淀，皮肤颜色加深。从内部看，肺迅速生长，肠胃开始工作；运动神经、感觉神经逐步发育，胎宝宝有力地“动手动脚”，并且能听到外部声音，感知情绪，做出不同反应。

这个时期，早孕反应完全消失，准妈妈能感到明显的胎动了。准妈妈的腹部这个时候明显地大了起来，臀部突出，身体更加丰满了。随着子宫的增大，上挤心脏，下压肠胃，准妈妈会出现胸闷气短、消化不良、便秘等症状，有的准妈妈腿部开始出现静脉曲张。但是这段时间是胎教的最好时机，一定要抓住这段时间。早晨起床后、晚饭前和临睡前是最适宜的胎教时间，准妈妈和准爸爸可以多抚摸一下胎宝宝，多和胎宝宝说说话，放一些舒缓的音乐，胎宝宝会很开心的。

营养胎教：均衡营养不过剩

进入孕 5 月，准妈妈的食欲增加，基础代谢率升高，此时需要的营养要比之前多一些。然而，一些准妈妈总担心肚中宝宝的营养不够，食量有意加大，食物种类越来越多样，各种营养品都接纳，最后造成营养过剩。营养过剩容易使准妈妈发胖，体重增长超过正常速度，这样会使胎宝宝过大，造成分娩困难，也有因产妇过胖造成哺乳困难、不能及时给宝宝喂奶、乳腺管堵塞，甚至引起急性乳腺炎。因此，合理饮食、均衡营养不仅可以预防准妈妈发胖，还有利于自身和胎宝宝的健康。

牙齿、骨骼发育关键在补钙

胎宝宝恒牙胚在孕 4 月时开始发育，从第 5 个月起，胎宝宝牙齿开始钙化。同时，骨骼发育也特别快，这都需要大量的钙。所以，这个时期，准妈妈每天需补充 1000 毫克 ~1200 毫克钙。如果缺钙，除了准妈妈自己会感觉到腰酸、腿痛、手脚发麻、腿抽筋外，也会影响胎宝宝的正常出牙和生长，严重的可能会导致先天性佝偻病。因此，牛奶、孕妇奶粉或酸奶是准妈妈每天必不可少的补钙饮品。从本月起，准妈妈补钙还要加服鱼肝油。有些人因补钙心切而大量服用鱼肝油，这样做是不妥当的。过多服用鱼肝油，会使胎宝宝骨骼发育异常，造成许多不良后果。另外，准妈妈还可以每天服用钙剂，以确保足够的钙质供给。此外，还应该多吃以下这些容易摄取到钙的食物，如干乳酪、豆腐、鸡蛋、鸭蛋、虾、鱼类、海带等。

维生素 D 促进钙、磷吸收

维生素 D 能促进钙、磷在胃肠道里的吸收以及骨骼中的沉积，准妈妈如果缺乏维生素 D 的话就会影响胎宝宝骨骼和牙齿的发育。鱼类是维生素 D 的主要来源，假如不能吃鱼，鸡蛋、动物肝脏和瘦肉中也含有维生素 D。此外，晒太阳也能制造维生素 D，每天晒半小时就足够了，对于长期在室内工作，缺乏晒太阳机会的准妈妈更是如此。在晒太阳的过程中注意别忘了做好防晒工作。

多样化摄入营养不缺乏

主食有精有粗

从怀孕第 5 个月起，准妈妈每天主食摄入量应达到或高于 400 克，并且应该精细粮与粗杂粮搭配食用。精白米和精白面类精制食物中缺乏 B 族维生素，而粗粮中含有丰富的 B 族维生素，二者搭配食用可以相互弥补，使营养摄入更全面。然而，有些准妈妈为了争取在短时间内加强营养，往往吃得比较精细，不吃粗粮，这样会造成 B 族维生素缺乏。适当地进食粗粮，还能防止便秘，帮助体内毒素的排出。

荤素搭配

荤菜可以提供胎宝宝生长发育所需要的蛋白质、脂肪等营养素，但缺乏素食中的维生素和膳食纤维，因此要搭配互补。建议准妈妈每天饮食应注意下面食物的摄入量：每天应有谷类主食 350 克 ~500 克，如米、面、玉米、小米等；动物性食物 100 克 ~150 克，如牛、羊、猪、鸡、鱼肉、蛋等；动物内脏 50 克，每周至少 1~2 次；水果 100 克 ~200 克；蔬菜 500 克 ~750 克；奶及其制品 250 克 ~500 克；豆及其制品 50 克，如豆腐、豆浆、豆制品、红小豆、绿豆、黄豆等；油脂类 25 克，如烹调油等。

饮用孕妇奶粉

孕中期胎宝宝的生长发育进一步加快，他所需的营养也越来越多。即便均衡饮食，相当一部分准妈妈由于食量、习惯等，仍难以获得满足胎宝宝生长及自身健康的诸多营养素，尤其是钙、铁等。而目前市场上销售的鲜奶大多只是强化了维生素 A 和维生素 D 或一些钙质等营养素，远远不够准妈妈的营养需求。孕妇奶粉则很好地弥补了这一点，它几乎强化了准妈妈所需的各种维生素和矿物质。比如，丰富的钙质是牛奶的 3.5 倍。因此，从营养成分来讲，孕妇奶粉优于鲜奶，可以为准妈妈和胎宝宝提供充足的营养物质。有条件的准妈妈可以从孕中期开始饮用孕妇奶粉，弥补营养不足。

高脂肪、高热量饮食要控制

怀孕期间，准妈妈的饮食“质”要远远重于“量”，尤其是孕前本来就超重、营养过剩的准妈妈，更应该在饮食的品质、营养价值上下工夫，要控制住高脂肪、高热量的饮食。孕中期和孕晚期，准妈妈在摄取足够营养的同时，应尽量控制过多摄入高脂肪及高热量的饮食，以预防出现巨大胎宝宝。

控制脂肪含量高的食物

准妈妈应控制摄入脂肪含量高的食物。动物性食物中可多选择含脂肪相对较低的鸡、鱼、虾、蛋、奶，少选择含脂肪量相对较高的猪、牛、羊肉，并可适当增加一些豆类，这样既可以保证蛋白质的供给，又能控制脂肪量。少吃油炸食物、坚果、植物种子类的食物，这类食物含脂肪量也较高。此外，若将葡萄糖、砂糖或淀粉与高脂肪食物一起食用的话，会更加刺激胰岛素的分泌。胰岛素与脂肪有密切关系，当血中脂肪指数达到顶点时，再加上胰岛素的浓度提高，脂肪细胞就会变得非常活跃，想不发胖也难。

控制摄入的热量

准妈妈特别是比较胖的准妈妈饮食要有规律，应按时进餐。早餐的热能占全天总热能的30%，要吃得好；午餐的热能占全天总热能的40%，要吃得饱；晚餐的热能占全天总热能的30%，要吃得少。准妈妈在三餐之外，可选择热量比较低的水果作为零食，不要选择饼干、糖果、瓜子仁、油炸土豆片等热量比较高的食物作零食。

温馨提示

准妈妈要注意了，这一阶段，在把握营养补充重点的基础上，通过合理饮食均衡营养，凡事不能过量。虽然准妈妈这个时期食量大增，也要合理控制饮食，“三高”食物少吃为宜，做到少量多餐，加餐不加量，这样才能让体重的增长控制在正常范围内，否则容易引起肥胖以及其他的烦恼。

还需要提醒准妈妈的是，绝对不能减肥，更不能通过饥饿减肥法达到减肥的目的。因为，你摄取的每一种营养对于胎宝宝来说都是非常重要的，而你所需要做的就是通过合理的饮食、适当的锻炼，去控制体重，不要让身体超速增长。一般情况下，整个孕期内，把体重增长控制在6千克~7千克就比较适合。

此外，超重的准妈妈更需要注意均衡饮食，不能只吃自己喜欢的食物，要多吃些鱼类，当然不要吃那种含铅量比较多的鱼。

营养胎教：改变不良饮食习惯

胎宝宝出生后的生活与饮食习惯往往明显带有母亲的影子，母亲孕期不好的饮食习惯会导致出生后的宝宝吐奶、消化吸收不好或偏食。所以，准妈妈调整自己的饮食方式，可以潜移默化地影响胎宝宝形成良好的饮食结构模式，不仅可以减少出生后的喂养困难，还有利于宝宝的健康成长。

为求高营养，每餐饮食过量

孕中期，胎宝宝需要的各种营养素增加，许多准妈妈容易陷入一个误区：为了供给与满足胎宝宝所需的营养，认为吃得越多越好、吃得营养越丰富越好（如鱼、肉、蛋）。通常是过饱食，其结果是准妈妈营养过剩。营养过剩会引起准妈妈肥胖和胎宝宝过大。婴儿出生体重超过 4 千克为巨大儿，且难产率可高达 68%。此外，当胎宝宝、婴儿超重时，体内的脂肪细胞数目明显增多，容易导致儿童肥胖症。它是成人肥胖症、高血压、高血脂、糖尿病、痛风、动脉硬化、脂肪肝等的先驱病。

给准妈妈的饮食建议：随着胎宝宝的增长，准妈妈的胃部受到挤压，容量减少，所以应选择体积小、营养价值高的食物，要少食多餐、加餐不加量，可将全天所需食物分 5~6 餐进食，可在正餐之间安排加餐。每餐不要吃太多，尤其是不要饿了再去吃东西，也不要一次性地大量喝水。另外，当机体缺乏某种营养素时可在加餐中重点补充。

偏食、挑食导致营养元素缺乏

本月胎宝宝除了体重快速增长外，组织器官也在不断地分化、完善。这时就要不失时机地合理调整饮食，补充营养。有的准妈妈有偏食的习惯，会造成营养单一、体内营养不全面、准妈妈身体弱、胎宝宝不健康等。以下是准妈妈中常见的偏食挑食习惯：

1. 只吃素不吃荤：可引起准妈妈和胎宝宝贫血、营养不良、低体重等。

2. 只吃荤不吃素：易引起准妈妈及胎宝宝肥胖，还易造成难产。

3. 爱吃过甜、过咸、过油食物：糖代谢过程中会大量消耗钙，吃过甜食物会导致孕期缺钙，而且易体重增加；吃过咸食物容易引起孕期水肿；油腻食物容易引起血脂增高，体重增加。

4. 偏爱食用辛辣食物：辣椒、胡椒、花椒等调味品刺激性较大，多食会导致消化功能障碍，引起便秘。

5. 偏爱含咖啡因的饮料：如咖啡、可可、茶叶、巧克力和可乐型饮料等，准妈妈大量饮用后，均会出现恶心、呕吐、头痛、心跳加快等症状。

给准妈妈的饮食建议：准妈妈在饮食方面既要保证质量，还要适当提高各种营养素的摄入量。当然，准妈妈也不能无限制地过多进食，从而造成巨大儿，影响生产。所以，准妈妈的饮食应做到：不要偏食、挑食，避免缺乏矿物质和微量元素；荤素搭配、合理营养；注重食物质量和烹调，不要吃没熟的鱼、肉；适当增加米饭、馒头等主食以及蛋、奶、鱼、肉、豆制品、花生、核桃等副食；吃一些粗粮，如小米、玉米、红薯等；还要吃些奶制品、海产品、蔬菜、豆制品等，补充钙的含量。

不能用果蔬汁代替水果和蔬菜

现在很多人家都有了榨汁机，自制一杯果蔬汁成为许多家庭的新潮流，许多准妈妈也喜欢饮用果汁，代替真正的水果和蔬菜。但是实验研究发现，水果、蔬菜的营养价值是果蔬汁代替不了的。一是因为在榨果汁时，果汁机高速旋转的刀片会把果蔬里面的细胞破坏，最后造成维生素 C 被破坏；二是因为在果汁自制完成后，果蔬里面的一些矿物质、纤维素、果胶等营养也被过滤掉了。另外，果蔬汁榨成后保留的时间越长，与空气产生氧化的作用越充分，营养流失就越严重。

给准妈妈的饮食建议：为了更好地吸收水果和蔬菜中的营养，准妈妈最好不要用果蔬汁代替。直接吃水果和蔬菜，一般都是稍稍咀嚼就吞下肚，对果蔬细胞破坏很小，能保证果肉中维生素的含量。如果准妈妈实在想喝果蔬汁的话，建议榨完汁后马上饮用。研究还发现，果蔬营养在低温中流失得较慢。所以，在一次性喝不完的情况下，可以放在冰箱中冷藏，但同样注意不宜放久，而且准妈妈要注意自己的身体是否适合冷饮。

情绪胎教：心平气和最宜胎教

准妈妈的情绪变化直接影响胎教的质量，准妈妈情绪不安不仅影响胎宝宝的体重，也会影响胎宝宝的性格和智商。大概在孕 5 月的时候，胎宝宝对妈妈的情感会有反应，准妈妈正常的有节律的心音是胎宝宝最动听的音乐，准妈妈规律的肠蠕动声音也会给胎宝宝安全的感觉，使胎宝宝得到良好的生长发育。而这一切是在准妈妈心平气和的状态下才会达到的。因此，情绪胎教要求准妈妈能够做到心情平静、态度温和、不急躁、不生气。

不良情绪影响胎宝宝身心健康

准妈妈的精神状态，不仅会影响本人的食欲、睡眠、精力、体力等，而且还会通过神经体液的变化调节，影响胎宝宝的血液供给、心率、呼吸和运动等许多方面。当准妈妈生气、焦虑、紧张不安或忧郁悲伤时，大脑皮层的高级神经活动和血中的内分泌激素浓度改变，胎宝宝会立即感觉到，并表现出不安和躁动。长时间压抑、愤怒、易激动的准妈妈可能会带给胎宝宝不良刺激，造成胎宝宝发育缺陷。因此，准妈妈要想心平气和，情绪胎教应做到“三不要”：

不要紧张不安

孕早期是胚胎发育极其敏感的时期，如果准妈妈情绪过度紧张或者暴怒，体内的去甲基肾上腺素会骤然增加 100 倍，从而引起胎宝宝的畸形，如唇裂、腭裂等。到了孕中期，准妈妈对生理及心理变化产生了适应能力，情绪渐趋稳定，但还是需要避免紧张不安的情绪，因为准妈妈在怀孕期间精神紧张还会造成宝宝先天性幽门狭窄等疾病。孕晚期，准妈妈若精神过度紧张，如恐惧、忧伤、受到严重精神刺激等，都会引起胎宝宝循环障碍或者消化系统的问题，影响胎宝宝发育，甚至造成胎宝宝死亡。

不要生气动怒

准妈妈生气时，血液中的白细胞数量会减少，从而降低母子机体的免疫功能，也会使宝宝出生后的抗病能力下降；发怒还有可能使胎宝宝发生腭裂和兔唇。所以，怀孕期间准妈妈不要乱发脾气，无论碰上多么委屈的事情，准妈妈也都不能发怒，可以通过其他途径释放不良情绪。

不要悲伤抑郁

准妈妈忧郁情绪会造成自己失眠、厌食、性机能减退和自主神经紊乱，也会直接影响胎宝宝，这样出生的婴儿容易烦躁、爱哭闹，不好好吃东西，睡眠也不好，而且长大后还可能发生学习困难以及出现各种心理问题。

让准妈妈心平气和的妙招

作为准妈妈，保持快乐、平稳、积极乐观的心态对胎宝宝的生长发育有着非常重大的影响，虽然胎教的方式有很多，但对胎宝宝来说，最好的胎教就是准妈妈的好心情，妈妈的好心情会直接影响到胎宝宝的发育。准妈妈不妨试试以下几种方法：

自我告诫

无论在家里还是在单位，我们每个人都会遇到不顺心、不愉快的事，遇到时要经常告诫自己不要生气、不要着急，多想一想人世间的一切各有其理、各有其规律，强求不行，强扭也不行；生活原本是很平常的，每个人有每个人的烦恼，自己想得太多、计较得太多不仅影响自己的身心健康，还对腹中宝宝的健康很不利。为了胎宝宝的健康诞生，准妈妈要时常告诫自己保持心情的平静、态度的温和，这样宝宝才会更漂亮、更聪明。

情感释放

学会释放压抑、不愉快的情绪也是相当有效的情绪调剂方法。准妈妈可以通过向可靠的朋友叙说自己的处境和感情，获得朋友的劝说和安慰。准妈妈还可以通过写日记，表达心中的各种不愉快，把不良情绪从脑海中清空，留在日记中。再或者，准妈妈可以到空气清新、景色宜人的地方，将心中的不满大声喊出来，也能够得到令人满意的“释放”。

定期产检

妊娠中期的准妈妈对生理和心理变化已经较为适应，心理状态一般较平稳，有些准妈妈可能会因担心自身健康状况和胎宝宝发育是否正常，而产生轻度焦虑，一般无不良影响。但在怀孕中期也可能会出现各种病理状况，所以准妈妈在这个阶段仍然应定期到医院接受检查，可以通过产检来得知胎宝宝的成长状况和变化，让准妈妈更加安心。

情绪转移

消除烦恼达到心平气和的有效办法是离开使人不愉快的环境。准妈妈可以通过能引起自己兴趣的活动，如听舒缓优美的音乐、看赏心悦目的画册、结伴郊游等，让情绪转向另一个让人愉悦的兴趣点。切忌看恐惧、紧张、色情、斗殴的电视、电影、录像和小说，不要看刺激性强烈的杂志、报纸、电影，以免出现准妈妈心理过于激动的现象。

扩大社交圈

许多准妈妈有了胎宝宝就不愿出门，认为待在家里胎宝宝会更安全。然而，事实并不这样，闭门不出会使准妈妈郁郁寡欢，特别是遇到不开心的事情时。所以准妈妈应广交朋友，将自己置身于乐观向上的人群中，充分享受友情的欢乐。如可以积极参与准妈妈俱乐部活动、孕妇课堂、胎教班等，如果有初为人父、人母的朋友，可以向他们讨教经验。最重要的是，在准妈妈感到孤立的时候，别忘了自己的父母和先生，跟他们谈谈，一起扩大社交圈。

总之，不要把自己孤立起来，多与外面的人和事接触。

形象美容

常言说:“换一个发型，换一种心情。”遇到心情不顺时，准妈妈可以尝试改变一下自己的形象，如洗一个舒舒服服的澡，变换一下新发型，换上一件自己非常喜欢的衣服，还可以改变家里的形象，为家庭美容，如在房间的布置上，做些小小的调整，适当地添些婴儿用品，也可以在房间里贴上你最喜欢的漂亮宝宝的照片，让它们充满你的生活空间，让自己保持良好的心境。

语言胎教：讲个故事给宝宝听

孕 16~19 周，这时的胎宝宝就像一个聆听者，最爱妈妈温柔的话语声和优美的歌声。因此，孕中期是进行语言胎教的最佳时期。故事的“天马行空” 可以很好地培养胎宝宝的想象力、创造力。准妈妈可以每天选择一个固定的时间，给胎宝宝讲一个你精心准备的故事，这样不仅能够帮助你缓解焦虑，而且在讲述童话的过程中，你自己也仿佛回到了美好的童年时光。但是，准妈妈该给胎宝宝讲什么样的故事、怎样讲好故事呢？下面就帮你解决这些疑问。

选择能够培养宝宝美好品质的故事

准妈妈在选择故事时，应选择那些所蕴藏的情感很丰富，结局很美好，并且能够体现勇敢、善良、聪明、勤劳等美好品质的故事，这样可以给胎宝宝以良性的刺激，有利于宝宝的成长。像《孔融让梨》的故事，可以告诉胎宝宝做事情不要只考虑自己、要学会谦让；像《龟兔赛跑》的故事，可以跟胎宝宝说你要做一个踏踏实实的乖宝宝、不要骄傲自满等。

故事的类型多样

准妈妈给胎宝宝讲的故事有很多，可以是童话故事，如《丑小鸭》《三只小兔》《萤火虫找朋友》，可以是神话故事，如《精卫填海》《大禹治水》，可以是民间故事，如《阿凡提的故事》《蛤蟆儿子》，可以是寓言故事，如《老鼠与青蛙》《菜青虫与大苹果》，也可以是成语故事，如《鹬蚌相争》《掩耳盗铃》《亡羊补牢》等。准妈妈还可以自编故事，讲你感兴趣的事情给胎宝宝听，在现实生活中，你熟悉的事物讲起来会更轻松，更容易带有感情色彩，比如你喜欢动物，就给胎宝宝讲动物的故事；如果你喜欢植物，不妨给胎宝宝讲讲美丽的花草。而且如果能够讲与胎宝宝有关的故事，让他参与其中，让胎宝宝知道自己一直受到爸爸妈妈的关注，这个未出世的小家伙会更开心。

故事书最好图文并茂

讲故事的方式有两种：一种是由准妈妈任意发挥，讲随意编就的故事；一种是读故事书。然而故事书的选择最好是图文并茂的画册故事，书中色彩丰富、富于幻想，语言也多为儿语，准妈妈可以将画册中每一页所展示的故事内容，用自己的想象力将画册中的内容加以扩展，并传递给胎宝宝，从而促使胎宝宝心灵健康成长。

语言亲切、饱含感情

准妈妈要把胎宝宝当成是一个大宝宝，认真地用亲切动听、充满感情的语气给他讲故事，就像幼儿园老师给小朋友们讲故事那样，要声情并茂地讲。像《千字文》《三字经》《百家姓》，这些文章有人认为成人都很难理解，胎宝宝肯定不能理解，其实在这些文章中蕴藏着许许多多动人的故事，只要给胎宝宝讲述其中的故事，一个一个字慢慢地读，同时告诉胎宝宝其中的意思，就能收到理想的胎教效果。《千字文》已经被韩国列为胎教的教材。

用心感受，充满感情地朗读，因为胎宝宝在认真地听，在用心地感受。

声音与形象相结合

准妈妈讲故事不仅要把故事书上的文字读出来，同时还要把书上的画也“读”给胎宝宝听，让胎宝宝不仅能听到故事，还能“看”到故事书上描绘的图画。例如，故事中有金鱼的形象，你可以对胎宝宝说：“这种鱼叫金鱼，你看，它有红红的头、红红的尾，身上的鱼鳞闪耀金色的光芒。它在水中游起来慢悠悠的，圆圆的眼睛瞪着你，好像在对你说：‘你看，我这个金鱼公主是多么美呀！’”像这样的话，就是把故事中的图片内容给视觉化、形象化了。胎宝宝虽然不能看到故事里的图片形象，但通过准妈妈的讲述，胎宝宝可以用脑“看”到、感受到，这样能够锻炼胎宝宝的想象力和创造力。最初做这项工作时，准妈妈选择自己喜欢并熟悉的事物为对象，要简单易行得多。

欢乐童话：《害羞的小精灵》

导读：故事讲述的是一个小精灵由害羞到后来大胆地为大家唱歌、跳舞的过程，故事告诉我们生活要乐观。希望胎宝宝出生之后也能乐观、开心地生活。

很久很久以前，有一个十分漂亮的小精灵，她穿着清白的小裙子，还有一对绽放着五颜六色光芒的翅膀。

这也是一个特别容易害羞的小精灵，一看到陌生人就会紧张地躲起来。大家非常喜欢小精灵，所以常常来看望她。可是害羞的小精灵为了不让别人看到自己只好经常搬家。搬来搬去，最后小精灵在一个大萝卜里安了新家。大萝卜里面很干净，还有一股淡淡的清香呢。这个新家很温馨，小精灵开心地挥动着五彩翅膀跳起了舞。没过多久，一个老婆婆意外地发现了这个大萝卜，欢欢喜喜地把萝卜抱回了家，准备第二天煮一锅香喷喷的萝卜汤。她还不知道大萝卜里面住着一个害羞的小精灵呢！

小精灵不知道自己跟着大萝卜来到了老婆婆的家，所以准时开始了每晚的歌唱。她的歌声非常动听：“我的名字叫小精灵，喜欢月亮和星星……”

老婆婆被歌声吵醒了，发现了大萝卜里的小精灵：“你是谁呀，唱歌的小姑娘？”老婆婆问。小精灵很害羞，过了好一会才开口说：“我是小精灵。”老婆婆一听，高兴地问：“你愿意留在我家，和我做伴吗？”小精灵愿意吗？她可是最害怕陌生人的啊。

可是想到老婆婆那么孤单，小精灵勇敢地决定留下来陪伴老婆婆。就这样，小精灵成了老婆婆家的一分子，开心地生活着。现在，小精灵不再害羞了，她最快乐的事情就是给大家唱歌、跳舞。

运动胎教：试试简单的孕妇瑜伽

孕5月胎动已经比较明显了，这时是进行运动胎教的最好时机。试试简单的孕妇操，孕期适当的健身不仅利于胎宝宝和准妈妈的身心健康，更有利于分娩。下面就教你几招简单的孕妇瑜伽。

云雀式

此阶段，准妈妈的肚子已逐渐隆起，宝宝的胎动也越来越明显，母子连心的感觉更加紧密，而且度过了难受的孕吐期，这时准妈妈的身心都达到了最舒服、最愉快的时候。然而，这时期因为腹部凸起或姿势不良，容易使准妈妈感到腰部沉重且酸痛，但只要多多练习云雀式，就能预防、解决腰部疼痛的问题。

1. 跪坐深呼吸。

2. 左脚往后伸直，脚跟置于会阴下。深呼吸，感到身体平衡后，两手向两侧伸直。

3. 上身尽量往后仰，脸孔朝上，保持数十秒后，还原，调息，换脚做。

好处：刺激腰椎、腿部，可调整自律神经、增强准妈妈抵抗力、强化身体机能及训练平衡感。产后多练习此动作，可恢复体力、预防月经障碍和激素失调，还可改善手脚冰凉的现象。

支撑式

准妈妈体重增加，脚踝受力也增加，这套简单的运动可以练习脚踝部的肌肉，让脚部适应与日俱增的体重。

1. 把身体靠在椅背上，把腰背部挺直。

2. 保持腿与地面呈垂直的状态，脚心着地。

3. 脚背绷直，使膝盖、踝部和脚背成一直线，双脚交替做这个运动。

好处：在有空的任何时候都可做这个运动，加强脚部肌肉的锻炼，以承受日益加重的体重，防止脚踝扭伤。

后视式

准妈妈体重一天天增加，身体重心前倾，无论翻身、起身还是走路都会感到有些困难。而腰椎和腿部要支撑准妈妈自身和胎宝宝身体的重量，负荷增加，常常会产生酸痛感。身体的灵活度不如以前，但为了自己和胎宝宝的健康，准妈妈要试着多活动，利用后视式可放松骨盆关节，并有助于解决腰部酸疼等问题。

1. 跪坐，深呼吸。

2. 身体缓慢地下移，让臀部坐在小腿内侧的地板上。

3. 吸气时上半身慢慢转向右侧，左手抓着右膝外侧，右手则尽量往后方延伸到极限，停留数秒做深呼吸。

4. 还原、调息，换边再做一次。

好处：此套动作可以刺激肝肾机能，矫正脊椎不正，强化背肌和腰肌，调整中枢神经、交感神经，预防骨盆关节松弛、腰酸背疼和脚抽筋。

娃娃休息式

准妈妈体重增加，容易感到疲劳，可用此式来放松身体。这套动作需要全身放松练习才有效果，若感觉不适，可在脸部、弯曲的膝盖处及胸前垫枕头，会让准妈妈感觉更为放松、舒适。

1. 缓慢侧躺下来，做深呼吸。

2. 慢慢转身朝向地板，脸朝左侧，左手弯曲放在胸前。

3. 右腿伸直，左腿弯曲撑住身体重力，停留做深呼吸。

4. 还原、调息，换边再做一次。

好处：此套动作能帮助准妈妈消除疲劳、预防腰酸背疼，还有助于安眠。此外，每做完一个瑜伽动作之后，都可用此式休息，等准妈妈休息片刻后，再继续下一个动作或结束运动。

温馨提示

这几套孕妇瑜伽虽然简单易学，活动量不是很大，但准妈妈还是要注意不要太疲惫。准妈妈毕竟不同于普通人，在运动时如果准妈妈出现阴道出血、有液体流出，出现不寻常的疼痛或者突发疼痛、胸痛、呼吸困难、严重或持续的头痛或头晕等问题，一定要立即停止运动，最好马上去医院检查。

虚坐式

1. 与肩同宽站立：站立，双脚打开比肩宽，深呼吸。

2. 屈膝成马步：吸气、双膝弯曲成马步，双手撑在膝盖处停留6秒钟，深呼吸。

注意事项：当膝盖弯曲时，尽量将双膝左右打开至极限，力量全放在两条腿上，以锻炼腿部力量。

盘腿运动

1. 脚心相对而坐：脚心相对而坐，双手握住双脚，尽量拉向身体。

2. 向左轻摇：身体向左轻轻摇摆。

3. 向右轻摇：身体向右轻轻摇摆，使左右坐骨轮流接触和离开坐垫。

4. 双手置于膝上：双手置于膝上深呼吸，呼气时下身放松，如此反复训练，可提高身体的柔软性。

分腿运动

1. 双腿合拢而坐：背靠墙壁，双腿合拢而坐。

2. 两越渐渐分开。这能扩展骨盆、放松骨盆底肌肉群的。

3. 再向外分：再向外分。

注意事项：腿弯处不要离开地板。这种肌肉伸展的疼痛不像针刺痛那样，是可以忍受的，最终目标是分娩时学会忍受产痛。如果大腿内侧肌肉疼痛，可以一边按摩一边伸腿，到极点处，深呼吸，保持姿势1~3分钟，呼气时，放松面部、肩部、大腿。

下肢运动

1. 足与肩宽站立：两足与肩同宽，双手自然下垂，全身放松，自然呼吸。

2. 上肢前伸：两上肢向前伸展，手心由内向上，下肢伸直。

3. 下肢屈膝：下肢屈曲下蹲。

4. 恢复初始动作：恢复到预备姿势，重复上述动作。

左右跨步

1. 自然直立：挺胸收腹，上肢自然下垂，全身放松。

2. 足与肩同宽：右足向右侧横跨一步（与肩同宽）。

3. 向右横跨：左足在右足跟右后方跳进一步。如此往复4次，上肢协同下肢横跨步自然摆动。

4. 向左横跨：向左横跨四步，动作同上。

好处：

1. 使胎宝宝适应相对位置改变及子宫内羊水晃动的状态，训练胎宝宝的平衡感。

2. 促进全身血液循环，增加胎盘血供，有利于胎宝宝健康发育。

3. 增强准妈妈腹肌、腰背肌和盆底肌的张力和弹性，使其关节、韧带松弛柔软。

舒心运动：坐山式

准备一块瑜伽垫，采用让你感觉舒适的坐姿，十指相交垂放于小腹前，保持挺胸，挺直脊柱。

吸气，掌心翻转向上，手臂经体前向头上方尽力伸直。

呼气，头颈部向前弯曲。

吸气，还原头领部回到正中。

呼气，十指分开，双手于头后方抱住对侧手肘，保持均匀呼吸，停留 10 秒。

呼气，缓慢还原，稍做调整，可反复做 6 次。

运动功效

找到脚趾、脚跟和身体中心线的平衡点，使身体受力均匀，此瑜伽可改善姿态增强活力，更可调整脊柱的不适，使臀部上提。胸部开阔，双肩放松，是很好的改善疲劳的姿势，孕期坚持练习，产后腰部、脚跟的不适会大大缓解。

想象胎教：为宝宝的未来描绘蓝图

想象胎教就是想象美好的事物，使准妈妈自身处于一种美好的意境中，利用准妈妈和胎宝宝之间情绪、意识的传递作用，把这种美好的情绪和体验传递给胎宝宝，它是胎教的一种重要形式。准妈妈可以描绘未来宝宝理想的长相并不断重复，并对宝宝未来的教育及发展蓝图进行描绘，这样经常陶醉在自我对胎宝宝长相的设想与想象的塑造中，一种饱含希望的热情会伴随着准妈妈，将自己的意念慢慢渗透给胎宝宝，让自己的美好愿望实现。如何进行想象胎教呢？请注意下面方法的介绍。

想象宝宝顺利出生时的情景

准妈妈每天早晚腾出十几分钟的时间，在心情平静的时候进行冥想式想象，想象宝宝健康地出生。可以保持轻松的姿势坐着，挺直背部，手心向上，放在膝盖上，轻轻挺起胸部，将脸部稍稍向上抬，闭上眼睛，将意识集中在头顶，放松头顶、脑部和眉间。想象着自己随着吐气全身的每一个器官慢慢放松，然后慢慢地吐气，默默地想象："我现在很舒服，很放松，这种放松的感觉真好，当我变得平静时就可以看到紫色的门，这扇门一打开，就可以看到腹中的宝宝。"一开始，即使冥想时无法顺利看到想象的内容，也不需要急躁，不妨就当作可以看到宝宝的样子，呼唤宝宝的名字，对他说："宝宝，妈妈好爱你，你要健康地长大。"并告诉他，他即将诞生的是一个很快乐的地方。同时，还可以告诉宝宝："等你出生时，妈妈会协助你顺利地生下来，不要担心，先要把头伸出来……"

塑造理想中的宝宝面容

从受孕开始，准妈妈就可以与准爸爸共同讨论，为将出生的宝宝做形象设计：取两个人相貌中最理想而具有特点的部位，如丈夫宽阔的额头、俊俏的剑眉，妻子善于传情的大眼睛、高高的鼻梁、轮廓分明的嘴唇等加以组合，或者可以从画报、挂历、图片中找出一张你们最喜欢的幼儿画像，挂在卧室里，经常看看。一旦将设计的婴儿形象确定下来了，准妈妈就要经常回想，使这一形象变得具体清晰，并在心中不断地呼唤。

想象陪宝宝玩耍的情景

这个想象是一种能充分发挥和调动主观能动性的创造性心理活动，它可以使准妈妈的生活变得充裕和快乐。准妈妈让自己置身于一个舒适的环境中，或是坐着，或是躺着。使身体完全放松，从脚趾开始，一直到头顶，想着一步步地放松身体的每一块肌肉，让所有的紧张从身体中流出，用腹部又匀又长地呼吸，慢慢地从10倒数到1，每数一下都觉得自己放松得更彻底了。然后，准妈妈要进行想象，想自己向往和喜欢的事，例如，想着自己抱着未来的宝宝，逗着宝宝玩的情景，想象宝宝是多么活泼可爱，自己的心情是多么愉快欢乐，母子之间是多么的融洽、幸福。准妈妈要觉得这一过程是欢快有趣的，要坚持做下去，可以是5分钟，也可以是半小时。每天都反复做，或尽你所能地经常去做。

展开对宝宝未来的期待

准妈妈在怀孕期间的所作所为都可以直接影响到胎宝宝出生后的性格、习惯、智力、道德水平等各个方面。当准妈妈进行艺术欣赏活动时展开对宝宝的期待，可以在冥冥中达到言传身教的效果，胎宝宝会受到准妈妈意念的渗透和准妈妈行为的感化。所以，准妈妈在聆听音乐时要加入自己的情感：诗情画意，浮想联翩，在脑海里形成各种生动感人的具体形象。同时全身放松，半坐半卧在摇椅上或一个舒适的地方，把手放在腹部注意胎宝宝的活动，并告诉宝宝："我们现在一起听音乐。"欣赏音乐时可以随着动听的音乐节奏，想象着腹中宝宝迷人的笑脸和可爱的体态，在潜意识中同他进行情感交流。特别是准妈妈拿起一本好书，投入地看下去，在阅读的过程中展开想象，这既可以使准妈妈本身得以充实、丰富，也可以熏陶腹中的宝宝，而且还会刺激胎宝宝快速地生长，使其大脑的发育优于其他胎宝宝。其他的如名画、风景、摄影佳作、影视中美好的镜头等，准妈妈都可以通过想象展开对未来宝宝的期待。

温馨提示

由于想象对胎宝宝具有一定的"干预"作用，因此准妈妈的想象内容十分重要。美好内容的想象无疑会对胎宝宝产生美的熏陶，内容不佳的想象，则会起到反面作用或把准妈妈本不想传递给胎宝宝的信息传递给了胎宝宝，这一点准妈妈要千万注意。还有就是，胎教想象一定要循序渐进，更要坚持，这样才能收到想要的效果。

视觉胎教：欣赏温馨的照片和电影

孕4个月以后，胎宝宝对光线已经非常敏感，对外界的刺激能产生厌恶、愉快、不安等情绪。虽然胎宝宝视觉的真正形成是在孕晚期，这时进行视觉胎教胎宝宝无法知道和理解准妈妈看到了什么，但他却能敏锐地捕捉到准妈妈的情感，并做出反应。因此，此阶段的视觉胎教不容忽视，准妈妈看到的越丰富，胎宝宝的审美体验就越丰富。欣赏温馨的照片和电影成为视觉胎教中最省力的方式。

欣赏温馨的照片

照片的选择没有必要舍近求远花钱买画册，包含着夫妻两人美好回忆的照片是最好的选择，如恋爱时的照片、婚礼上的照片、新婚旅行时的照片，也可以是夫妻各自儿童时期的照片、成长时期的照片以及家庭团圆时的照片。通过欣赏这些承载着美好时光的照片，准妈妈会产生美好的情愫，这会有利于胎宝宝产生良好的情绪。

照片的欣赏既可以是翻阅相册，也可以将最温馨、最喜爱的照片挂在家里或是放在办公桌上反复欣赏。 特别是可以将漂亮宝宝的照片张贴在卧室里，每天看看，虽然看漂亮宝宝不一定生出漂亮宝宝，但能起到安抚情绪的作用，也有利于胎宝宝的健康。

在欣赏照片时，准妈妈最好不要默不作声，尽量简洁并饱含情感地向胎宝宝讲述照片的内容，让胎宝宝感受到生活的美好、生命的美妙、人生的美丽，以此培养宝宝热爱生活、热爱生命。

看场温馨的电影

看电影、电视对视觉和听觉的冲击力都很大，甚至会影响到胎宝宝的听觉发育。因此，准妈妈要选择比较温馨的电影来看，这样不仅可以达到视觉胎教的作用，而且对胎宝宝的听觉发育也有好的影响。然而不论在家还是选择去电影院，准妈妈都有一些需要注意的地方，下面就为准妈妈介绍一下。

在家观影“五忌”

1. 忌近距离看电视。准妈妈距离电视机的距离应在 2 米以上。

2. 忌连续长时间看电视。一般准妈妈一次看电视时间不宜超过 2 小时，避免过度使用眼睛，尤其有妊娠期高血压疾病的准妈妈更应注意。

3. 忌因看电视睡得过晚。准妈妈应当注意休息，保证充足睡眠，一般夜间应睡 8~9 小时。

4. 忌饱食后看电视。饭后食物需要消化，而看电视需要用脑，这样势必使人体内供给胃肠的血液相对减少，从而影响正常的消化、吸收功能，也不利于胎宝宝发育生长。

5. 忌不良卫生习惯。如边看电视边吃零食、蜷着身体看电视等。这会使腹腔内压增大，胃肠蠕动受限，不利于食物的消化吸收，特别不利于胆汁排泄，易发胆道疾病。

去电影院“三宜”

1. 最好选择有特殊照顾的影院。到影院观影的准妈妈和普通观众相比还是少数，因此大多数影院并没有特殊的措施，比较普遍的方法就是给准妈妈安排休息室休息。也有少数影城已经考虑到准妈妈的需要，为她们提供更多的方便，以保证安全。例如，有的提供隔音枕，可以放置在肚子上，胎宝宝听到的影片音量就很小；有的提供抱枕、小毯子给准妈妈使用；也有的开放贵宾室供准妈妈休息；工作人员全程陪护，散场时让准妈妈走快速通道。这种有特殊照顾的影院当然是首选。

2. 时间宜在白天场次人少时。准妈妈去看电影千万要提防被挤着碰着，因此去影院最好选择人少的场次。影院观影人流的规律性很强，一般正常工作日的 18 点之前观影人比较少。此外，准妈妈最好避开电影上映的头一周，新上映的影片观众会比较密集。观影前，准妈妈妈可以查看影片的评价或者向影院咨询，应该找音响效果不突出的温馨电影，动作大片突出视听效果，容易吓到胎宝宝。

3. 位置宜在最后排靠边位置。准妈妈最好选择最后一排靠近过道的位置，这个位置一般人少，避免人来回穿行造成不便。同时影厅应急通道一般靠近最后排，遇到紧急情况可以从后门出去。肚子还不显大的准妈妈选好座位后最好和工作人员说明一下情况，这样影院工作人员就能记下您的位置，遇到特殊情况时会特别关注您。

生活胎教：预防水肿有绝招

准妈妈除了要注意保护好自己和胎宝宝外，还要随时面对各种突然造访的疾病，其中最常见的就是水肿，这在孕中期和孕晚期最常见。那么如何避免水肿状况的发生呢？准妈妈应从生活细节入手。

进食足量蛋白质和果蔬

准妈妈每天一定要保证吃一些肉、鱼、虾、蛋、奶等动物类食物及豆类食物，这类食物含有丰富的优质蛋白质。当身体缺乏蛋白质，血管里的水分会进入细胞中，就会造成水肿。准妈妈每天应多进食蔬菜和水果，蔬菜和水果中含有人体必需的多种维生素和微量元素，它们可以提高机体抵抗力，加强新陈代谢，还具有解毒利尿等作用。

易胀、难消化、过咸食物要少吃

少吃或不吃难消化和易胀气的食物，如油炸的糯米糕、白薯、洋葱、土豆等，以免引起腹胀，使血液回流不畅，加重水肿。不要吃过咸的食物，尤其是咸菜，坚持低盐饮食，每日盐量不要超过6克，高盐分的食物会将水分留在体内，加重水肿。轻微水肿一般不限制食盐量；假若准妈妈严重水肿，尤其出现全身水肿情况的时候一定要限制食盐的摄入。

不宜久站、久坐

准妈妈平常坐着的时候，不要跷二郎腿，要常常伸展一下腿部，动动自己的脚跟、脚趾，同时还要伸展一下小腿的肌肉。需要长时间坐着工作的准妈妈，可以在脚下垫上一个矮凳，工作的间隙最好适当走动，这样才可以增加下肢的血流。

准妈妈也不要长时间站着，来回走动走动或坐下休息一会，以增加下肢血流。

鞋袜要舒适

准妈妈出门不要穿高跟鞋，最好穿柔软、舒适的平底鞋。准妈妈也最好别穿那种会压迫到脚踝及小腿的过紧的袜子，否则容易压迫肌肉组织，很可能会影响血液的回流。准妈妈穿袜时，应在早上未下床之前穿上，或将双腿平放与抬高几分钟后再穿上；脱袜子时，最好也能先平放或抬高双腿片刻后再脱。

平躺休息，双腿抬高

准妈妈在睡前（或午休时）把双腿抬高到 15°～30°，并保持 15~20 分钟，可以起到加速血液回流、减轻静脉内压的双重作用，不仅能缓解孕期水肿，还可以预防下肢静脉曲张等疾病的发生；睡觉时亦可将小腿抬高，抬高的方式以腿部由上往下呈现梯形状为佳。若时间允许，一天可进行 2~3 次。如果上班的地点没有条件躺下来休息，那么准妈妈可以在午饭后把腿抬高放在其他的椅子上，采取这种半坐卧位休息。

睡觉选择左侧卧位

准妈妈可取左侧卧位睡眠，由于水肿是下腔静脉受到压迫，而下腔静脉位于腹部的右后方，因此睡觉时采取左侧卧的姿势，可以减轻准妈妈因子宫增大对下腔静脉的压迫，增加体内的血液循环，避免压迫下腔静脉，而减轻水肿情况。

温馨提示

多数准妈妈到了孕中期和孕晚期，由于子宫变大，压迫到盆腔静脉及下腔静脉（位于身体的右侧）等大血管，以致静脉血回流变慢，并挤压血管中的液体到身体循环的末梢处，如脚部与手部，造成水肿。这种水肿一般在较长时间休息后能够消退，早晨轻、晚间重，不是病理现象。但如果下肢水肿经过 6 小时以上休息仍不能消退，且逐渐向上发展，那就不正常了。如果同时合并有心脏病、肾病、肝病、高血压、营养不良等就应引起高度重视，因为这些并发症会对准妈妈及胎宝宝产生严重后果，这时需到医院就诊。

Part 7

孕6月胎教

宝宝妈妈 SHOW

孕6月，胎宝宝惊人地成长着，他已经像一个迷你版新生儿了。从外部看，胎宝宝面部很清楚了，眼睑可以时开时闭；恒牙的牙胚也开始发育；头发也渐渐多了起来；皮肤仍然很薄，皱乎乎的，但是表面开始附着胎脂；手脚活动频繁。从内部看，心脏跳动剧烈，可达120次/分~160次/分钟；消化系统趋于完善，味蕾形成；大脑继续发育，沟回增多，已经具备记忆功能，可以记住妈妈的声音；听觉更加灵敏，可以听到强烈的声音，特别爱听音乐。

这个时期，准妈妈的子宫变大，下腹部隆起明显，体形已经接近典型的准妈妈体形了，是名副其实的“大肚婆”了。准妈妈的体重迅速增长，行动也越来越不灵活；乳房发育更快，乳晕周围开始出现褐色斑点，开始形成第二周乳晕；分泌物也更多；仍有尿频、便秘现象伴随，也可能会出现胃灼热现象。准妈妈这段时间要科学合理饮食，保持愉快的心情，谨防孕期糖尿病出现。同时，准妈妈可以玩一些记忆游戏、节拍游戏去激发胎宝宝大脑的记忆水平，这也是很好的胎教方法。

营养胎教：补充有益大脑发育的营养素

6个月时，胎宝宝大脑表面出现沟回，大脑皮层的层次结构也基本定形，脑细胞140亿个，已经具备了全部神经细胞。在这个时候准妈妈需要补充什么样的营养元素，才能保障胎宝宝大脑细胞的健康发育呢？下面的营养攻略对胎宝宝大脑发育有一定的帮助。

DHA——胎宝宝聪明过人的秘密武器

必需脂肪酸构成神经细胞的细胞膜和神经髓鞘，对胎宝宝快速生长的脑细胞起着至关重要的作用，还能促进胎宝宝视网膜的发育，如果缺乏必需脂肪酸，会影响宝宝的智力水平及视觉发育。而必需脂肪酸中的DHA是神经系统细胞生长及维持的一种主要元素，在人体大脑皮层中含量高达20%，具有促进大脑发育和神经兴奋的传导、提高记忆力、判定力和决策力等功能。因此，对胎宝宝智力发育至关重要。

1. 金枪鱼、三文鱼、小黄花鱼、面包鱼、鲅鱼、石斑鱼、海鲈鱼、鲱鱼、鳗鱼、鲷鱼、基围虾、黑鱼、罗非鱼等海鱼，特别是深海鱼类脂肪中DHA的含量最高，建议准妈妈每周能吃3~5次鱼虾类，其中包括一次海鱼，以保证胎宝宝DHA的供给。

2. 核桃、杏仁、花生、芝麻等干果类食物中所含的α－亚麻酸可在人体内转化成DHA，准妈妈平时应注意食用。

3. 含DHA的正规品牌的营养品也可以帮助胎宝宝大脑的发育。建议不爱吃鱼虾的准妈妈补充适量的DHA制剂，并且应在喝牛奶、豆浆，吃蛋、豆腐等富含蛋白质的食物时服用，以帮助其吸收。

卵磷脂——胎宝宝脑细胞的保护神

卵磷脂是神经细胞间信息传递介质的重要来源，充足的卵磷脂可提高信息传递速度，提高大脑活力，让宝宝以后的思维活动能力和学习能力更强。

在日常饮食中，准妈妈应注意多吃些卵磷脂含量比较高的食物，富含卵磷脂的食物很多，如蛋黄、大豆、鱼头、芝麻、蘑菇、山药、木耳、谷物、小鱼、动物肝脏、鳗鱼、红花籽油、玉米油、向日葵等。

蛋白质——胎宝宝大脑发育的基础物质

蛋白质是维持胎宝宝生命活动的基础物质，胎宝宝的发育需要35%的蛋白质才能维持和提高大脑功能，增强大脑的分析理解及思维能力。如果准妈妈在孕期缺乏蛋白质，会导致母体子宫、胎盘及乳房发育障碍，胎宝宝则会因蛋白质供应严重不足而引起大脑发育障碍，将严重影响其出生后的智力水平。

1. 准妈妈整个孕期应多吃富含动物蛋白和植物蛋白的食物，像日常生活中食用的瘦肉、鱼、牛奶、鸡蛋、奶酪等食物中富含动物蛋白，而黄豆、花生米、各种豆制品中富含植物蛋白。准妈妈每日摄入的蛋白质应不少于80克，而且提倡动物蛋白和植物蛋白混合食用，这样可以提高蛋白质的营养价值。

2. 蛋白质的补充要在热量及碳水化合物供给充分的前提下进行。如果在主食或热量摄入不足的情况下，大量增加高蛋白食物的摄入量，甚至额外补充蛋白粉，大部分蛋白质将不能被成功储存并运送给胎宝宝，反而会被身体燃烧以供给准妈妈工作和生活所需的能量。同时，其分解代谢中产生的大量尿酸尿素还会增加肾脏负担。

糖——胎宝宝大脑发育的能量站

糖类又称碳水化合物，它主要供给机体能量，它具有刺激大脑活动能力的作用，能够增强大脑神经源的活动，提高智力。糖类中以葡萄糖为胎宝宝主要的能量来源，它完全来自母体。正常情况下，葡萄糖是胎宝宝大脑唯一的能量来源，胎宝宝脑细胞的迅速增加和整个神经系统的发育需要大量的葡萄糖。此外，胎宝宝心肌发育所需要的能量——ATP，它主要来源于糖类的糖酵解和乳酸氧化。

1. 葡萄糖是唯一能够为胎宝宝大脑提供能量的营养物质，而碳水化合物则是葡萄糖的主要供应者，准妈妈摄取葡萄糖时最好选取杂粮，如玉米、燕麦、小米、大米等，也可适量选取红枣、葡萄、红薯等。

2. 摄入过多的糖对胎宝宝的大脑发育也会有损害，容易造成神经敏感、神经衰弱等各种大脑障碍，使得宝宝出生后产生哭闹、吃奶差等现象。所以，准妈妈摄入糖量应适度，要根据体力劳动强度来确定，限制含蔗糖、冰糖、红糖、葡萄糖粉等简单糖含量高的食物或饮料。

维生素——胎宝宝大脑活动的常备军

胎宝宝脑活动需要维生素及时补充所需要的氧气和营养物质，维生素缺乏会使胎宝宝大脑活动力下降、容易疲劳或发生障碍。但如果维生素过多，也会引起中毒。

维生素 A

维生素 A 是促进脑组织发育的重要物质，缺少维生素 A 可使智力低下。

1. 富含维生素 A 的食物有蛋黄、胡萝卜、南瓜、黄油、菠菜等，准妈妈可多食用。

2. 为了让胎宝宝大脑更好地发育，准妈妈要适量补充维生素 A，但绝不能因为维生素 A 具有促进脑发育的作用而过量食用，这样会导致不良后果。

B族维生素

B族维生素对大脑的功能有着间接的作用，B族维生素包括维生素 B_1、维生素 B_2、叶酸、维生素 B_{12} 等物质，它们对脑的作用是通过帮助蛋白质代谢而促进脑活动，也就是说B族维生素对脑的作用是与蛋白质共同作用的结果。

1. 维生素 B_1 来源比较丰富，谷类、豆类、酵母、山芋、花生等都富含维生素 B_1。准妈妈只要摄入各种主食，尤其是一些粗粮，一般不会造成维生素 B_1 的缺乏。

2. 维生素 B_2 的含量以动物性食物较丰富，如动物肝肾、乳类、蛋类等。绿叶蔬菜和水果中也含有丰富的维生素 B_2。

3. 维生素 B_{12} 丰富的食物主要有动物肝肾、肉类等。

4. 叶酸多含在绿叶蔬菜和水果中，准妈妈可多吃，必要时应该服用叶酸补剂。

维生素C

大脑是人体含维生素C最多的地方，维生素C在胎宝宝脑发育期起到提高脑功能敏锐性的作用。准妈妈充足地摄取维生素C，可提高胎宝宝智力。

1. 维生素C大量存在于新鲜绿叶蔬菜、辣椒、豆芽、酸味水果中，特别是枣、山楂、橘子、柿子，准妈妈应多吃各种蔬菜和水果。

2. 要注意的是，维生素C需要量高而利用率低，会因吸收不足而引起维生素C的缺乏。另外，维生素C对热、碱、氧都不稳定，一般蔬菜烹调后就会损失30%~50%。因此，要注意采取合理的烹调方法，以防维生素C的流失。

维生素E

维生素E具有保护细胞膜的作用，还能防止不饱和脂肪酸的过氧化，防止脑细胞活力衰退。如果准妈妈体内缺乏维生素E，就会影响胎宝宝的大脑功能，使其产生功能障碍，脑活动能力减弱，造成胎宝宝出生后智力下降。

维生素E广泛分布在木本植物的果实、种子及谷物的胚芽中。含维生素E丰富的食物有五谷、大豆、花生、芝麻、莴苣、油菜、菜花等，准妈妈可多食用。

钙——胎宝宝大脑活动的维护员

钙具有维持大脑正常工作，以及在脑产生异常兴奋时起到抑制作用，使脑细胞避免有害刺激的作用。缺钙会使人对各种刺激变得敏感，情绪容易激动，烦躁不安，准妈妈的这种情绪变化可以直接影响胎宝宝的脑发育，使胎宝宝脑的发育产生障碍，出生后会出现烦躁、精神不易集中、智力低下等现象。

1. 非孕期，女性每天平均需要钙 0.4 克，而准妈妈每天需钙量必须大于 1 克，才能满足准妈妈和胎宝宝对钙的需求量。

2. 含钙丰富的食物有小鱼、海带、虾皮、芝麻酱、豆制品、乳类、蛋类及水果等。另外，可用猪骨、牛骨、羊骨熬成汤后加点醋供准妈妈食用，钙吸收量可达 70% 以上。

碘——胎宝宝大脑发育的必备原材料

碘是人体生成甲状腺素的主要原料，也是胎宝宝神经系统及脑发育的必要原料。胎宝宝的脑发育离不开碘。如果在胎龄 10~18 周内缺碘，甲状腺素就会供应不足而使胎宝宝发育不良，出生后的婴儿可出现先天性甲状腺肿大及先天性克汀病，表现为智力低下、语言障碍、耳聋和上运动神经障碍等。这些症状出现后即使再补充碘也难以纠正，会造成终身疾患。

1. 含碘丰富的食物主要为海产类，如海带、海藻、紫菜等，准妈妈可多食用。

2. 市售的食盐一般都添加了碘，准妈妈需要掌握正确的用盐方法：无论炸炒炖煮，应在菜肴出锅前或炒好后加盐，以免长时间受热造成盐中碘的损失。

锌——胎宝宝大脑发育的推动能手

锌是人脑中含量最高的一种金属离子，是人体代谢过程中的一种重要元素，它参与人体蛋白质、核酸及多种重要酶的合成，能刺激细胞分裂，是促进组织生长、帮助创伤组织修复及有利于智力发育的重要物质。

锌不像有的维生素可以在体内制造，而是要完全在食物中摄取。一般动物性食物中锌含量较多，也易于被吸收利用，如动物肝脏、肉类、奶类、海鲜等。有些植物性食物，如谷类、豆类、麦皮、核桃、栗子、花生等也含有不少锌，可经常食用。即使是主食——大米里含锌量也足够人体所需。只要准妈妈不偏食、不挑食，饮食里的锌供应量是足够的。

生活胎教：护理口腔

温暖和湿润的口腔，是培养致病细菌的温床。怀孕期间，由于妊娠的原因，准妈妈的口腔中容易出现一些健康隐患，但很多准妈妈没有察觉到，等到发现时，问题已经很严重，甚至会引发早产。因此，孕期如何科学护理口腔，准妈妈一定要加以关注。

孕期容易出现的口腔问题

牙龈炎

因为雌激素代谢增加，激素作用在牙龈的微血管上，使得牙龈充血肿胀，降低牙龈对发炎反应的抵抗力。

牙周病

怀孕期间因为激素改变，会促使某些致病菌滋长，如果准妈妈怀孕前就患有牙周病，怀孕后可能会更严重。如果是中度、重度的牙周炎，准妈妈生出早产儿和低体重儿的机会也会大大增加。

牙齿腐蚀或掉牙

孕吐现象造成胃酸反流，容易引起牙齿的腐蚀现象。不少准妈妈认为，由于胎宝宝吸收母亲牙齿的钙质，容易导致孕期牙齿松动甚至掉牙。其实这个观点是错误的。胎宝宝吸取的钙质，主要来自母亲日常的饮食，亦有部分来自母亲的骨骼。

蛀牙

怀孕期间，许多准妈妈零食吃得多，牙龈又容易发炎、水肿，加上行动不便，口腔清洁工作容易疏忽，会使得口腔残渣堆积，导致长蛀牙的概率大增。准妈妈口腔中的致龋菌可通过垂直传播感染胎宝宝，患有龋病的准妈妈，出生的宝宝日后患龋的概率也较大。

如何选用口腔保健品

牙刷

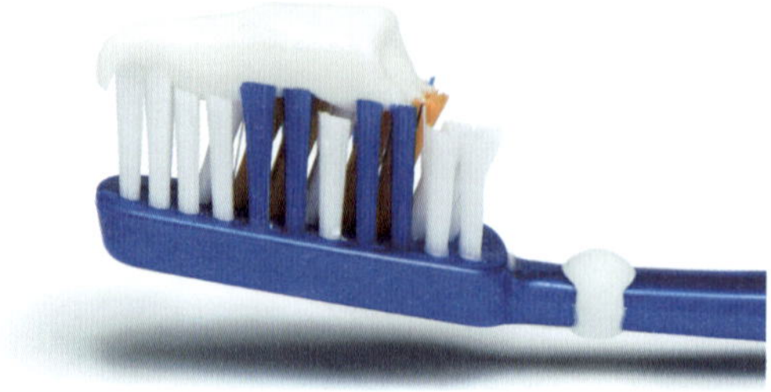

准妈妈宜选刷毛软而有弹性的细丝软毛牙刷，用这类牙刷刷牙，可减少对妊娠牙龈的刺激，预防刷牙时牙龈出血，并能起到按摩牙龈的作用。对少数保胎治疗的准妈妈，为减少准妈妈的活动，可使用电动牙刷刷牙。

牙膏

可选用有预防牙龈充血和炎症的牙膏，少用含抗生素和化学剂的药物牙膏。

牙线

牙间食物嵌塞是引发准妈妈龋病和牙龈炎的重要原因，少用牙签，多用牙线，去除牙间隙的食物嵌塞。另外，准妈妈常有牙龈充血水肿，如使用牙签除去食物嵌塞，容易刺伤牙龈，造成牙龈出血，而使用牙线没有这种弊端，且效果较好。

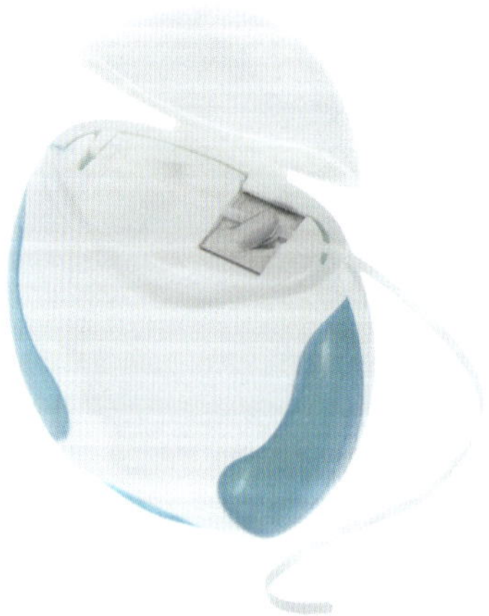

温馨提示

怀孕期间，准妈妈应该定期做好口腔检查。由于口腔疾病通常会发展较快，定期检查能保证早发现、早治疗，使病灶限于小范围。对于较严重的口腔疾病，应选择妊娠中期（4~6 月）相对安全的时间治疗。当然，所有的用药应该以专业医生的建议为主。

口香糖

进餐后牙菌斑中的细菌利用食物发酵产生的酸性物质侵蚀牙齿，引发口腔疾病，此时如果咀嚼口香糖 20 分钟，就能有效刺激唾液分泌，中和口腔酸性，有助预防蛀牙。传统口香糖是以蔗糖或果糖作为甜味剂的，在这种情况下如果成天过多地嚼这种口香糖，吸收的热量就会比较多，而且糖分过多反而会诱发牙齿疾病。因此，建议准妈妈选择以木糖醇、山梨醇等糖的代用品作为甜味剂的口香糖。

如何去除口腔异味

漱口

准妈妈特别是口腔有异味的准妈妈日常生活中要注意漱口，以保持口腔清洁无异味。准妈妈可选择在饭后或吃零食后漱口，漱口水要冷热适宜，不能用过凉或过热的水。也可以准备一些降火的饮料或茶水去除口腔中的异味。

刷牙

刷牙不仅有利于牙齿健康，还有利于保持口腔清新。准妈妈需要每天都坚持进行两次有效的刷牙。有条件的话，每次饭后都要刷牙，尤其是晚上临睡前的一次刷牙更为重要。

清洁舌苔

当嘴巴出现怪味时，在刷牙后可以顺便清洁一下舌苔，并彻底清除残留在舌头上的食物，有助于消除口腔内的异味，并可恢复舌头味蕾对于味道的正确感觉，而不至于对食物口味越吃越重。

忌辛辣、生冷食物

为了顾及准妈妈口味的改变和爱好，各式酸、甜、苦、辣的食物，孕期都可以酌量食用，但应避免食用过于辛辣的食物，吃太多麻辣会让准妈妈的口气加重。

追踪特殊病史

很多疾病会引发味觉改变或口臭，如上呼吸道、喉咙、鼻、支气管、肺部发生感染的时候都会有此现象，而患糖尿病、肝或肾有问题者，也会有口味改变的问题。因此准妈妈若有特殊疾病史，或发生口气及味觉显著改变的情形，应由医师诊治以做鉴别诊断。

均衡营养，健康护齿

每个准妈妈都应该摄入充足的营养，除了蛋白质外，维生素A、维生素D、维生素C和一些矿物质，如钙、磷等也十分重要，因为这些不仅可以起到保护准妈妈的作用，使机体组织对损伤的修复能力增强，对胎宝宝牙齿的发育也很有帮助。

健康胎教：小心翼翼防早产

每一位准妈妈都希望能生一个足月健康的宝宝，但有的怀孕尚未足月，在妊娠满28~37周（196~258天）就分娩，这类胎宝宝为早产儿。由于过早分娩，早产儿各种器官发育不成熟，体外生活能力较弱，调节体温、抵抗感染的能力很差，死亡机会要比足月儿多几十倍。因此，准妈妈应高度重视早产的问题，及早做好预防。

准妈妈必须了解的早产征兆

出血

少量出血是临产的标记之一，但有时是
生殖器官出血，这有非正常临产的危险，可
部用干净的纱布、脱脂棉、卫生纸垫上止血
并应及时去医院就诊。

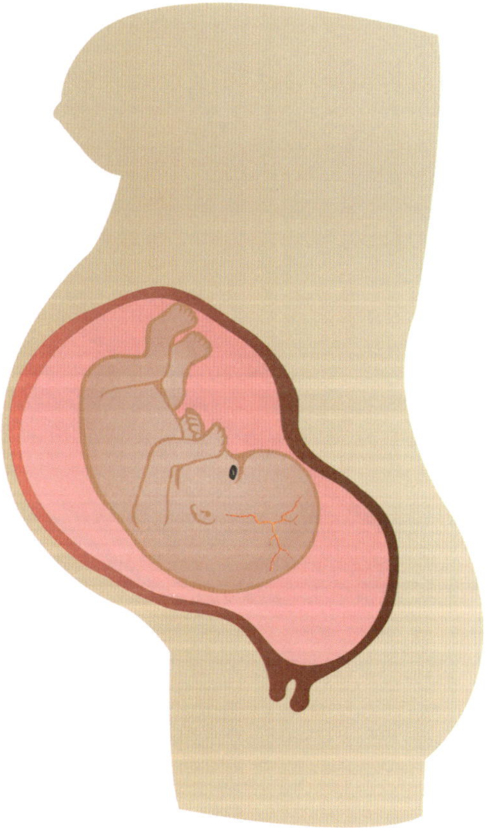

破水

温水样的东西流出，就是早期破水。有的准妈妈即便是早期破水，仍能在几周后平安生产，但一般情况下是破水后阵痛马上开始，此时可把腰部垫高，不要动腹部，并马上去医院。

下腹疼痛

下腹部有类似月经来前般的闷痛、规则的子宫收缩及肚子变硬，每小时6次或更多次的收缩，每一次持续至少40秒。遇到这种情况，准妈妈要保持镇静，并尽早去医院接受检查。

准妈妈如何预防早产

做好自我检查

准妈妈应适当了解一些预防早产和出生低体重儿的知识，定期进行自我检查。如果发现自己有经常性的腹痛，有可能是宫缩，此时可以将手指放在腹部，记录一下宫缩的频率，如果宫缩是每隔 10 分钟左右一次，而且即使改变姿势也是如此，如再加有阴道流血或流水、腰下部位疼痛或腹部绞痛，那就可能是早产的征兆。这时就要立刻去医院，尽量阻止或延缓分娩时间。

远离不良环境

孕期妈妈应尽量远离不良的环境，如噪声、铅污染、装修的污染等，也要避免与家中的猫、狗等动物接触，以免感染病菌病毒。另外，还要注意远离二手烟，不要饮酒，不要久坐不动，这些都有可能造成早产。

孕晚期多休息

怀孕后期还在坚持工作的准妈妈要注意减压、避免过度劳累，在家多卧床休息，并采取左侧卧位，以改善子宫、胎盘的血液循环，减少宫腔内向宫口的压力。还需谨记的是，孕中期及孕晚期的前几周，健康的准妈妈还有权享受性生活，但到达 32 周后，准妈妈切记禁止性生活。

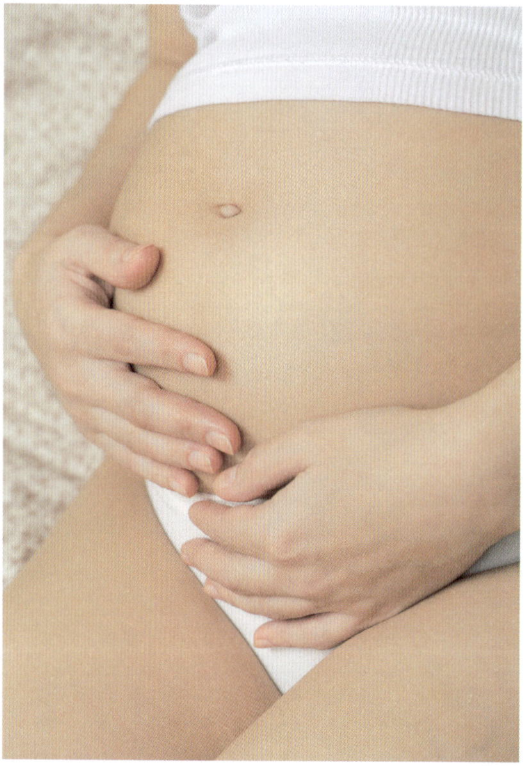

小心保护腹部

在家时，准妈妈擦地不要使用肥皂水或其他能使地板打滑的东西；刚擦完的地板，不要走动；长时间持续站立或下蹲的姿势会使腹压升高、子宫受压，应避免长时间站立或久坐；外出时尽量避免上下班高峰，也不要到人多的地方，以免鲁莽的行人或横冲直撞的车辆碰到腹部；上下台阶时，一定要注意一步一步地走稳，不要手提重物。

平复不良情绪

当你已是一个准妈妈时，自我调节也是很重要的，过怒、过悲、过忧都会影响胎宝宝发育，严重时会引发早产。所以每一位准妈妈都应该学会自我调节情绪，努力消除紧张情绪，保持心情愉快，减少精神压力和劳动强度，避免不良刺激。家庭、社会也应给予准妈妈特殊关怀，尤其是丈夫、家人的体贴、关心，能帮助孕期女性减轻或消除不健康的心理因素。

6种食物不宜多吃

山楂：可加速子宫收缩，可导致早产，宜少吃。

猪肝：含极丰富的维生素A，过多摄取维生素A会导致早产和胎宝宝发育不健全，忌过量进食。

黑木耳：具有活血化瘀之功，不利于胚胎的稳固和生长，宜少吃。

杏子：味酸性大热，有滑胎作用，为准妈妈之大忌。

薏仁：对子宫肌有兴奋作用，能促使子宫收缩，因而有诱发早产的可能。

马齿苋：性寒凉而滑腻，对子宫有明显的兴奋作用，易造成早产。

语言胎教：宝宝爱听的经典诗词

为什么要读诗呢？因为诗平缓而优美，又有很好的节奏感。人是“感于善则善，感于恶则恶”。怀孕过程中，要多接触善，多被善感动，这些都会影响你的心情，进入你的血脉。不要看恐怖片、言情片，这类片子不是让准妈妈精神紧张，就是太过煽情，容易导致情绪激动。人心情的紧张或激动，都会影响血脉，导致经脉不通畅，对胎宝宝只有坏处没有好处。

准妈妈可以让准爸爸经常抽点时间给自己读读诗，假若准爸爸没空，自己读读也挺好。当然，也不要多读，一天读那么几首就可以了。有的人说：“我一定要多看书，这样我的小孩很早就会认字了。”这就是没有懂得无为之道。事事不要过于强求，也不要异想天开，一句话，凡事适度即可。

和宝宝一起赏析经典诗词

《游子吟》

导读：深挚的母爱，无时无刻不在沐浴着儿女们。这是一首母爱的颂歌，在宦途失意的境况下，诗人饱尝世态炎凉，穷愁终身，故愈觉亲情之可贵。全诗无华丽的词藻，亦无巧琢雕饰，于清新流畅，淳朴素淡的语言中，饱含着浓郁醇美的诗味，情真意切，千百年来拨动多少读者的心弦，引起万千游子的共鸣。全诗最后一句一语双关，写出儿子对母亲的深情，希望胎宝宝将来也会这么爱妈妈！

游子吟（唐·孟郊）

慈母手中线，游子身上衣。
临行密密缝，意恐迟迟归。
谁言寸草心，报得三春晖。

《春晓》

导读：《春晓》是一首惜春诗，看似极为口语化，却既有优美的韵致，行文又跌宕起伏。作者以“不知——知；知——不知”的句式，将春天的景物展现给读者。不知清晨，但是却知道报晓的鸟儿鸣叫；知道春风春雨的光顾，却不知道落英多少。诗人就是这样在反复周折的句式中来描写大好春光的。全诗以清新活泼、明朗畅晓的语言来描写春天的秀丽景色，抒发诗人内心萌发的深厚春意，墨淡而意浓，景美而情切，并且给人留下鸟啼无意，而落花有情的不尽韵味。以《春晓》这首经典的五言绝句作为胎教诗词，可以带胎宝宝初步了解古诗，感受诗中描述春天的美妙景象，并引导胎宝宝感受古诗的魅力。

春晓（唐·孟浩然）

春眠不觉晓，处处闻啼鸟。
夜来风雨声，花落知多少。

运动胎教：出趟远门散散心

由于孕早期准妈妈早孕反应明显，再加上要有一个适应体内胎宝宝的过程，做一个身心大调整，所以不适宜出游。到了孕中期，准妈妈在一定程度上适应了自己的身体，便可以更自由地外出了。此时最好的胎教就是旅行。通过旅行来接触大自然，寻找豁然开朗的感觉，并把这种感觉传递给胎宝宝，让肚子里的胎宝宝也一起欣赏美景。

旅行好处多

准妈妈与家人、亲朋好友一起去游玩，在欣赏大自然秀丽景色的同时，未出世的宝宝一定也会感受到大自然的美丽多姿，使他也受到大自然的陶冶。

带给准妈妈好心情

怀孕以后，激素的分泌和体形的变化会加剧准妈妈心情的起伏，容易患孕期抑郁症。特别是孕早期的一些妊娠反应，让准妈妈的身心不是很愉快。旅行可以使准妈妈身心愉悦、转换心情，并将好心情传递给宝宝。

刺激胎宝宝五感发育

在大自然中听到的鸟鸣声、波涛声以及踩碎落叶的声音等可以刺激胎宝宝的听觉，这比听胎教音乐更动听，作用更直接。

帮助胎宝宝脑部发育

大自然的新鲜空气中富含负离子，可以促进胎宝宝脑部发育所需的神经递质的生成。

培养胎宝宝感知能力

腹中的宝宝虽然不能直接看到妈妈所看到的景色，但准妈妈会把旅行带来的美好感受全部传递给胎宝宝。因此，大自然的美景和妈妈的好心情可以提高宝宝的感知能力。

选择目的地

旅行最好避免人多嘈杂，而且目的地不能离市区太远，以防发生紧急情况时无法处理。一般而言，空气清新、宁静的地方最理想，如有绿色的草地、湖泊则是最佳的选择。准妈妈如感到心旷神怡的话，胎宝宝也会从中受益。

交通工具

考虑到乘车的舒适感和安全性，火车旅行是较好的选择。如果去较远的地方旅行，要避免长时间乘坐，经常活动活动，既可以促进血液循环，又能防止出现静脉曲张或静脉血栓。如果打算乘飞机去海外旅行，应该事先征求产科医生的意见，看身体状况是否适合远行。另外，在飞机上也要每2小时起身活动一下。

住宿条件

准妈妈应尽量选择舒适、干净的旅馆，以免晚上出现失眠困扰。另外，准妈妈白天走了比较多的路，晚上回到旅馆后可以将腿部用棉被略为垫高或用温热的水泡泡脚，可促进血液循环，消除腿部疲劳。

有关饮食

准妈妈外出旅游时，最好自行准备开水，不要喝太多的冷饮。此外，对于生食（如沙拉、生鱼片等）最好避免食用，更要特别注意食物的新鲜度，感觉有疑虑的食物最好不要食用，以免引起腹泻。

有关衣着

准妈妈旅游时，应穿着吸汗、透气、宽松的衣服，最好挑选比较利于活动的裤装。另外，即使天气炎热也别忘了随身携带一件薄长袖上衣，除了可以防晒之外，进入冷气室时也可以披一披，防止温差太大而造成不适。还有，要选择一双舒适好走的旅游鞋，最好不要穿新鞋出门旅游，以防新鞋不合脚，一时又买不到替换的鞋子。肚子较大的准妈妈可以准备托腹带，以减轻腹部的负担。

携带旅途健康包

1. 药品：口服的肠胃药、止泻药、外用的酒精棉片、止吐药、碘附、外伤药膏、创可贴、清凉油等口服药应在产科医生指导下购买。

2. 准妈妈的维生素片剂，每日服用。

3. 小罐奶粉，可以在没有鲜奶喝的时候备用。

4. 卫生用品：弹性袜、托腹带、护垫，以及可以清洁公用马桶盖的消毒喷剂等。

5. 国内旅游：要随身携带准妈妈产前检查手册、保健卡，平时做产前检查的医院和医生联络方式。

6. 国外旅游：有些航空公司要求准妈妈提供医师信件以证明无飞行的顾虑，或证明怀孕周数作为是否允许搭机的依据，所以需要事前先请医生写一份病历摘要，记载有关怀孕情形和产前检查的状况，也可以在必要时作为国外就诊时的参考。

抚摸胎教：抚摸腹部，表达温情

孕6月，胎宝宝踢脚、翻跟头、扭转身材的行动要明显、频繁很多，准妈妈也能明显感受到，这个时期是进行抚摸胎教的最佳机会。抚摸胎教不仅有利于促进胎宝宝智力发育、养成良好的性格，以及锻炼反应的迅捷性，还能够加深父母与胎宝宝之间情感联系。

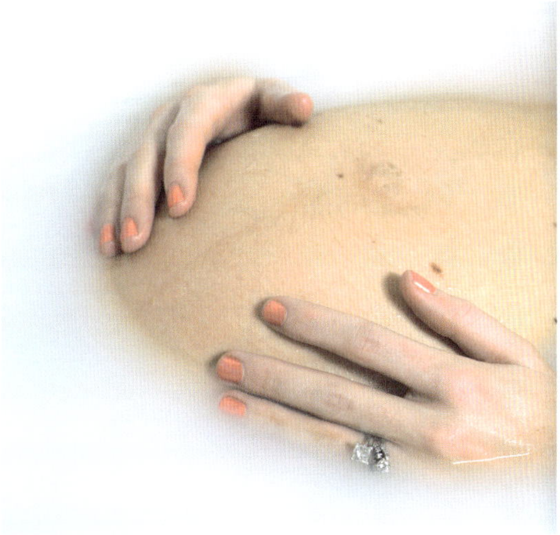

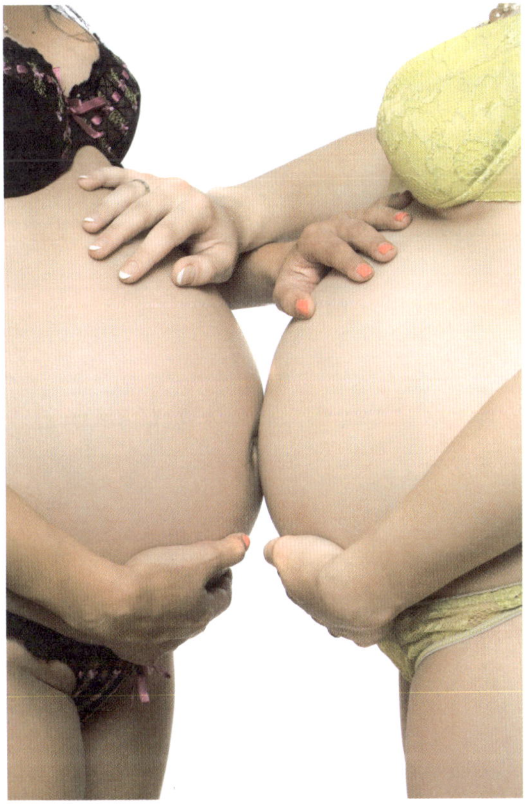

抚摸腹部胎教法是依据心理学上的推断研究。心理学家认为，皮肤也是一种心理器官，它也同样具有一种欲望或需要。皮肤的需要得到满足，则会产生愉快的、积极的情感。特别是对于儿童来说，更需要皮肤接触，如果不能满足儿童的这种需要，就容易引起儿童的皮肤饥饿感，从而影响他们的身心健康发展。根据这个道理，抚摸腹部就理所当然地成为了一种独特的胎教方法。

准备工作

进行抚摩腹部胎教时，室内环境要舒适，空气新鲜，温度适宜。准妈妈应将小便排空，并保持稳定、轻松、愉快、平和的心态，避免不良情绪。这些工作准备好后，准妈妈仰卧在床上，头不要垫得太高，全身放松，呼吸匀称，面部呈微笑状，双手轻放在腹部，也可将上半身垫高，采取半仰姿势。不论采取什么姿势，但一定要感到舒适。

操作方法

1. 准妈妈可先轻轻呼唤胎宝宝的名字，并将双手手指放在腹部。

2. 双手从上至下，从左至右，轻柔缓慢地抚摩胎宝宝，反复 10 次。

3. 用食指或中指轻轻抚压胎宝宝，然后放松。也可以在腹部松弛的情况下，用一个手指轻轻按一下胎宝宝再抬起，来帮助胎宝宝做体操。

时间和频率

起床后和睡觉前是进行抚摩胎教的好时机，应避免在饱食后进行。一般每天可进行 3 次，每次约 5 分钟。

观察胎宝宝的反应

有的胎宝宝在刚开始进行抚摩或按压时就会作出反应，随着孕周的增加，胎宝宝的反应会越来越明显，当胎宝宝习惯指压后，他会主动迎上来。轻轻地触摸并配以适度的指压可区别出胎宝宝圆而硬的头部、平坦的背部、圆而软的臀部以及不规则且经常移动的四肢。当轻拍胎宝宝背部时胎宝宝有时会翻身，手足转动，此时可以用手轻轻抚摩以示安抚。

温馨提示

1. 抚摩可由准妈妈进行，可由准爸爸进行，也可轮流进行。

2. 在进行抚摸胎教的时候，要记着一个原则，那就是要充满爱意，不要带有负面情绪，也不要用力拍打、按压肚子，以免造成腹部疼痛、子宫收缩，引发早产。

3. 对于有习惯性流产史、早产史、早期宫缩以及产前出血等情况的准妈妈，则不宜采用抚摸胎教或触摸胎教。

美学胎教：准妈妈的着装之美

美丽是每一位女性所追求的。准妈妈一身时尚得体的穿戴，不仅会给自己带来更多欢乐和自信，也是一种很好的胎教方式。这种胎教方法的特殊之处是，每位准妈妈都会有自己的见解和品位，这可以使胎宝宝在母体内受到感染而获得初步的审美能力。

衣物的选择：从上到下有讲究

孕6~9月，胎宝宝发育得最快，几乎一天一个样子，所以无论是内衣还是外套，一定要宽松，以不影响宝宝发育。

内衣裤

内衣、内裤的材质一定要选择纯棉的，贴身穿的透气性和吸湿性要好。松紧带最好能调节，以满足不断增大的腹围的需要。从孕4月开始，就可以考虑穿托腹内裤了，它能起到缓解腰部酸痛的作用。

文胸

选择文胸时，尽量去妇婴专卖店购买准妈妈专用的孕妇文胸，切记不可以穿带钢托的文胸。

背带裤

背带装特别适合准妈妈。它从视觉上修饰了日益臃肿的体形，腋部、腹部和胯部的设计尤为宽松。背带长度可自行调节，穿上后伸展自如。不管里面穿多少，既不显肥大也不会束缚，适合于春秋时节穿，即使到了冬天，也只需在外面加件大衣就可以。

袜子

妊娠中期，有些准妈妈开始出现腿肿脚肿的现象，如果在不冷不热的时节，不妨穿孕妇裙，同时配一双弹力长筒袜，因为弹力袜有消除疲劳、防止脚踝肿胀和静脉曲张的作用。

孕妇鞋

双脚水肿比较严重的准妈妈，要选择比自己脚稍大一点的鞋，但也不要过于宽松，以防走路时不跟脚。

防辐射服

准妈妈是电磁辐射的敏感人群，怀孕期间受到电磁辐射，会导致胎宝宝免疫功能低下，宝宝出生后体质弱，甚至畸形。尤其是电磁波对人体的热效应，容易使准妈妈流产。防辐射服会不同程度地减弱电磁波对人体的危害，但最有效的措施还是准妈妈尽可能少地接触有辐射的电器等辐射源。

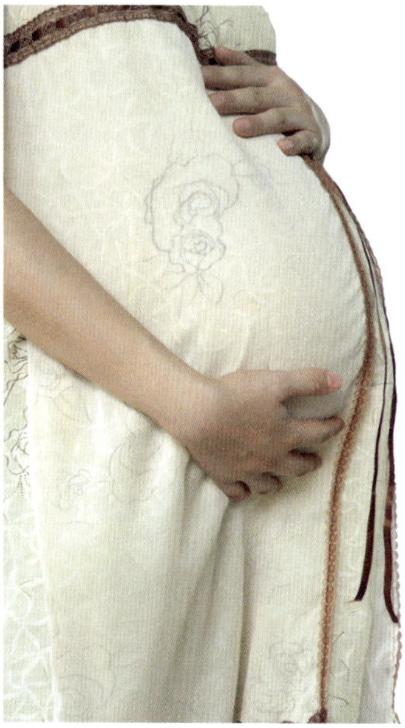

孕妇装质地：纯棉是首选

准妈妈尽量选择透气性强的天然材质，如纯棉、真丝，尤其在夏天，纯棉是首选，不仅透气，而且柔软、吸汗、耐洗。与此同时，应避免选用有化纤成分的布料。化纤布料在加工过程中使用化学药剂处理，直接与准妈妈皮肤接触，会因准妈妈皮肤敏感性的增高而引起皮肤发炎，对胎宝宝也不利。如果购买了化纤衣料的服装，需要清洗后再穿。

孕妇装款式：舒适为前提

孕期坚持工作的准妈妈在挑选孕服装时，不要过多强调职业气质。公司一般对准妈妈穿衣打扮的要求不会太苛刻。领口材质不易过厚，以V字领、圆领为宜，一般不选择翻领衫。上小下大的连衣裙装是孕妇装中的经典，它不但塑形美观，而且宽松的裙摆穿起来方便凉快。上下身分开的拼装款易于穿脱，可以减少准妈妈笨重的身体带来的不便。

尺码：宽松最适宜

随着孕周的增加，随之而变的不止是腹围，胸围、臀围、腿围都会发生变化。准妈妈买衣服、裤子的时候不要买正合适的，而是要以宽松为宜。过紧的衣服会压迫下腹部，减少胎盘血流量，对胎宝宝生长发育造成损害。

准妈妈漂亮着装有高招

现在许多女装设计师致力于设计时尚漂亮的服装，所以女性不必担心怀孕之后会与时尚脱节。至于衣服的颜色和图案，则可根据个人的不同爱好和需要而选择。一般来说，选择穿浅色图案的衣服，粉红、浅蓝、浅绿这些颜色能让准妈妈看起来健康、可爱又不失母性的风采。如果衣服上有些小碎花之类的图案，可以掩饰一些突出的腹部。以下是孕妇装购买和搭配的一些建议：

端庄大方的方格图案：所有准妈妈都可穿

方格，作为端庄大方的最经典图案，适合大部分准妈妈。

时髦活泼的圆点图案：适合时髦型的准妈妈

圆点，作为最时髦活泼的图案，体现出了一派圆融和谐的美感，但在挑选时应当注意的是，圆点不宜过大，而色彩也不应是具有膨胀感的浅色，否则不仅与身份格格不入，而且会增加体积感。

沉稳色系的斜条条纹：适合苗条型的准妈妈

斜条条纹，虽然彩条最当红，但在准妈妈衣衫上，条纹的运用依然以沉稳的色系为主，并且必定采用斜条形式减小膨胀感，毕竟大面积布料的彩条只会让你看上去像是节日招展的彩旗。

清新雅致的花卉图案：适合热情浪漫的准妈妈

花卉图案总是使人感觉清新与精神振奋。时下一些时髦的孕妇装同样点缀了花卉，只不过纹路更精致，以少而精为其精髓。

乐曲欣赏：《安睡吧胎宝宝》

音乐是情感的表达，是心灵的语言，它能使人张开幻想的翅膀，随着优美的旋律翱翔于天际。音乐可以唤起胎宝宝的灵感，打开智慧的天窗。

准妈妈不妨听听《安睡吧胎宝宝》这首曲子，它所表现的不是缠绵的情意，不是欢乐的氛围，也不是大自然纯净的声音，而是妈妈哄宝宝睡觉的声音，充满爱的声音。

“安睡吧胎宝宝，丁香红玫瑰，在轻轻爬上床，陪伴你入梦乡。愿上帝保佑你，一直睡到天明。愿上帝保佑你，一直睡到天明。”莫扎特的这首曲子旋律轻柔甜美，节奏和伴奏给人以一种摇篮晃动感觉，具有安静、温暖、亲切的特点。在准妈妈睡觉前放这首曲子给胎宝宝听非常适合，听完音乐之后，准妈妈还可以自己对腹中的胎宝宝说说话。比如，可以对胎宝宝说：“宝宝，睡觉吧，妈妈爱你！”还可以哄哄他。

Part 8

孕 7 月胎教

宝宝妈妈 SHOW

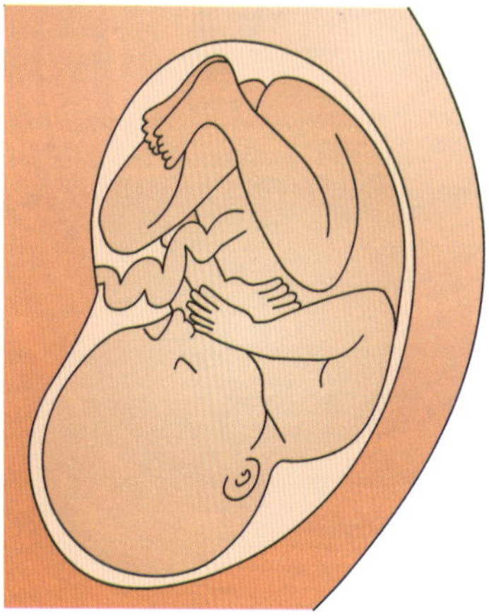

孕7月，胎宝宝越来越成熟。从外部看，胎宝宝的眉毛已经很明显了，头发变浓；五官基本发育完备，如鼻子越来越坚挺，眼睛可以睁开转动；皮下脂肪继续增多，皮肤仍为深红色；宝宝开始喜欢头朝下的姿势了。从内部看，胎宝宝大脑越来越发达，能控制自己的一些动作；感觉系统也更加发达，听觉、视觉、味觉都变得很敏感。所以这正是进行胎教的好时机。

这个时期，准妈妈的腰酸背疼、小腿抽筋、静脉曲张等症状变得越来越严重；有些准妈妈的肚子上开始出现妊娠纹，脸上开始出现妊娠斑，这让有些爱美的准妈妈心情变得抑郁；还有些准妈妈这时会觉得眼睛发干、眼花。准妈妈这时需要克服不良的情绪，准爸爸要理解和多体贴准妈妈，如为准妈妈按摩，和准妈妈一起数胎动，这样可以增进夫妻感情，让胎宝宝感受到父母间的爱，也有利于胎教。

营养胎教：注重两个方面

营养胎教是根据胎宝宝不同阶段的发育特点，合理进行食补食疗，并防止孕期特有的疾病，是一种科学的胎教方式。

7个月后，由于胎宝宝的运动量不断增大，因此需要更多地从母体摄取营养，所以，均衡营养，保证母体营养的供足，是非常有必要的。那么均衡营养就要使蛋白质、碳水化合物、脂肪、维生素等营养素搭配合理，不能偏食，要充分食用蔬菜、水果等食物，养成良好的饮食习惯。

营养胎教包含的两个方面

准妈妈摄取的营养直接影响着胎宝宝的生长发育。准妈妈在怀孕第7个月，需要调节身体的各项功能，因此要及时补充钙、钾、维生素D等，增加蛋、肉、鱼、奶等的摄入。但是建议准妈妈在摄取这些营养之外，也不妨多食用些富含叶酸的深绿色蔬菜，均衡摄取各种营养元素。

营养胎教要包含两个方面：一方面是根据孕期的特点与胎宝宝发育的进程，合理安排蛋白质、脂肪、碳水化合物、矿物质、维生素、水、纤维素等7大营养素的摄取，以保证母胎双方对营养的需求。另一方面，孕期好的营养状况影响到胎宝宝出生后的身体状况和喂养习惯。

由此可见，营养胎教不等于以往单纯的营养补给，局限于母胎双方吃好、长好就行了，而是涉及食物的选择与组合、进食模式与习惯的更新等方方面面，还要将优生的概念从胎宝宝期延伸到宝宝出生以后。所以优生学家将营养胎教列为孕期第一胎教。

营养胎教对胎宝宝的作用

1. 避免胎宝宝发生缺铁性贫血

准妈妈身体处于生理性贫血状态中，如果饮食中缺铁，更易发生缺铁性贫血。不仅影响胎宝宝的生长发育，也严重影响准妈妈的身体健康。

2. 避免胎宝宝低体重或长成巨大儿

准妈妈营养不足，会影响胎宝宝的生长，使低体重儿的发生率增加。反之，则会使巨大儿的发生率增加。

3. 避免胎宝宝骨骼和牙齿发育不良

胎宝宝的骨骼和牙齿的钙化，是在胚胎 2 个月时开始进行的，8 个月后增加迅速。决定人类牙齿整齐、坚固的关键时期是在胎儿期和婴儿期。

如何做好营养胎教

营养摄取合理对胎宝宝来说十分重要，需要准爸爸、准妈妈认真对待，及时了解这方面的知识,为以后胎宝宝的出生做好铺垫。

1. 培养良好的饮食习惯

准妈妈合理健康的饮食习惯，对胎宝宝脑部发育十分重要。胎宝宝出生后如果没有胃口、不喜欢吃奶、吐奶或出现偏食的现象，其实是与准妈妈在怀孕时的饮食状况有关。由此可见，准妈妈的不良饮食习惯对胎宝宝的影响是很大的，所以为了胎宝宝健康，应该培养自己良好的饮食习惯。

2. 养成健康的饮食规律

三餐定时：准妈妈进餐时应掌握好进餐的时间，这样有利于营养的吸收。理想合理的进餐时间应为早餐 7：00~8：00，午餐 12：00，晚餐 6：00~7：00。

三餐定量：三餐量都要合适，不能简单应付。要做到早餐丰富、午餐适中、晚餐适量。

三餐定点：也就是说准妈妈进餐时应选择在一个比较安静，不被外界干扰的地方就餐，即地点合适。

3. 注重烹饪方式的革新

日常的烹饪方式都要兼具，如煮、蒸、炒等，但少用煎炸等方法。还要注意不要使用高盐、高糖、油腻刺激性的辅料，以保证营养不会流失。

4. 以未加工的食物为主

因为没有加工的食物中营养成分不易丢失，有利于为胎宝宝提供全面的营养。提倡喝豆奶、吃豆制品，并多食用绿色蔬菜，养成吃新鲜蔬菜和水果的习惯。怀孕时尽量多吃原始食物，如五谷杂粮、绿色菜、新鲜水果，将这些健康的食物作为以后宝宝饮食的主要部分。

5. 注意食物中铁质的摄取

铁是生产血红蛋白的重要原料，铁的摄取是一定不可缺少的。到了妊娠中后期，准妈妈除了本身对铁的需求之外，还要供给日益成长的胎宝宝对铁的需求，否则会造成缺铁性贫血。因此，此时准妈妈应该多吃一些含铁丰富的食物，如奶类、蛋类、动物肝脏等，还需要多吃西红柿、绿色蔬菜或柑橘等含有铁质的蔬菜、水果等。

6. 食物种类丰富

准妈妈要平衡膳食，尽量从食物中摄取身体所需的各种营养素，这并不是说吃得多就可以了，而是食物的种类要多。营养师建议，每天吃15种不同的食物，营养才易充足。

孕中期，胎宝宝发育明显加快，营养需要量也越来越多。准妈妈应多喝水，多吃粗粮、蔬菜、水果等含粗纤维多的食物。

营养胎教需要注意的问题

1. 如果准妈妈体内热量过高或体力不足，加上胃肠功能也弱，所以可将营养价值高的食物做成易消化的状态食用，不要吃生冷和酸味的食物。最好采取少食多餐的方式，一天分 4~5 次进餐，可促进消化吸收。

2. 如果准妈妈食欲好，饭量大，此时应避免过量的饮食，并减少食用热量高的食物。

3. 最好不要吃有刺激性、有兴奋作用以及会破坏神经平衡的食物。

4. 饭后可先躺下来休息 10~30 分钟，然后对耳朵做指压，并让眼睛得到充分的休息。另外，不要让肚子太饿，也不要暴饮暴食。

5. 准妈妈应补充足够的维生素，前提条件是，只有均衡的饮食，才能保证维生素的摄入。

总之，营养均衡，品种多变有利于胎宝宝从准妈妈体内补充所需要的养分，准妈妈也应尽量从食物中获取这些养分，既可保证营养充足，又能影响宝宝的饮食习惯，是很好的胎教方法。

拿手烹调

下厨也可以成为胎教！下厨的时候最好是以准爸爸为主，准妈妈协助，共同完成，增加生活情趣。相信胎宝宝在腹中也能感觉到温馨的气氛。

田园蔬菜沙拉

温馨提示：

这道菜五颜六色，如置身田园一般，准妈妈光是看见这样的菜也会心情愉快。

原料：

甜玉米 1 根，黄瓜 1 根，小番茄适量（作点缀用），2 小匙橄榄油，少许柠檬汁。

做法：

玉米下锅中煮熟。

煮玉米的时候，我们来处理其他的原料，黄瓜切丁，小番茄对半切开，备用。

玉米煮熟后，取下玉米粒。

将玉米粒、黄瓜丁混合在一起，挤入适量柠檬汁（不必太多），再加入小番茄，淋入 2 小匙橄榄油，拌均匀即可。

小贴士：

蔬菜中含有的许多维生素、矿物质、微量元素以及相关的植物化学物质、酶等都是有效抗氧化剂，所以蔬菜不仅是低糖、低盐、低脂的健康食物，同时还能有效地减轻环境污染对准妈妈的损害，同时蔬菜还能对各种疾病起到预防作用。

音乐胎教：准妈妈轻轻哼唱

一般来讲，6个月以后，胎宝宝的听力几乎与成人接近，此时进行音乐胎教有利于刺激胎宝宝的听觉器官，传入神经，导入大脑，促进胎宝宝大脑的发育。

轻声哼唱的好处

音乐对胎宝宝具有特殊的营养作用，是十分可行的胎教方式。但是，科学家发现，再好的音乐也比不上准妈妈的歌声。这是因为准妈妈的歌声能让胎宝宝获得感觉与感情的双重满足，无论是来自录音机或是电视机的歌声，还是自己用乐器奏出的曲子，都没有准妈妈哼唱歌曲时，给胎宝宝机体带来的那种物理振动，是一种饱含母爱的亲情对胎宝宝感情的激发。准妈妈哼唱歌曲还可以使内心的爱得到传递，使胎宝宝感觉生活在充满爱的世界。

所以，专家鼓励准妈妈去哼唱歌曲，歌声不仅仅能平复心中的焦虑，而且对于胎宝宝来说也是很好的胎教，有助于胎宝宝体格的生长和智力的发育。在哼唱时想象胎宝宝正在凝神倾听，这也有助于胎宝宝记忆的形成。这是一种很简单的音乐胎教方法，只要你愿意，准妈妈任何时候都可以轻声哼唱。

从医学的角度讲，这主要是因为内脏平滑肌不能靠锻炼身体来改善，它不像人体的其他肌肉，而唯有声音才能到达这些肌肉。准妈妈唱歌发出的声音会引起声带振动，而振动可以增强心、肝、肺等器官的功能。其中，对肺功能的锻炼特别强：声带的振动使肺部得到扩张，进而肺活量增加，血液氧含量提高，从而为胎宝宝未来的身体发育奠定良好的基础。

音响不能替代哼唱

唱歌可以优化人的心境，保持愉悦情绪，还能给胎宝宝提供一个优越的发育环境。

音响的声音很难调节至适合胎宝宝的音量，所以很难掌控；把耳机放在腹部时间过长，也会对胎宝宝产生影响，可能此时的音乐成为了一种难以忍受的噪声，使胎宝宝变得烦躁不安、神经过敏等，情况严重的甚至会使胎宝宝的听力受损。

因此，要选择一些优美、轻缓、舒服的曲子，哼唱给宝宝听，这样会使胎宝宝充满安宁和幸福的感觉。准妈妈轻声哼唱是音乐胎教中最佳的胎教方式，不会出现音响存在的问题。

运动胎教：练习腹式呼吸法

怀孕后期，子宫内的空间对胎宝宝而言略显狭窄，这个时候准妈妈可以采取腹式呼吸法，供给胎宝宝充足的氧气。腹式呼吸法会分泌微量的激素，使准妈妈感到心情愉快，准妈妈这种愉快心情也会影响胎宝宝，使胎宝宝感觉非常舒服。

什么是腹式呼吸法

腹式呼吸法就是背部挺直紧贴椅背，膝盖立起，全身放松，双手轻放在腹上，然后用鼻子吸气，直到腹部鼓起为止；吐气时稍微将嘴撅起，慢慢地将体内空气全部吐出。循环往复，保持每一次呼吸的节奏一致，细心体会腹部的一起一落。经过一段时间的练习之后，就可以将手拿开，只是用意识关注呼吸过程即可。当准妈妈感觉疲倦时，可以坐在椅子上，挺直脊背做深呼吸，这样就可以恢复平静。

准妈妈在做腹式呼吸的过程中不要紧张，也不要刻意勉强，如果是初学者就更应该注意练习的过程和对身体的影响。腹式呼吸的关键是：无论是吸还是呼都要尽量达到“极限”量，即吸到不能再吸，呼到不能再呼的程度。

最后要注意，吐气时要比呼气时更为缓慢，而且要用力，且需要经常练习，每天做3次以上，以早、中、晚来区分。

运动胎教的好处

1. 帮助安产：怀孕期的运动，不仅帮助安产，也能有效转变准妈妈的心情。

2. 活动胎宝宝大脑：运动能帮助母体充分摄取氧气，胎宝宝即可通过脐带摄取充足养气，有利于脑部发育。

3. 刺激胎宝宝皮肤感觉：胎宝宝吸吮手指，代表胎宝宝对皮肤已经有了感觉，而这种皮肤的感觉是五官之中最先发达的，因此适度的舒缓运动，可以让子宫有规律的收缩，刺激胎宝宝皮肤感觉发达，进而帮助脑部的发育。

4. 以盘腿打坐来减轻身体的压力，得到身心的舒缓与放松。

语言胎教：胎宝宝爱听童谣

优美的语言不但可以促进胎宝宝的大脑发育，还可以使准妈妈陶冶自身情操，调节情绪，进入一个宁静的精神状态。准妈妈可以用胎教仪的话筒与胎宝宝对话，准爸爸也可用话筒直接紧贴准妈妈的腹壁和胎宝宝讲话。下面这些童谣素材可供准妈妈挑选：

1. 做早操

早上空气真叫好，我们都来做早操。伸伸臂，弯弯腰，踢踢腿，蹦蹦跳，天天锻炼身体好。

2. 饭前要洗手

小脸盆，水清清，小朋友们笑盈盈，小手儿，伸出来，洗一洗，白又净，吃饭前，先洗手，讲卫生，不得病。

3. 小手绢

小手绢，四方方，天天带在我身上。又擦鼻涕又擦汗，干干净净真好看。

总之，胎宝宝要不断接受这些语言的信息，使其在空白的大脑上增加“音符”。胎宝宝爱听的童谣像花朵一样美丽，它不但可以刺激胎宝宝的大脑和生长发育，而且可使准妈妈进行自身调节，进入愉快和宁静的状态。所以，父母与胎宝宝对话时，所讲的童谣，既增加了生动的形象，又得到了美好的享受。

怡情故事：《小蝌蚪找妈妈》

导读：《小蝌蚪找妈妈》讲述的是春天来了，冰雪融化了，小动物们都睡醒了。青蛙也睡醒了，在水草上生下了很多黑黑的、圆圆的卵，变成了小蝌蚪，于是小蝌蚪就开始找它们的妈妈。故事过程清楚地描述了青蛙成长的过程以及青蛙的特点。最终小蝌蚪们通过努力，终于找到了妈妈。故事讲完了，准妈妈可以对腹中的胎宝宝说："宝宝呀，你不用到处找妈妈，我就是你妈妈，妈妈正等着你的到来呢！"

暖和的春天来了，池塘里的冰融化了。青蛙妈妈睡了一个冬天，也醒来了。她从泥洞里爬出来，扑通一声跳进池塘里，在水草上生下了很多黑黑的、圆圆的卵。春风吹着，太阳照着，池塘里的水越来越暖和了。青蛙妈妈下的卵慢慢地活动起来，变成一群大脑袋长尾巴的小蝌蚪，他们在水里游来游去，非常快乐。

有一天，鸭妈妈带着她的宝宝到池塘中来玩耍。小蝌蚪看见小鸭子跟着妈妈，在水里划来划去，就想起自己的妈妈来了。小蝌蚪你问我，我问你，可是谁也不知道妈妈在哪儿。

"妈妈在哪里呢？"

他们一起游到鸭妈妈身边，问鸭妈妈："鸭妈妈，您看见过我们的妈妈吗？请您告诉我们，妈妈是什么样的呀？"

鸭妈妈回答说："看见过，你们的妈妈头顶上有两只大眼睛，嘴巴又阔又大。你们自己去找吧。"

"谢谢您，鸭妈妈！"小蝌蚪们高高兴兴地向前游去。

一条大鱼游过来了，小蝌蚪看见她头顶上有两只大眼睛，嘴巴又阔又大，他们想一定是妈妈来了，追上去喊妈妈："妈妈！妈妈！"

大鱼笑着说："我不是你们的妈妈，我是小鱼的妈妈。你们的妈妈有四条腿，到前面去找吧。"

"谢谢您啦！鱼阿姨！"小蝌蚪们再向前游去。

一只大乌龟游过来了，小蝌蚪看见大乌龟有四条腿，心里想：这回真的是妈妈来了，就追上去喊："妈妈！妈妈！"

大乌龟笑着说："我不是你们的妈妈，我是小乌龟的妈妈。你们的妈妈肚皮是白的，到前面去找吧。"

"谢谢您啦！乌龟阿姨！"小蝌蚪们再向前游去。

一只大白鹅吭吭地叫着，游了过来。小蝌蚪看见大白鹅的白肚皮，高兴地想：这回可真的找到妈妈了。追了上去，连声大喊："妈妈！妈妈！"

大白鹅笑着说："小蝌蚪，你们认错了。我不是你们的妈妈，我是小鹅的妈妈。你们的妈妈穿着绿衣服，唱起歌来咯咯咯的，你们到前面去找吧。"

"谢谢您啦！鹅妈妈！"小蝌蚪再向前游去。

小蝌蚪游呀、游呀，游到池塘边，看见一只青蛙坐在圆荷叶上咯咯咯地唱歌，他们赶快游过去，小声地问："请问您看见我们的妈妈了吗？她头顶上有两只大眼睛，嘴巴又阔又大，有四条腿，白白的肚皮，穿着绿衣服，唱起歌来咯咯咯的。"

青蛙笑了起来，她说："唉！傻宝宝，我就是你们的妈妈呀！"

小蝌蚪们听了，一起摇摇尾巴说："奇怪！奇怪！我们的样子为什么跟您不一样呢？"

青蛙妈妈笑着说："你们还小呢，过几天你们会长出两条后腿来，再过几天，你们又会长出两条前腿来，四条腿长齐了，脱掉了黑衣服，就跟妈妈一样了，就可以跟妈妈跳到岸上去了。"小蝌蚪听了，高兴地在水里翻起跟头来："啊！我们找到妈妈了！我们找到妈妈了！"

青蛙妈妈扑通一声跳进水里，和她的宝宝们一块儿玩去了。

光照胎教：固定时间“唤醒”宝宝

光照胎教法是用柔和的光源对胎宝宝进行刺激，训练胎宝宝视觉功能，帮助胎宝宝形成昼夜周期节律。它是运用在胎宝宝视觉发育的特殊时期，利用光源的刺激，进而促进胎宝宝视觉器官发育和大脑发育的一种胎教方法。

光照胎教开始的时间

在胎宝宝的感觉功能中，比起听觉和触觉，视觉功能的发育相对迟缓，在准妈妈怀孕 27 周时，胎宝宝的视网膜才具有感光功能，30 周以前，胎宝宝还不能凝视光源，直到孕 36 周，胎宝宝对光照刺激才能产生应答反应。光照胎教可以在准妈妈怀孕 6 个月以后开始。

但是记住不要在胎宝宝睡觉时进行光照胎教，否则会影响胎宝宝的睡眠。因此，光照胎教还是要配合胎宝宝的作息时间，仍然要在胎动明显时，也就是在胎宝宝醒着的时候做光照胎教。

准妈妈经过这么长时间和胎宝宝的相处，相信对胎宝宝的作息规律已经比较了解了。当然也有作息不太规律的胎宝宝，这就需要准妈妈细心体察胎宝宝的情况了。

光照胎教的作用

光照胎教能促进胎宝宝视觉功能的建立和发育，光能够通过视神经刺激大脑视觉中枢。实验证明，适当的光照对胎宝宝的视网膜以及视神经系统非常有益。

光照胎教也可以调整胎宝宝的作息时间，这样可以使胎宝宝在出生后仍然保持良好的作息，每一天都充满精神。但是要特别注意的是，要避免用强光照射腹部，且时间不宜过长。

光照胎教能促进胎宝宝视觉细胞的生长，使视神经产生神经冲动，这种冲动通过视神经通路传入大脑中，能够刺激大脑神经细胞产生更多的突触，建立更复杂的神经网络，有效阻止神经细胞凋亡，使宝宝出生后有更聪明的大脑。

光照胎教的方法

此时胎宝宝对光开始有反应，施行光照胎教有利于胎宝宝的视觉健康发育。但光照胎教切忌强光照射，同时照射时间也不能过长。在光照胎教的过程中，准爸爸和准妈妈可以多和胎宝宝说说话、聊聊天，用温和的语气和态度让胎宝宝感受到父母的关爱。

这个阶段的胎宝宝，如果准妈妈用强光照射腹部，胎宝宝会因光线的刺激而将脸转到一旁或闭上眼睑，以免受到照射；若改为弱光，胎宝宝也会有眨眼的动作，并且能感觉到光源的位置。

利用晴朗天气外出散步时，也可以让胎宝宝感受到光线强弱的对比。因为，适合的自然条件也是准妈妈胎教的好时机。因此，准妈妈应该让胎宝宝享受这种透过母亲腹壁的阳光。

晴朗的日子里，准妈妈到公园或者郊外散步，晒晒太阳，呼吸呼吸新鲜空气，散步时将手放到腹壁上，亲切地对胎宝宝说说话。适量的阳光和母亲温柔的声音，对胎宝宝来说是一种良性刺激。

光照胎教和其他胎教方式一样，都是准妈妈亲自参与的一个过程，这个过程需要自身磨练性情和提高修养。所以，准妈妈进行光照胎教时，一定要坚持下去，有规律地去做，使胎宝宝领会其中的含义，这和父母积极地参与胎教并和胎宝宝和互动是分不开的。

艺术胎教：促进胎宝宝大脑发育

艺术胎教是指准妈妈通过一些艺术类练习，如书法、绘画、手工制作、看书等，向胎宝宝传递美的胎教方法。它不仅会提高准妈妈自身的文化素养，还为胎宝宝提供更为安宁与舒服的生活环境。

为宝宝种下“艺术细胞”

准妈妈在孕期经常情绪不佳、过度紧张、容易发怒，并伴随恐惧、痛苦、忧虑，会对胎宝宝产生不良影响，出生的宝宝可能会好动、情绪不稳定、好哭闹、消化功能紊乱等。

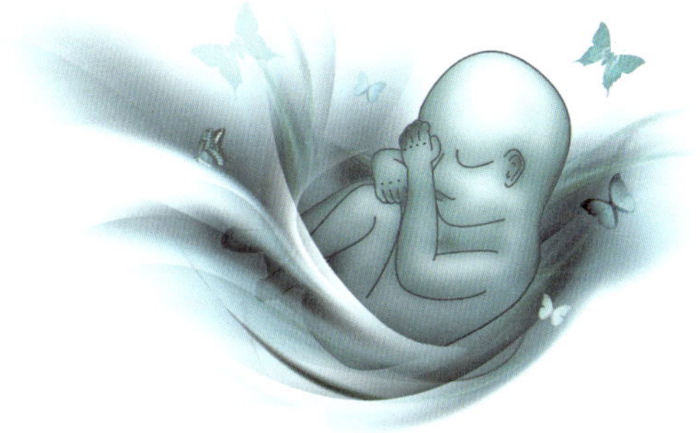

所以，为了准妈妈和胎宝宝的健康，就要进行艺术胎教，比如亲手做一些手工制作，既可以稳定准妈妈的情绪，使自己达到心平气和，也可以使胎宝宝身心得到放松，而且可以培养胎宝宝的艺术感染力，为宝宝的出生做好艺术的铺垫。

准妈妈要想办法使自己心情愉悦、心平气和，这时，还可以绣一绣十字绣，学学剪纸，制作制作小衣服等，这些都是很不错的艺术胎教的方法。

推荐几款简单的手工

在孕期学习一门新的手工也是对胎宝宝很好的胎教。因为准妈妈认真学习、积极动脑会对胎宝宝的智力发育产生良好的影响。因此，要从自己做起。

编织：要先学会设计图案，之后可以用钩针编织一些婴儿用品，如毛衣、毛裤等。其中，绣花、十字绣和贴画等都是很好的编织艺术品，也都很简单易学。

绘画：可以画一些小动物、小玩具之类的，还可以临摹一些艺术品，千万不要在意自己是否画得好，只要尽兴就可以。最重要的是体会其中的乐趣，即使不会画画，你在涂涂抹抹之中也会自得其乐。

剪纸：初期可以剪个简单的，比如“喜”字。后期学得熟练了，可以剪裁一些复杂的，比如小动物之类的。不要怕麻烦，剪不好也没关系，关键在于你身在艺术胎教之中，并把你这种享受的讯息传递给胎宝宝。

通过这些简单的手工来陶冶自己的情操，同时也能开发胎宝宝的智力，这样一举两得的事情，准妈妈一定要去试一试。

艺术胎教的好处

艺术可以提高人的素质和境界。在满足了基本的生活需求之后，懂得欣赏艺术或进行艺术创作可陶冶情操，使人产生幸福感。因此，准妈妈在艺术胎教中能找到美的感觉，产生美的感受，同时还能释放自己的心情，是促进胎宝宝大脑发育的很好的胎教方式。

心理学家认为，画画、剪纸不仅能提高人的审美能力，产生美的感受，还能通过笔触和线条，释放内心情感，调节心绪平衡。

准妈妈可以在艺术胎教中感悟美的存在。

绘画之美

准妈妈通过欣赏绘画作品中品味出圆润的线条、色彩的搭配、整体意境的营造，从一种静态的、定格的美丽画面中感受艺术的气息，感受到艺术家们所表现出来的美好世界，并把这种美好的东西传达给胎宝宝，以此来感受世界的美。

剪纸之美

剪纸是一种很好的艺术胎教，同时也是一种行为胎教。剪纸是向胎宝宝传递爱的行为胎教。曾有专家通过对多名准妈妈的行为进行研究发现，那些勤于动手、动脑的准妈妈所生的宝宝明显更优秀。

音乐之美

舒缓而优美的音乐能使准妈妈心旷神怡，从而使其情绪达到最佳状态；同时也可以给胎宝宝创造一个平静的环境，使躁动不安的胎宝宝们安静下来，使他们朦胧地意识到世界的和谐与美好。

总之，这些艺术胎教的形式都能以不同的特点和不同的形式给予准妈妈和胎宝宝美的享受、美的陶冶。为胎宝宝的未来发展打下了良好的基础。

生活胎教：缓解腰部酸胀

腰部的问题对准妈妈来说很重要，因为它占据着人体的主要部分，保持着人体正常的生理曲度，一旦腰部发生疾病，就会影响我们正常的生活和工作。准妈妈易发生腰部酸胀的问题，因此，要正确对待，以免造成严重后果。

准妈妈腰部酸胀的原因

对于女性从腰到骶部承载着身体的许多重要器官，如子宫、卵巢、输卵管、膀胱等，因此当这些器官出现问题时都会引起腰部的不适，尤其是准妈妈。

有的准妈妈长期伏案工作，因坐姿不恰当，腰部肌腱、韧带伸展能力变得较弱，抑制了腰肌的正常代谢，就会引起“腰肌劳损”。还有的准妈妈在怀孕前和怀孕之后，受风、湿、寒的侵袭，使腰部受损，就可能发展为腰椎间盘脱出，出现较重的腰痛，甚至影响脊椎的屈伸和转动。

有的准妈妈受到妇科炎症的影响，也会导致腰部酸胀坠痛。准妈妈怀孕期间，随着胎宝宝逐渐长大，子宫的重量就会随着胎龄的增长而增加，致使身体重心前移，为了保持身体平衡，腰部就要受到更大的力，时间一长，就会引起腰痛。

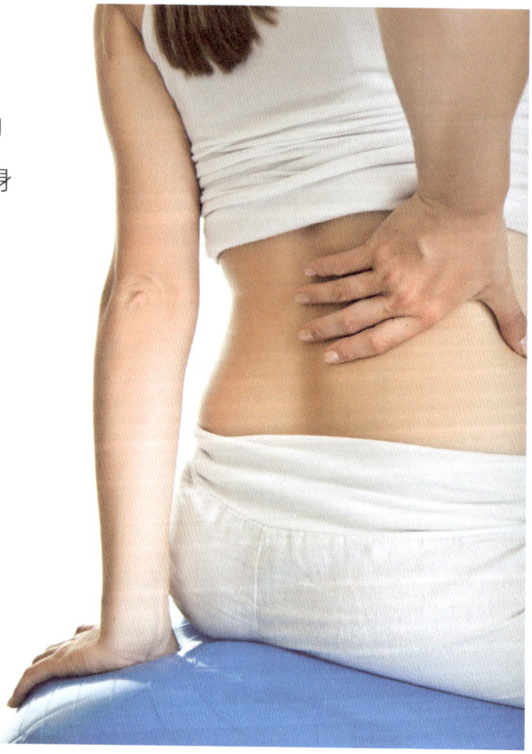

另外，怀孕期间，胎宝宝发育需要充足的营养物质，如果食物中的摄入量不足，也可造成准妈妈因缺钙而导致骨质软化，引起腰痛。

因此，引起腰疼的原因有很多，准妈妈一定要注意不要劳累，多休息，不要因为腰的问题而影响到自己和胎宝宝。

缓解腰部酸胀的方法

散步

散步最适于此时的准妈妈，但一定要量力而行。散步应选择在平坦的地方，以免道路不平导致跌倒。

> **温馨提示**
>
> 要注意散步用鞋子的选择，应穿软底鞋或运动鞋。

游泳

游泳可以使全身放松，减轻腰部的压力。但是一定要注意自我保护，以免发生意外。

> **温馨提示**
>
> 切忌乱坐、衣服乱放，以免被污染。

按摩腰部

1. 把两手对搓发热，重叠放于腰椎正中，由上而下推搓，使局部产生热感，这样可以减轻腰部的不适。

2. 两手握拳，从腰部向四周滚动、按摩，自下而上，自上而下，反复多次进行。

> **温馨提示**
>
> 这些方法可以准爸爸帮忙，但记住不能用力过大，以舒适为准。

控制体重

准妈妈在怀孕中期会因胃口大开，营养过剩，导致体重增长，这样就给腰部增加了很重的负担，因此准妈妈要注意合理饮食，少吃甜食，使孕期体重控制在合理范畴，利于腰部的健康。

> **温馨提示**
>
> 不要因减肥而去节食。

补充钙剂

准妈妈要适当补充钙剂，因为孕期胎宝宝不断长大，需要大量钙剂，以供胎宝宝使用。如果孕期不补充钙质，整个孕期结束准妈妈就会缺钙，出现牙齿松动、腰腿疼痛等症状。还要注意经常晒太阳和运动，以促进钙质的吸收。

> **温馨提示**
>
> 不必担心钙补充得过多，因为人类自身有调节机制，如补充过多，会随着汗液和尿液排出体外。

饮食调理

平时注意多吃富含钙质的食物，如大豆、芝麻、菌类、虾皮等。及时补充各种营养元素，合理搭配饮食。

温馨提示

营养均衡，膳食合理，准妈妈才会身体健康。

如何预防腰部酸胀

1. 平时不要做增加腰部负担的动作，如提取重物等。另外，到孕中期和孕晚期时，不能干粗重的活，以免伤及自己或胎宝宝。

2. 睡觉时，最好不要长时间一个姿势，以免腰肌紧张，加重腰肌劳损。准妈妈平日也应该应保持良好的姿势，以减轻背部压力。

3. 尽量不要睡软床，休息时也不要躺在软的沙发上。

4. 每次散步或走路的时间不宜过长，避免长时间站立，要多休息，让自己身体放松、减少疲劳。

5. 怀孕期间，胎宝宝发育需要吸收各种营养素，特别是钙、维生素和铁等，所以准妈妈必须注意饮食，合理摄取营养。

6. 不要参与紧张、刺激或太奔波的旅行活动，过于疲劳容易引起腰痛。

7. 准妈妈为缓解腰痛而使用止痛药或药膏前，一定要听取医生的意见，以免对胎宝宝有不良影响。

Part 9

孕8月胎教

宝宝妈妈 SHOW

孕 8 月，胎宝宝发育得更完善了，这也意味着距胎宝宝降临的时间越来越近了。从外部看，随着胎宝宝的增长，胎宝宝的“好动”次数正在由频繁慢慢地变少；皮下脂肪增多，皮肤开始呈红色，皱纹还是很多。从内部看，胎宝宝的重要器官，如大脑、肾脏、胃等器官已发育完成，但是功能还较差；听觉系统在这个阶段基本发育完成；神经系统也发育完成，胎宝宝会有自己的情绪了。

这个时期，准妈妈的上腹部也开始变大，体重迅速增加，腰腿疼痛更加明显，行动愈发不灵活，呼吸有些力不从心。这时大部分准妈妈的肚子和乳房上开始出现一些暗红色的妊娠纹，甚至脸上也开始出现妊娠斑；子宫的压迫加强，排尿次数还会增多；受孕激素的影响，准妈妈的骨盆、关节、韧带会出现松弛，耻骨联合可呈轻度分离，若过分松弛可引起关节疼痛；准妈妈这时会出现敏感性宫缩，最好每两周去医院进行一下检查。这段时期准爸爸和准妈妈要加强与胎宝宝的交流，可以给宝宝讲故事或者唱歌，同时也要保证胎宝宝足够的睡眠。

营养胎教：在外就餐要注意

准妈妈一定要科学地从食物中摄取各种养料，保证胎宝宝基本的生命物质。准妈妈不仅要学会搭配食物，而且也要懂得外出就餐时应该了解哪些知识。

在外就餐时的食物选择

食物的选择对于准妈妈来说十分重要，即使你不在家里吃饭，也要注重自己对食物的选择。

选择清淡的食物

准妈妈最好避免吃辛辣、调味重的食物，多吃清炒或者水煮的食物。外出就餐应该少吃太咸的食物，以防止引起高血压。在点菜的时候，要注意除了肉类食物外，应该点一些豆腐、蔬菜和水果色拉作为配餐，保证营养均衡。

外出旅行就餐时，也可带些苹果和坚果。因为这类食物容易携带，而且也可以改善准妈妈的胃口。避免食用没有清洗过的水果和蔬菜。

多吃些深海鱼

避免吃生的鱼和海鲜，如生鱼片或牡蛎，应该选择烹调过的鱼和虾。

在餐馆吃饭，有些快餐食物的能量和脂肪含量很高，但膳食纤维含量较低，某些矿物质含量也很低，长期食用会给自己和胎宝宝带来不利影响。因此，可选择有蔬菜的快餐品种以补充维生素和矿物质的需求，并限制快餐食用的频率。准妈妈可以食用一些深海鱼做成的菜，如金枪鱼、沙丁鱼等，这些深海鱼能够提供胎宝宝大脑发育所必需的营养。

少吃冷荤菜肴

凉拌菜色彩鲜艳、口味清香，尤其是一些肉类凉菜，很多准妈妈都抵挡不住诱惑而去食用，过多食用冷荤菜肴影响自身健康，也影响胎宝宝的发育。

用牛奶代替碳酸饮料

常喝碳酸饮料，会影响胎宝宝骨骼和牙质。而碳酸饮料中某些酸性物质会影响胎宝宝的牙质，如长期饮用也会影响胎宝宝对母体钙的吸收，影响骨骼发育。因此，在外就餐的准妈妈需要牛奶这一饮用佳品来代替碳酸饮料。

总之，在外就餐的准妈妈应该注意营养摄取的均衡，也要选择好消化、易吸收的食物，给胎宝宝准备一个科学合理的营养胎教策略。

就餐地点的选择

外面就餐不仅要选择好食物，也要选择好就餐地点，以免影响心情，使自己没胃口。

选择在外用餐最好不要去的地方：

1. 当地媒体曝光的不符合食物卫生的地方，包括一些街边小吃。

2. 周围环境和室内环境不干净的地方，包括厕所、厨房等。

3. 用餐桌椅、餐具不干净的地方。

4. 服务员的素质低，包括着装不干净的地方。

5. 食物处理不干净的地方，包括生食和熟食放在一起，摆放的食物没有遮盖的地方。

6. 食物明显过期、变质的地方，包括食物中有头发、虫子等。

7. 吸烟的人比较多的地方。

其实，还有很多地方不适合准妈妈去就餐，在这期间准妈妈要特别注意，为了自己，也是为了腹中的胎宝宝。

在外就餐应注意的事项

节制饮食

准妈妈的健康饮食要定时定量，拒绝外食，不要因为出门在外，而随便吃东西。饭店多采用高油、高盐、高糖等烹调方法，食物所含胆固醇和能量相当高。所以，孕期的准妈妈最好给自己单独准备一些清淡而营养丰富的食物。

建议准妈妈最好能自己动手，这样既能控制调味品的用量，又能在劳动中锻炼一下身体。还要多食用蔬菜水果，不要吃太多的主食或甜食，否则会使自己体重增加过多而影响胎宝宝的增长。

平衡膳食

在外就餐时应多方位的考虑胎宝宝所需的营养，所以要荤素搭配。一方面可以保证均衡的饮食营养；另一方面，避免消化系统发生紊乱。

规律饮食

规律的饮食是指不要错过用餐时间，按时补充能量。在这里提醒一下外出旅行的准妈妈，由于旅行容易消耗能量，所以即使是在拥挤的火车上，准妈妈也不要忘记进食。

注意休息

准妈妈在外面要更加注意休息。如果睡眠不足，食欲就会下降，抵抗力也随之下降，会增加准妈妈和胎宝宝感染疾病的机会。

避免嘈杂

噪声对准妈妈的影响危害更大。准妈妈会因受噪声的影响，使自己神经紧张，还会使胎宝宝心率增快，胎动增加。因此，要尽量避免在嘈杂的环境就餐。

注意到这些，相信准妈妈在外就餐一定会很安全。

语言胎教：交流时间不宜过长

准妈妈在进行语言胎教时，要特别注意自己说话的音调、语气和用词，以便给胎宝宝留下一个良好的印象，还要记住此时交流时间不要太长。

语言胎教交流的时间

语言胎教也是要求在胎宝宝醒着的时候进行，最好和抚摩胎教同时进行，可以边抚摩边对宝宝说话。早上醒来，或者午睡醒来，以及晚上临睡前都可以进行语言胎教。

语言胎教一般控制在5~10分钟。准妈妈及准爸爸要养成富有感情、充满爱意地跟胎宝宝对话的好习惯，为后天的学习打下基础。父母经常与胎宝宝对话，能促进其出生以后在语言及智力方面的良好发育。

语言胎教时准妈妈不要讲太复杂的句子，最好每次都以相同的词句开头和结尾，以加深胎宝宝的记忆，这样循序渐进，不断强化，效果会很好。

语言胎教的注意事项

1. 对话时，内容可以根据日常生活内容随意定。因此，语言胎教时间也可不固定，可在白天，准妈妈进行任何活动时都可根据活动内容可现编现进行语言胎教。

2. 准妈妈可配合抚摸胎教，在午睡或晚上睡觉前进行语言胎教。躺下后，温柔地抚摸胎宝宝，对胎宝宝说些充满爱意的话语。

3. 给胎宝宝起个昵称经常呼唤他，也是一个好方法。然后经常性地重复对胎宝宝讲，以加深胎宝宝对有些话的印象，促进他的记忆力和理解力。

4. 要把胎宝宝当成一个有生命活力的、有选择能力的宝宝来对待，所以实行语言胎教的内容和方法都要活泼生动、简明易懂，适合胎宝宝用感觉器官来感知一切，即能刺激胎宝宝情感、能引起胎宝宝兴奋。

5. 进行语言胎教准爸爸的参与也很重要。参与做语言、音乐等胎教活动的准爸爸，胎宝宝出生后对准爸爸的声音有辨别力，感情上也有较明显的亲近表现。

交流时间为什么不宜过长

准妈妈或家人用文明、礼貌、富有感情的语言，有目的地对胎宝宝进行胎教，给胎宝宝的大脑新皮质输入最初的语言印记，为后天的学习打下基础，称为语言胎教。因此，有目的的同时，时间的把握也要准确。

虽然胎宝宝的听觉功能已完全建立，但还不能像成人那样接受长时间的语言刺激，所以语言胎教要有所节制，否则会影响胎宝宝的听力。而交流时间短，并循环往复，就可以避免胎宝宝听力受损，并可以很好地锻炼胎宝宝的听觉能力。经常和胎宝宝短时间地说话、聊天或唱歌可以把父母的爱传递给胎宝宝，对胎宝宝的情感发育有很大益处。

常跟胎宝宝说话，不是指长时间，而是指经常跟胎宝宝交流，这是一种很好的胎教方式，因为这种方式不仅可以增强准妈妈和胎宝宝之间的交流，也能够让准妈妈更加关注腹中的宝宝。

运动胎教：在风景优美的地方散步

运动胎教的方式有很多，前面已经多次提到散步是适合孕期全过程的一项运动，而且适合于所有准妈妈，所以此期的准妈妈还应该进行散步，在散步的同时还可以和胎宝宝说话，对胎宝宝进行语言胎教。

户外散步的好处

散步是准妈妈最适宜的运动胎教项目，因为它不受条件限制，可以自由进行。散步时，一定要选择风景优美的地方，这样可以边呼吸新鲜空气，边欣赏大自然美景，真可谓一种美的享受。

散步可以提高准妈妈的心肺和神经系统的功能，促进新陈代谢，使各部分机能得到一定的锻炼。而且散步过后，会产生轻微适度的疲倦，这种疲倦不会使准妈妈感到劳累，反而能稳定情绪，有助于增进食欲和睡眠，还可以变换心情，消除烦躁和郁闷，使胎宝宝身心更加健康。

对准妈妈来说，散步也是锻炼心脏血管的最佳方式之一。准妈妈在孕 9 月时，也可以一直坚持散步，不会有任何问题，同时如果准妈妈孕前没有散步的习惯，现在开始也极为简单，对自己、对胎宝宝都是很有帮助的。

另外，在散步中，准妈妈肺活量会相应增加，呼吸也会变得沉稳。鉴于准妈妈的这种生理特点，散步也是增强准妈妈和胎宝宝健康的有效方法。

户外散步注意事项

1. 准妈妈在散步时首先要选好散步的地点。不要选择人流多、环境嘈杂，不利于胎宝宝健康的地方。花草茂盛、绿树成荫的公园应为最理想的场所。这些地方空气清新、风景优美、氧气浓度高，尘土和噪声少，而且有适合准妈妈休息的地方。想想准妈妈置身于这样宜人的环境中散步，身心怎么会不愉悦呢。

2. 准妈妈还可以在自家周围选择一些清洁僻静的街道或小区作为散步地点。因为有些小区里面的绿化环境也十分不错，很适合散步。而且有的街道也绿荫葱葱，阳光点点，很适合准爸爸领着妻子散步聊天。

3. 散步应选择风和日丽的天气，雾、雨、风及天气骤变不宜外出，以免发生感冒。在道路平坦、环境优美、空气清新的地方散步，由丈夫及家人陪同或自己缓慢而行。观看大自然景色，聊天、谈心，对准妈妈无疑是一种美的精神享受。准妈妈心情愉快，头脑清新，有利于清除疲劳，并利于胎宝宝的健康成长。

4. 散步的时间也很重要，最好选在清晨，晚上由于灯光不适合，而且空气也不好，所以尽量不要在晚上，如晚上散步准爸爸一定要陪同。散步时，夫妻间的交流，可以培养夫妻对胎宝宝的感情。最后记得散步时，要穿宽松舒适的衣服和鞋哦！

舒心运动：瑜伽束角式

坐姿，两脚脚心合拢，双手十指交叉抱住脚趾，挺直上半身。

向地面的方向振动双膝，尽量靠近地面，如果两膝及小腿可以平放地板，那么继续向下，没能达到的话，不要急于练下一步。

呼气，放低上身，用双手肘抵住小腿，身体向脚前方的地板靠近，吸气，伸展背部。

吸气，起身还原。

可反复做 6~10 次。

运动功效

准妈妈常做此练习，可以促进分娩顺利进行，纠正胎位不正。

注意事项：做完此姿势，将脚向前伸出，轻轻按摩腿部肌肉。

视觉胎教：欣赏富有童趣的电影

视觉胎教就是通过接触色彩或情景，训练胎宝宝感性能力的视觉方式，如对于名画的鉴赏、给图片上色、欣赏电影等都属于视觉胎教。视觉胎教可以使准妈妈的情绪得到宣泄，视觉得到刺激，这样有利于开发胎宝宝的大脑，有利于胎宝宝的成长发育。

也就是说，准妈妈看到的东西越多，越有视觉的冲击，胎宝宝所能感受到的美觉体验就越多。

视觉胎教也很重要

对胎宝宝的视觉刺激与听觉刺激同样重要。照射到准妈妈眼睛里的光线会对一种叫作褪黑激素的物质产生调节的作用，当看到明亮的物体时，褪黑素的分泌就会下降，看到昏暗物体的时候上升，这一点使胎宝宝也具备了辨别外界事物明暗的本能。胎宝宝对外界的光线产生反应一般是在孕 7 月以后。

欣赏一幅好的作品就和听到一个优美的旋律、阅读感人的文字一样，是一种美的感受，会使人的内心变得平静，甚至被净化的感觉。

视觉胎教的素材

美术作品

准妈妈可以欣赏美术作品刺激感官。这时，准爸爸就要行动起来，负起全部的责任，也就是要和妻子一边看一边聊，一是能带来生活的情趣和欢乐；二是让肚里的胎宝宝得到放松，学到知识，心中有美的感受。

准妈妈可以试着欣赏儿童画，因为儿童画充满童趣，通常画面活泼、明快，很适合准妈妈欣赏。比如画中的动物以及一些抽象的想象画等，都充满童趣，有一种天真烂漫的稚拙感，还有一种亲昵的依恋感。看了这种画，准妈妈依稀感到胎宝宝就依偎在身边，而且像这些小画家一样聪明可爱，也因此对宝宝的美好未来充满希望，由衷地体会到做母亲的快乐和幸福。

欣赏动画片、童真电影

充满了天真、美好想象的动画片是不错的胎教选择，有利于开发思维，提高胎宝宝的智力，而且也有利于胎宝宝出生后思考的模式。视觉胎教中欣赏有童趣的电影对于爱看电影的准妈妈来说是一个不错的选择。

童趣的电影更适合胎宝宝，儿童本身就天真烂漫，而对于没有出生的胎宝宝来说，更需要培养他们的童心童趣。那些童趣的电影可以使准妈妈心情愉悦，找回童年的记忆，唤起内心的美好。

欣赏这些电影也一定要注意:

1. 不论是用电脑看还是用电视机看，距离都一定要适中，不应太近，小心辐射影响胎宝宝健康。

2. 观看时间不应过长，一般半小时左右休息 10 分钟。

3. 不论动画片还是电影，内容健康、轻松、活泼是关键。一定要选择有柔和音乐和优美画面的影片，保持良好的、平和的心态，为自己和胎宝宝创建一个安静、祥和的环境，保证母婴的身心健康。

4. 准妈妈如果在电影院观看，更要注意以上几点，而且影院声音过大，可能还会有一些嘈杂的声音。一般而言，看电影在家欣赏就可以了，不一定非要去影院观看。

边欣赏边临摹

准妈妈在欣赏油画、素描、国画、风景等时，如果自己有绘画基础，也可以边欣赏边临摹。把自己想象的空间蕴含在画笔里，可以说这是一种感情的表达。绘画可以释放内心的情绪，不仅可以缓解怀孕时的紧张压力，也可以通过绘画来增强“美”在胎宝宝脑海里的印记。

准妈妈在作画的时候，要感觉到自己是在和腹中的胎宝宝共同参与作画，并把美好的东西体现在画作当中。

如果准妈妈平时就经常进行某一方面的艺术鉴赏，这种习惯延续到孕期对准妈妈和胎宝宝都很有益处。准妈妈应学会从普通的事情中发现美，而且还要把这种美带给胎宝宝。

情绪胎教：实施胎教别心急

准妈妈与胎宝宝有共同的血液循环，当妈妈情绪不稳定，经常悲伤或亢奋的话，胎宝宝也会感觉得到。

准妈妈在实施胎教时，期望过高，心太切，往往适得其反，收不到好的效果。比如有的准妈妈在进行语言胎教时，时间过长，造成胎宝宝烦躁。听音乐时也是如此，连准妈妈自己都感到疲惫不堪，那胎宝宝的感觉也肯定不会很好。

因此，准妈妈对胎宝宝进行胎教，既不能热情过度，也不能太心急。

准妈妈心情影响胎宝宝性格成长

准妈妈容易滋生焦虑情绪，这种情绪有对产痛、难产、胎宝宝畸形的担忧，也有对产后工作的畏惧，还有对生男生女的不安，焦虑过度往往会影响准妈妈的胃口和睡眠质量。

研究表明，积极的情绪会使人血液中增加有利于健康的化学物质，而消极的情绪则会使血液中增加有害于神经系统和心血管组织的化学物质。可见，准妈妈保持心情愉快、情绪安定对胎宝宝的发育是非常重要的。

准妈妈的心情好坏与否，是决定胎宝宝性格好不好的一个至关重要的因素。当准妈妈生气、焦虑、紧张不安时，会使血中的内分泌激素浓度升高，胎宝宝会很敏感，表现为不安和胎动增加。如果长时间存在不良刺激，胎宝宝出生后易患多动症，甚至有可能发生畸形。如果准妈妈的心情好，胎宝宝自然也会安静愉快，不会出现这些事情。

由此可见，准妈妈心情舒畅，心境平和，情绪稳定，这对胎宝宝身体和心理健康成长，以至于未来性格的发育都会起到积极的作用。

情绪的调整

为了腹中的胎宝宝，准妈妈应该注意自己的情绪，即便是遇到特别让人生气的事，也要懂得调整自己的心态。胎宝宝能感受到来自母体的情绪反应，良好的情绪可以使胎宝宝获得足够的安全感，不安的情绪则会使胎宝宝感到焦躁不安。所以，准妈妈应该学习如何控制自我情绪，以维持孕晚期的平静、稳定的心情。

夫妻吵架，相处不好，对胎宝宝产生的不利影响是非常大的。因为当准妈妈情绪不稳定时会将这种情绪传递给胎宝宝，影响胎宝宝的发育。因此，夫妻双方要以礼相待，互敬互爱，给即将出生的胎宝宝树立良好的榜样。

准妈妈内心要保持宁静、不急躁、不郁闷、情绪稳定、心情愉悦等精神状态。因为准妈妈情绪不安不仅影响胎宝宝的体重，也会影响胎宝宝的智商。

孕晚期，准妈妈的情绪调理非常重要，不仅要使自己维持良好的精神状态，也要让胎宝宝在舒适的环境中健康地生长发育。

获得好情绪的方法

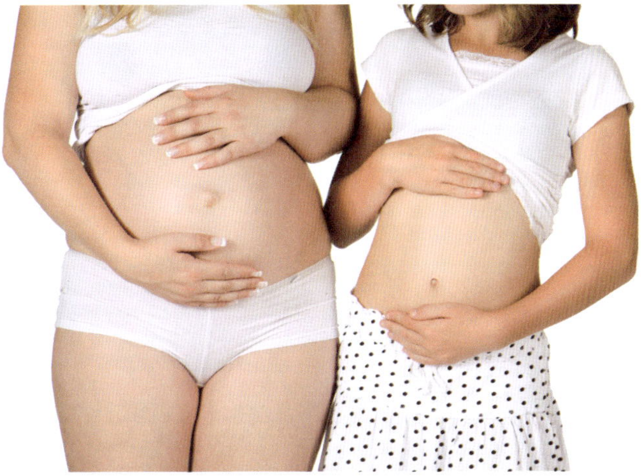

很多父母都望子成龙，想把胎宝宝培育得更出色一些，这种心情是可以理解的。但做任何事情都应有个度，尤其是对还没有出生的胎宝宝，一定要适可而止，否则，不仅达不到预期的目的，反而会导致不良结果。妊娠晚期的准妈妈因为缺乏分娩知识及体验，见红、胎膜早破或规律宫缩等问题会引起准妈妈紧张，或因临近预产期仍无临产征象而焦躁和不耐烦。这个时候准妈妈就可以向准爸爸、家人、医生或朋友倾诉自己的不安，发泄自己的不良情绪，这样可以帮助准妈妈减少压力，让心情逐渐好起来。

1. 做自己喜欢做的事，比如听听音乐、看看书、散散步等，不提倡准妈妈长时间上网和吃垃圾食物等。

2. 观看喜剧电影和喜剧书籍。因为里面的喜剧元素会帮助准妈妈调节情绪，忘掉不愉快的事，有助于神经的舒缓。

3. 减少工作量。工作压力常会使人身心疲惫、情绪烦躁。适当减少工作量，这样做对稳定情绪有很大的帮助。

4. 学会倾诉。倾诉是缓解情绪的好办法。朋友的开导和安慰，也许能很快使自己走出低谷，恢复平静。

5. 自我调适。保持平和的心态也是很重要的，准妈妈要让自己独立、坚强、快乐，从精神状态、心理素质、人格特征上学会自我调适，喜怒哀乐都不要太过分。当遇到不尽如人意的事情时，不要自怨自艾、怨天尤人，准妈妈要以开朗明快的心情面对问题，对家人要善解人意、心存宽容和谅解，协调好家庭关系，好心情是来自于好的家庭氛围。

学会运用这些方法，相信在准妈妈怀孕的最后的日子里会有一个好心情，迎接宝宝的到来。

生活胎教：缓解孕期失眠的良策

失眠是一种常见的精神疾病，准妈妈的失眠会直接影响胎宝宝的健康，使胎宝宝受到损害，因此，对于准妈妈要特别注意。

准妈妈失眠的原因

1. 某些激素的变化：准妈妈在精神和心理上都比较敏感，对压力的承受力自然会降低，常常会忧郁和失眠。这主要是由体内的激素水平的不均衡而引起的。

2. 便秘的影响：准妈妈在怀孕期间，消化系统不正常，吃进去的食物在胃和肠中停留时间长，因而引起便秘，从而导致睡眠质量下降。

3. 饮食习惯的改变：饮食习惯的改变也会影响准妈妈睡眠质量，均衡的饮食对于准妈妈很重要。

4. 尿频的影响：准妈妈中有将近 80% 会受尿频困扰，晚上经常起床去厕所，这就严重影响了睡眠的质量。

5. 抽筋的因素：到了妊娠后期，许多准妈妈常常会发生脚部抽筋现象，这也会影响到睡眠的质量。

缓解失眠的对策

1. 学会缓解压力。准妈妈怀孕已经承受身体负担，需要及时释放精神压力。所以，准妈妈如果遇到什么烦恼要及时与家人进行沟通，在他们的关怀中稳定情绪，保证睡眠质量。

2. 注意食物的搭配选择。不要长期重复吃某种食物，防止便秘，应荤素搭配，营养均衡。

3. 睡前控制饮水量。为了避免晚上频繁上厕所，准妈妈睡前尽量不要饮水。避免发生尿频的危险，如果出现尿频现象，应及时咨询医生。

4. 睡前搓揉脚心。提高睡眠质量，搓脚心是一个很不错的方法。经常搓搓脚心，还可以促进血液的循环，同时也有利于胎宝宝的成长发育。

准妈妈绝对不能用安眠药物来解决失眠的问题。因为它会使准妈妈产生依赖，而且还会影响胎宝宝健康，会导致胎宝宝宫内窘迫、发育受阻，还可能引起出生后婴儿硬肿症、呼吸道感染等，十分危险。 因此，如果出现睡眠差或失眠状况，切忌滥用安眠药，而应以生活调理为主来改善睡眠。

缓解失眠时应注意的问题

睡前应该喝杯牛奶，因为牛奶中含有色氨酸，它不仅有抑制大脑兴奋的作用，还有使人安眠的作用，可使准妈妈很快地进入梦乡。另外，要避免上床后头脑里还思考问题，影响自己的睡眠。

如果准妈妈夜间醒来，也不要睁眼，应该轻轻翻身后再睡。临近起床的时间，睡不着就起床做一些其他事，不必躺着等着天亮。每天定时起床，即使睡得很少，也要起来去户外适当运动。

限制白天睡眠的时间，应避免准妈妈昼寝或瞌睡，否则会减少晚上的睡意及睡眠时间，影响睡眠质量，导致失眠。需要缓解压力时，也可通过听听音乐、看看书籍的方法，让自己的内心平静下来，只要维持愉悦的心情，就一定会有好的睡眠。

准妈妈睡前更应注意远离那些拥挤、闷热、喧闹的环境，多到风景优美的地方散散步，既可呼吸一下新鲜空气，调整情绪，又可使晚上的睡眠更好。

总之，睡眠对于准妈妈而言是非常重要的，睡眠质量的好坏直接影响准妈妈自身的健康和胎宝宝发育。因此，要了解准妈妈失眠的原因并着手进行改善。值得注意的是，对于缓解失眠要有所针对，不能一概而论。

乐曲欣赏：《梁祝》

小提琴协奏曲《梁祝》是陈钢与何占豪就读于上海音乐学院时的作品，作于1 958年冬，题材是家喻户晓的民间故事。他们以越剧中的曲调为素材，成功地创作了这部单乐章、带标题的小提琴协奏曲。《梁祝》描述了梁、祝二人的真挚爱情，对封建礼教进行了愤怒的控诉与鞭笞，反映了人民反封建的思想感情及对这一爱情悲剧的深切同情。作品运用西洋协奏曲中的奏鸣曲式，很好地表现了戏剧性的矛盾冲突，并吸收了我国戏曲中丰富的表现手法，使之既有交响性又有民族特色。

听完《梁祝》，我们与故事中的主人公同命运共呼吸，是那动人的音乐调动了情感，让我们时而欢喜、时而忧伤、时而悲愤、时而憧憬。人的一生所能经历的情感是有限的，而置身于音乐之中，人生就会丰富了许多许多，通过这首作品，也告诉我们人间最可贵的就是真情。

准妈妈，是否还沉浸在美妙的音乐中而无法自拔？是不是也希望宝宝长大了做一个有情有义的人呢？答案是肯定的。唯一可以否定的是，宝宝长大了不会再受封建礼法的束缚，他们一定会健康成长。

Part 10

孕9月胎教

宝宝妈妈 SHOW

孕 9 月，宝宝马上就要降临到你的身边了，惊喜与紧张之情可想而知。这一阶段胎宝宝各方面发育得更完美，已和初生婴儿差不多了。从外部看，胎宝宝的指甲变长，可能会超过指尖；皮下脂肪沉淀、增厚，皱纹减少，全身变得圆润，皮肤由红色变成了淡红色或者粉色，有了一定的光泽。从内部看，中枢神经系统、消化神经系统已经发育成熟，已经和出生后一样可以发挥它们的作用了。此时胎宝宝如果出生，完全可以成活。

这个时期，准妈妈腹部已经很大了，体重又增加了很多，肢体不灵活、腰部更加笨重，更不想运动了；准妈妈妊娠纹颜色加深，同时长出了妊娠线；尿频、便秘还在持续；胎盘开始成熟；胎宝宝开始入盆，所以下腹总感觉坠坠的。这个时期准妈妈要谨防孕期高血压疾病，同时要多进行一些适宜的运动，这样可以在生产时更轻松一些。准妈妈可以延续前面的胎教方式，同时可以和胎宝宝多做一些游戏，增进和胎宝宝的感情，但是时间不宜过长。同时也需要多关注一下分娩方面的知识了。

孕 9 月，由于准妈妈子宫内的空间越来越小，胎宝宝运动起来非常困难，甚至已经不能漂浮在羊水中了，头朝下是胎宝宝基本的姿势，也就是说，胎宝宝处于“随时待命”的状态，准备面世了呢！虽说活动范围受到限制，可是胎宝宝的胎动力度却大大增强了，准妈妈可以明显感觉到。那么这个时期，准妈妈该怎样“教育”胎宝宝呢？快来看看吧！

健康胎教：数胎动，掌握宝宝动向

胎动，是胎宝宝健康的重要指标，尤其是到了孕晚期，准妈妈更需时刻注意胎动，以防意外情况出现。在医院，固然能借助超声波仪器来观测胎宝宝在子宫内的成长状况，但如若每次想要了解胎宝宝的情况都要去医院，不仅麻烦，而且对孕晚期的准妈妈来说，也不太现实，那么，自己在家计数胎动就是每个准妈妈的必修课程了。

胎动计数法

计数胎动，准妈妈首先必须了解胎宝宝在什么时候比较活跃，比较容易产生胎动。每个胎宝宝都有自己的“生物钟”，昼夜之间的胎动次数也不尽相同，一般来说，早晨活动最少，中午以后逐渐增加，而晚上6：00~10：00胎动最活跃。大多数胎宝宝是在准妈妈吃完饭后活动比较频繁，因为那时准妈妈体内血糖含量增加，胎宝宝也“吃饱喝足”，于是就在妈妈肚子里“大展拳脚”了。

每日3次计数

所谓“每日3次计数”，就是在每天早、中、晚固定的三个时间，各数一次胎动，每次进行1小时，然后把三次的次数相加并乘以4，这就是胎宝宝12小时的胎动数。一般来说，12小时的胎动在20次以上为正常。如果没有达到20次，准妈妈应及时就医，千万不可大意。

每日1次计数法

即每天在睡前1小时计数1次，每天检测的时间应固定，然后将每日的数字记录下来，描绘成曲线。这种方法需注意的是，胎动的次数和强弱，个体差异很大，但只要胎动有规律，有节奏，变化曲线不大，都说明胎宝宝的发育是正常的。准妈妈还需知道的是，计数胎动时，准妈妈最好用左侧卧位的姿势，环境要安静，思想要集中，心情要平静，以确保测数据的准确性。

白天测试法

这是一种最简单的测试法，即准妈妈只要每天白天测得10次胎动，就可以安心了。

异常胎动及对策

异常胎动主要有以下几种情况：

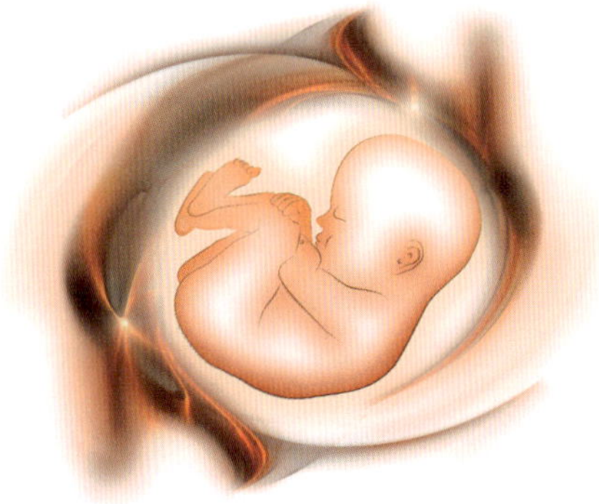

胎动减少

这种情况产生的原因是准妈妈自身的血糖过低，甚至有发烧现象。在准妈妈血糖过低时，胎宝宝会比较老实，不会乱动，这其实是胎宝宝的一种自我保护行为，并不是胎宝宝出现了什么问题。准妈妈可以适当补充糖分，以提高母体血糖。此外，准妈妈还要注意休息，避免感冒，并尽量避免到人多的地方去；经常开窗换气，保持室内的空气流通，适当进行锻炼、多喝水、多吃新鲜蔬菜及水果等。

胎动突然加剧，随后慢慢减少

这是由准妈妈高血压以及胎宝宝缺氧，并受到外界噪声刺激造成的。患有高血压的准妈妈，应该定时到医院做检查，并注意休息，不要过度劳累；在公共场合，尽量和他人保持距离，以防止外力冲撞和刺激；保持良好的情绪，放松心情。

急促胎动后，突然停止

这时由于胎宝宝脐带绕颈导致的。一旦出现这种情况，准妈妈应立即就诊，尤其处于孕晚期的准妈妈。

营养胎教：少食多餐缓解胃部不适

到了孕9月，准妈妈的肚子越来越大，子宫已经占据大半个腹部，以致会挤压到准妈妈的胃部，因而，这时准妈妈的胃口会变小。但是，由于胎宝宝的“飞速”生长，以及准妈妈为了分娩前的营养储备，营养补充还是不可少的。那么怎样才能做到既能摄取足够营养，又不会让准妈妈胃部难受呢？少食多餐是关键。

少食多餐食什么

孕9月的准妈妈和胎宝宝都很忙：胎宝宝忙着为出世做准备，开始从母体大量储备物质，如脂肪、维生素、抗体等；准妈妈则忙着为分娩做准备，特别是产力上的准备，需大量补充钙、锌等矿物元素，故这段时期准妈妈的餐桌上不可缺少富含钙、锌的食物。由于腹部变大对胃部造成压迫感，准妈妈的饮食应以易消化的半流食或软食为主，如蛋、肉、鱼、奶、绿叶蔬菜及水果等。这里推荐一个“一日食谱”：

早餐：皮蛋瘦肉粥1碗，花卷半个，蔬菜适量。

加餐：牛奶250毫升。

午餐：米饭1碗，西红柿牛舌、胡萝卜丸子、香干芹菜各一份。

加餐：葡萄150克。

晚餐：1碗米饭或一份面食，炒鱼片、香菇油菜、凉拌萝卜丝各一份。

加餐：大枣枸杞粥1碗。

少食多餐怎么食

少食多餐，不仅仅要每天吃多次，每次吃适量，还要注意定时、定量、定点。科学证明，最理想的吃饭时间为：早餐7：00~8：00，午餐12：00，晚餐6：00~7：00。准妈妈要注意喽，重点来了：吃饭时间最好控制在30~60分钟；三餐都不宜被忽略或合并，尤其是早餐分量要足够，每餐各占一天所需热量的1/3，或称倒金字塔形——早餐丰富、午餐适量、晚餐量少。吃饭最好地点固定、气氛和谐温馨，且尽量不要被外界干扰或打断用餐。

少食多餐的益处

少食多餐不仅能够满足准妈妈和胎宝宝的营养需求，孕晚期准妈妈还要继续做到膳食均衡，及时补足所缺营养元素。

避免胎宝宝体重过低或成“巨人”

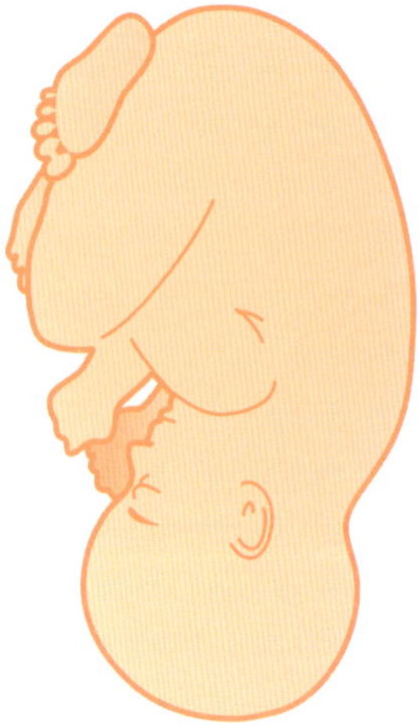

准妈妈少食多餐的直接效果就是能够保证营养的足够摄入，并能保证营养的均衡。而营养的均衡，能够使胎宝宝比较“大众”，而不会出现“低体重儿”或“巨大儿”。准妈妈营养不足，会直接影响胎宝宝的生长，使“低体重儿”的发生率增加；而相反，营养过剩，则会使“巨大儿”的发生率增加。

避免胎宝宝骨骼和牙齿发育不良

准妈妈“少食多餐”的好处之一就是利于钙的补充，而钙的补充则有助于胎宝宝骨骼和牙齿的发育。胎宝宝的骨骼和牙齿的钙化，是在胚胎两个月的时候开始进行的，8个月后迅速增长，因此孕9月的准妈妈，“革命尚未成功，妈妈还需努力”，要继续补充钙质。

避免胎宝宝缺乏生长所需的营养素

准妈妈科学的饮食，可为胎宝宝提供生长发育所需的各种营养素，避免流产、早产、胎死宫内等不良结果，促进大脑发育，并可以储存足量的钙和铁，避免出生后患缺铁性贫血和佝偻病。

环境胎教：准妈妈体内环境也很重要

怀孕是辛苦又快乐的事情，生命的神奇就在于，一个受精卵经历 280 天“幻化”成人形。有人说，怀孕其实就是受精卵的赛跑，跑赢了的才能顺利出生。这 280 天的担惊受怕，一定不能白费，尤其到了孕 9 月，胎宝宝快要出生了，准妈妈一定不能“前功尽弃”。所以，营造良好的内外环境就尤其重要了。

孕晚期的准妈妈要注意，此时胎宝宝即将出世，一切都要格外小心，尤其是饮食方面，“病从口入”，不得不防。保证身体健康、营养均衡，才能为胎儿打造好的生长环境。

羊水要适量

到了孕晚期，胎宝宝的营养需求量会越来越多，准妈妈的饮食“负担”也越来越重。羊水，不仅能够保护胎宝宝免受外界细菌的感染，而且能够减少准妈妈在生产时对身体的伤害。一般来说，在孕 20 周时，羊水的平均量是 500 毫升；到了 28 周左右，会增加到 700 毫升；在 32~36 周时最多，1000 毫升 ~1500 毫升；其后又逐渐减少，到妊娠 40 周时为 500 毫升 ~800 毫升。

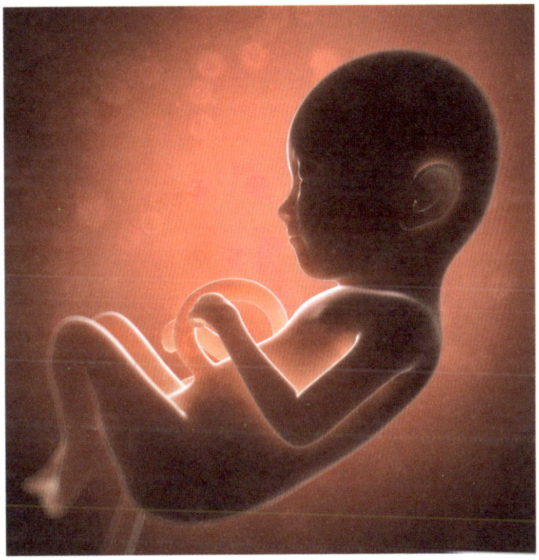

饮食讲原则

孕 9 月的准妈妈要继续合理补充营养，不仅要吃饱，更要吃好。

主打膳食纤维

孕后期，逐渐增大的胎宝宝给准妈妈带来负担，准妈妈很容易发生便秘。由于便秘，又可引发痔疮。为了缓解便秘带来的痛苦，准妈妈应该注意摄取足够量的膳食纤维，以促进肠道蠕动。全麦面包、芹菜、胡萝卜、白薯、土豆、豆芽、菜花等各种新鲜蔬菜水果中都含有丰富的膳食纤维。准妈妈还应该适当进行户外运动，并养成每日定时排便的习惯。

关键在于多摄取水溶性维生素

孕9月，必须补充充足的水溶性维生素，以硫胺素最重要。维生素 B_1 不足，易引起呕吐、倦怠、体乏，甚至会影响分娩时子宫的收缩，使产程延长，分娩困难。此外，还要一如既往坚持不懈地补充钙和铁，缺钙会导致胎宝宝吸收母体中的钙，致使准妈妈缺钙，缺乏铁则会导致缺铁性贫血。

本月宜食食物

多吃含有丰富胶原蛋白的食物，如猪蹄等，有助于增加皮肤的弹性。

多吃鲫鱼、鲤鱼、萝卜和冬瓜等食物，有助于缓解水肿症状。

多吃核桃、芝麻和花生等含不饱和脂肪酸丰富的食物，以及鸡肉、鱼肉等易于消化吸收且含丰富蛋白质的食物。

多选用芹菜和莴苣等含有丰富的维生素和矿物质的食物，并经常吃一些富含碘的食物，如海带和鱿鱼等。

饮食禁忌

忌食苋菜等寒凉、对子宫有刺激作用的食物。

不能吃霉变的食物。

慎食大补食物。

慎用药物，尽量做到不用药或遵医嘱少量用药。

运动胎教：临近分娩行动应小心

孕9月，胎宝宝“呼之欲出”，准妈妈的行动也越来越不便，但如果整天不动，绝对不是一个明智的选择。随着时代的发展，越来越重视养生的准妈妈一定不想剖宫产，免得破坏自己的“元气”，虽说自然分娩辛苦，可我相信，准妈妈还是会选择此法。众所周知，运动是最好的自然分娩“催生剂”，那么临产前准妈妈应该注意些什么呢？

“硬件”方面

临近分娩，准妈妈无论在生理还是心理上都面对很大的压力，所以，要做全面的临产准备，就要兼顾生理和心理两方面。

生理方面

准妈妈临产前的准备，最重要的就是身体准备，要确保自己的身体处于最佳状态，才能在一个月后的分娩中顺利生产。除了营养方面为产力提供“助力”外，还要在其他细节方面为自然分娩做好万全准备。

不要憋大小便

准妈妈一定要记得不要憋大小便上产床，这样对分娩是十分不利的。在等待分娩时，应保持每2~3小时排尿一次，尽量排尽大便，这样才能“轻装上阵”，有利分娩。排尽大便，有利子宫口的扩大，便于胎宝宝下降，同时还可避免因腹压增加而造成的大便溢出，污染外阴，减少引起产道细菌感染的机会。

不宜久站久坐

孕晚期由于胎宝宝已逐渐发育成熟，子宫逐渐膨大。站立时，腹部向前突出，身体的重心随之前移，为保持身体平衡，准妈妈上身自然后仰，容易使背部肌肉紧张，而长时间站立可使背部肌肉负担过重，造成腰肌疲劳而发生腰背痛，故应避免久站；同时由于增大的子宫压迫腔内静脉，阻碍下肢静脉的血液回流，常易发生下肢静脉曲张或会阴静脉曲张，久坐因重力的影响，可使身体低垂部位的静脉扩张、血容量增加、血液回流缓慢，造成较多的静脉血潴溜于下肢内，致下肢静脉曲张，造成准妈妈下肢酸痛、小腿隐痛、踝及足背部水肿、行动不便等。

呼吸和运动锻炼

临产期，准妈妈可以采取一些措施来为分娩做足准备，比如，呼吸运动的锻炼是为了减轻分娩时的疼痛，同时能增强膈肌的力量；运动的训练则是为了增加腹肌、肛提肌等产力的辅助肌力量，有助于自然分娩，也有助于准妈妈的产后恢复。所以，呼吸和运动的锻炼十分必要，准妈妈应尽可能利用一切机会进行锻炼。

呼吸技巧

利用呼吸运动减轻产痛是分娩中最常用的方法，但呼吸练习也要有技巧。呼吸运动分浅呼吸、深呼吸和短促呼吸。浅呼吸是呼吸要浅，感觉吸到肺的上半部，但浅呼吸已经不能满足分娩时身体对氧的需求量，尤其会使耗氧量变得很高；深呼吸有镇静作用，在宫缩开始时和结束时用，可以采取最大限度的下降或提升双肩的方法；短促呼吸用在子宫口未开大前抵御向下用力和镇痛，其技巧是呼吸上提放松，以不感到费力为度。

运动技巧

产前运动可以让肌肉更有弹性，从而增强产力，利于宝宝在生产中的向下运动，是自然分娩的有效方法。准妈妈可以采取以下方法进行运动：

盘腿坐：盘腿而坐，背部挺直，双手放在膝盖上，两眼紧闭，全身放松；接着，呼吸的同时双手向下按压，慢慢加大力度，使膝盖向地面靠近。这样有利于伸展肌肉，放松腰关节。

骨盆运动：双手双膝着地，低头，后背上拱成圆形；仰头，将面部朝上，重心前移，呼吸一次做一次重心前移的动作。这样做，利于缓解骨盆关节和腰部肌肉的压力，强健下腹部肌肉。

脚部运动：直身坐在椅子上，双脚并拢，平放在地上，保持小腿与地成垂直状态；脚尖向上翘起，然后脚尖平放，重复数次；左脚放在右腿上，左脚脚尖慢慢自上而下活动，然后换右脚，动作同上。这样可以促进血液循环，缓解腿、脚肿胀，强健脚部肌肉。

其他需注意的问题

尽可能每天洗澡，清洁身体。淋浴或只擦擦身体均可，特别要注意外阴的清洁。

绝对不要做对母体不利的动作，避免向高处伸手或压迫腹部的姿势。

充分摄取营养，保证充分的睡眠、休息，以蓄积体力。

心理方面

准妈妈临产时的心理负担是不可忽视的：比如怕痛、怕宝宝不能顺利出生、担心分娩时的各种事情……所以我们在减除准妈妈生理负担的同时，也不能忽视准妈妈的心理负担。这个工作通常是由医务人员完成的，当然，家属的积极配合也是必不可少的，尤其是准爸爸，应该给予即将分娩的准妈妈以无微不至的关心和照顾，针对准妈妈思想上存在的一些不必要的顾虑，准爸爸要耐心地解释，尽量不要外出，要陪在妻子身边，协助医务人员做好准妈妈的心理安慰工作。

“软件”方面

生产，是个既麻烦又复杂的工作，除了要准妈妈自身做好“硬”准备之外，一些“软”准备也是不可忽视的，比如生产的医院、待产包等。快来了解一下怎样为生产做好十足准备吧，甩掉匆忙，从容应对。

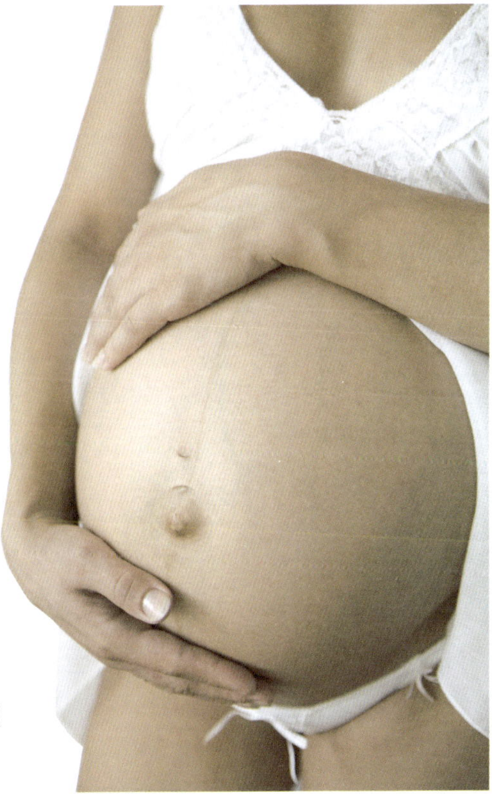

1. 应该什么时候给医生打电话。
2. 医生和护士下班后如何能找到他们。
3. 是先给医生打电话还是直接去医院。
4. 家离医院有多远。
5. 乘什么交通工具去医院。
6. 是否有人时刻守护在准妈妈身边。
7. 在上下班时间交通拥挤时，从家到达医院大约需多长时间。
8. 最好预先演练一下去医院的路程和时间。
9. 寻找一条备用的路，以便当第一条路堵塞时能有另外一条路供选择，尽快到达医院。
10. 是否将家里的事情安排好，请人帮助照顾宝宝、宠物和料理家务。
11. 待产包是否准备好了。
12. 工作的事情是否安排好了，应该让上司和同事知道你的预产期。

好啦！做到这些，准妈妈就可以安安稳稳地等待生产了。从容不迫地等着宝宝出世吧！

美学胎教：一本好书调养身心

有人说："好情绪就是好胎教。"怀孕，作为女人的第二次生命，其中的坎坷艰辛自不必说，仅仅是情绪的保持就已经很难了。人活在世上，不可能没有情绪的波动，对于处于孕期的准妈妈来说，情绪更是容易波动，而这造成的直接后果，就是胎宝宝"摊上大事儿"了。所以，学会控制自己的情绪，提高自身修养，就成了每个准妈妈的必修课。

怀孕后，许多准妈妈容易变得懒散，什么都不想干，什么都不愿想，慢慢变成习惯。殊不知，这是非常不利于胎教的。有人说："读一本好书，就像与一位精神高尚的人在谈话。"书中的见解和分析、丰富的哲理、风趣幽默的谈吐，都能够使怀孕的你感到精神振奋、耳目一新。出于对胎宝宝的智力发育考虑，准妈妈读的书不但要精，还要多样化。好书不宜太多，一本足够，所以这里每类为准妈妈推荐一本，帮助减轻孕期负担。

育儿类

《西尔斯亲密育儿百科》为美国育儿权威——威廉·西尔斯博士的代表作，是一本关于宝宝出生后怎样育儿的百科全书。所谓"生儿容易，养儿难"，这本书会解决你所有的育儿疑问。西尔斯博士根据近40年的儿科临床实践，以及与妻子玛莎共同养育8个子女的经验，结合发展心理学的"亲密理论"，总结出了一套亲密育儿法，即通过母乳喂养、与宝宝同睡、用背巾背着宝宝、及时回应宝宝需求等方式，使父母与幼儿及早建立亲密关系，让宝宝在充满关爱的环境里长大。孕期，闲在家里的准妈妈不妨看看，相信会对您有很大帮助。

陶冶性情类

陶冶性情，最好读散文。一方面，散文作为一种抒情文体，感情真实，感染力强，并且可以容纳大量知识；另一方面，少了小说情节波动带来的"揪心"，记叙的"朴实无华"，议论的"长篇大论"，无疑，散文最适于准妈妈阅读。这里推荐当代作家余秋雨老先生的《文化苦旅》给准妈妈，看过就知道，这本书可以让自己心情平静，同时能够扩宽准妈妈的知识面。全书的主题是凭借山水风物以寻求文化灵魂和人生真谛，探索中国文化的历史命运和中国文人的人格构成，它不甘甜，却另有味道。

娱乐类

很多女性比较爱看娱乐新闻，准妈妈同样也是。孕期可以选择一些娱乐杂志来读，也可以看一些介绍服装、美容的杂志，以愉悦身心。只是要切记，不要看一些恐怖、血腥的东西，否则，会吓坏胎宝宝哟！

语言胎教

怡情故事：《三只小猪》

导读：故事讲述三只小猪对自己造的房子都非常有信心，可是最后只有一只小猪靠自己的勤劳和智慧打倒了狡猾的大灰狼！这则故事告诉我们做什么事情都要认真扎实，不要偷懒。准妈妈和胎宝宝们，感受完这则故事后，你们是不是也觉得这三只小猪很厉害呢！

猪妈妈有三个宝宝：老大、老二和老三。一天，猪妈妈说："宝宝们，你们已经都长大了，每个人去盖一间房子，看谁的本领大！"老大用稻草很快就盖了一个漂亮的稻草房子！睡起觉来。老二一看哥哥的房子都盖好了，他拾来几根木棍，说木房子既结实又好看，于是盖起木房子。很快木房子也盖好了，老二也睡起午觉。只有老三想好好建一座结结实实的砖房子。老大、老二睡醒了来找老三玩，但老三还是继续认真地盖房子，不理他们。到了傍晚，老三终于盖好了一个又结实又漂亮的砖房子。

有一天，从树林里来了一只大灰狼，它已经很久没有吃东西了，饿得嗷嗷直叫。大灰狼看见稻草房，呼的一声把草房子吹散了。老大拔腿跑到老二的木房子里，大灰狼追上来恶狠狠地说："我要吃了你们！"大灰狼又吹了几下，不一会儿，木房子也被吹散了。老大、老二跑到老三的砖房子里躲了起来。大灰狼追过来，用尽全身的力气，砖房子却纹丝不动。

大灰狼又气又累，他看见屋顶有一个烟囱，便想从上面爬进老三的房子里。聪明的老三早已在烟囱下烧开了一大锅滚烫的热水，大灰狼正好掉进大锅里被烫得嗷嗷直叫，不一会儿就被烫死了。老大、老二很惭愧，决心以后向老三学习，再也不偷懒了。

音乐胎教

乐曲欣赏：《献给爱丽丝》

许多人认为准妈妈听的音乐应该以轻柔的为主，实际上，音乐应该更加多元化一些，因为不同的旋律、不同的节奏带给胎宝宝的感受和影响是不一样的。

《献给爱丽丝》是贝多芬的一首名曲，在中国民间也广为流传，可见其影响力之深。乐曲基于一个淳朴而亲切的主题，把爱丽斯温柔、美丽的形象作了概括的描述，给人留下极为深刻的印象。《献给爱丽丝》是胎教音乐的很好选择，优美的旋律，轻快的节奏，不仅可以提高准妈妈自身的修养，陶冶情操，还有利于胎宝宝的发育和成长。建议准妈妈可以在休闲的时候听，在乐曲声中体会贝多芬曲子的完美魅力。

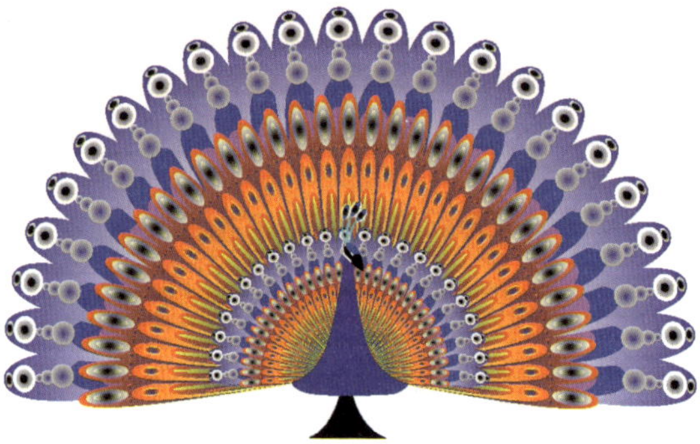

Part 11

孕10月胎教

宝宝妈妈 SHOW

孕 10 月，胎宝宝已经是个足月儿了，随时都可能出生。从外部看，胎宝宝已经完全进入母亲的骨盆，以头向下的方式等待分娩；身体表面的绒毛和胎脂开始脱落，羊水变浑浊；皮肤已经没有皱纹，呈淡红色，粉嫩粉嫩的；头发长 2 厘米 ~3 厘米；指甲已超过指尖。从内部看，脑细胞结构发育基本完善；内脏、神经系统、消化系统、呼吸系统功能已经健全，出生后即可发挥各自的作用，支持胎宝宝在母体外的一切活动。

这个时期，准妈妈要提前做好心理准备，因为自己随时可能分娩。如果发生下腹胀痛且尿频，阴道分泌物中见红，这是即将分娩的前兆。如果腹部出现有规律并不断增强的阵痛，那也预示着很快即将分娩，准妈妈和准爸爸一定要及时联系医院，做好分娩的准备。这段时间，准妈妈一定要吃好、喝好、养足精神去迎接这个小生命的降临。

各位准妈妈，你们这段痛苦而幸福的历程即将结束了，今后的路还很长，妈妈肚子里的胎教结束了，妈妈肚子外的新一轮亲子教育又要开始了，年轻父母们，你们准备好了吗？

营养胎教：临产最适合食用的东西

营养胎教必须贯穿于整个孕期，到了孕10月更不能停止。这个时候准妈妈胃部的不适之感会有所减轻，食欲也会随之增加。为了储备分娩时消耗的能量，这个阶段应该多吃富含蛋白质、糖类等能量较高的食物。食物以口感清淡、容易消化的食物为最佳。

做个十足的“吃货”

这个时期，应减少外出就餐，尽量在家自己做，既保证卫生又能满足营养需求。这个月的饮食主打，是硫胺素的补充，即维生素B_1的补充，可以多吃些全麦食物、燕麦、花生、猪肉、牛奶等。同时，还要均衡摄入各种营养，如蛋白质、碳水化合物、脂肪、水、矿物质等，样样不能少。已经做了9个月“吃货”的准妈妈，这个月要加油成为一个“十足吃货”才行，这样才能顺利生产。下面再为准妈妈推荐一个孕10月版的“一日食谱”：

早餐：花卷1个，鱼松20克，鸡蛋1个，豆浆250毫升。

加餐：西红柿鸡蛋面1碗。

午餐：馒头1~2个，软溜虾仁腰花丁、罐焖牛肉各1份，水果适量。

加餐：红枣赤豆汤1碗。

晚餐：米饭100克，香干芹菜200克，莲藕红枣章鱼猪手汤适量。

加餐：小米粥1碗，鸡蛋1个，蔬菜或水果适量。

产前饮食禁忌

1. 少吃不必要的、高热量的食物，如可乐、小蛋糕、冰淇淋、比萨等。

2. 少吃油炸的食物，注意烹调方法。尽量不要用油炸的方式来烹煮食物，可多用清蒸、炖煮的方式代替。食用油要选用不含高胆固醇的植物油为最佳。

3. 少吃高盐食物，如盐、味精、胡椒、酱油等，烹调时要注意用量。

4. 要进行适当的运动，如散步、做家务、轻松的甩手动作或按摩等，但不要过度劳累。

情绪胎教：产前焦虑情绪转移方法

产前，准妈妈很容易情绪不稳定，容易焦虑，尽管之前介绍了一些方法，但也只能“治标不治本”，真正要改变焦虑状态还是要靠准妈妈自己的努力。

听音乐

准妈妈听音乐应以宁静为原则，通过欣赏音乐，调节情绪，产生宁静、舒适的感觉，使胎宝宝也很快安静下来，同时声波还可直接通过母亲腹壁传递给胎宝宝，促进胎宝宝的智力发育。

推荐曲目

中国的古典乐曲，如《梅花三弄》《霓裳羽衣曲》《春江花月夜》《梁祝》《茉莉花》等非常适合准妈妈聆听；西方的很多钢琴曲也很适合准妈妈，如《G大调弦乐小夜曲》《蓝色多瑙河》《土耳其进行曲》《爵士拨奏曲》《摇篮曲》等。

准妈妈注意

音乐的选择应以曲风缓和为准则，时间在1小时左右。

去音乐厅，听现场音乐会会比在家听CD有效果。准妈妈带着胎宝宝置身于美妙悠扬的音乐氛围中，乐曲的交响轻轻流淌，音乐会大气磅礴的效果，会让正在慢慢成长的胎宝宝享受一场听觉的盛宴。

如果你是一个爱唱歌的准妈妈，那么唱歌给胎宝宝听也是好办法，还可以转移你的注意力，缓解焦虑。但是要注意，小声哼唱就可以了，不必放声高歌，唱歌时动作也不宜太大，最好在唱之前告诉胎宝宝哦。哼唱曲目如《世上只有妈妈好》《胎宝宝》《绿岛小夜曲》等。

准爸爸注意

准爸爸除了每天摸摸准妈妈的肚皮，和胎宝宝说说话之外，其实还可以尝试着唱歌给他听。准爸爸独有的浑厚、深沉并富有磁性的嗓音唱出来的歌和准妈妈的嗓音有很大不同，对于胎宝宝来说，准爸爸的歌声可是一种全新的体验呢！正因为特别，所以重要，准爸爸要注意：

1. 唱歌要声情并茂，要给宝宝留下好印象。

2. 注意歌曲的选择，要尽量回避男人比较喜欢的重金属音乐。

3. 在给胎宝宝唱歌时，可以载歌载舞，虽然胎宝宝看不见，但是他感受得到。

推荐曲目有《北国之春》《亲亲我的宝宝》《好爸爸坏爸爸》等。

感受大自然

孕10月了，随着胎宝宝即将娩出，准妈妈应该尽量减少外出。但是，整天在家待产的你，不仅无聊，而且容易胡思乱想，不妨找一个春暖花开、阳光和煦的日子，出去走走，就当“踏青”吧！准妈妈可以找一处鸟语花香的室外桃源，和准爸爸一起，手牵手，静静地听小鸟啁啾，听小溪哗啦啦的声音，听树叶沙沙的响声，听田野里的蛙鸣……你可以告诉胎宝宝小鸟是什么颜色的，小溪的声音是什么样的，蛙鸣声又是怎样的，和胎宝宝一起度过和谐又安静的一天。

沟通

孕10月的准妈妈随时都会分娩，临产前的压力应该找个人“吐个干净”！倾诉对象可以是准爸爸，也可以是死党朋友，更可以是自己的双亲……总之，说出来就对了，没有人会觉得你烦。这样不仅有利于家人、朋友及时了解你的情绪状态，还可以缓解你的“生子”焦虑，所以，有烦恼就要学会大声说出来，什么都压在心里，绝对是不可取的。

幻想

幻想，是女人的天性。从情窦初开对爱情的幻想，从女生变为女人的幻想，再到对未来宝宝的幻想，女人就是活在童话里的生物，她们敏感、脆弱却又有想象不到的乐观与坚强。幻想吧，幻想你在海边的沙滩，海风迎面吹来，阳光普照，蔚蓝的大海似乎也为你倾倒，原来幸福可以这么优雅……

保证睡眠

科学证明，睡眠不足，人就会十分焦躁，准妈妈，扪心自问一下，你的睡眠充足吗？不要花时间想以后遥不可及的事情，“活在当下”才是最好。未来，我们谁都无法预料，何必为此浪费我们现在的大好年华？等到宝宝出生，也许你会还想念，甚至感激现在这样坚强的自己。准妈妈，加油！睡饱，才有力气继续奋斗。

运动胎教：出门最好有人陪同

大腹便便的准妈妈，这个时期出门实在不便，但就是有那么一些“好动”的准妈妈，孕晚期一样坐不住。碰上这样的准妈妈，准爸爸可要特别注意了，无论你工作有多忙，都要抽时间陪陪准妈妈，以确保准妈妈的安全。在准妈妈精力允许的情况下，准爸爸每天陪她散散步。女人其实很简单，只要比肯花时间陪她，她就会很高兴。准妈妈高兴了，心情好了，胎宝宝自然也会笑了，没有什么会比这“天伦之乐”更让人舒心了，所以，准爸爸，你们肩上的担子，还很重哦！

陪同散步

孕10月的准妈妈由于肚子过大，看不到脚下，容易重心不稳，出门很不方便，所以这时候是准爸爸该出马的时候了。陪着她，扶着她，一起去散散步吧！

散步的好时机

夏季最适合准妈妈散步的时间是白天上午10点之前和下午2点之后，冬季的最佳时间则是上午10点到12点，下午2点到4点。散步并没有什么特别的要求，只要避开强烈的紫外线和饱腹状态就行了。时间控制在30分钟左右，一般来说，每周3~5次为宜。

准妈妈的准备

准妈妈散步时，要穿舒适的平底鞋，穿开口宽敞，且不易打滑的袜子，以便更好地保护足部。在出门前，准妈妈要喝足够的水，以防口渴。散步的地方最好选择平坦的地面或者草坪，避免坡路，如果你家附近有学校，那么学校操场也是个不错的选择。准妈妈的走路姿势要注意放松，挺起胸部，注视前方，散步结束之后要注意休息。

陪同产检

这个月准妈妈要每周做一次产前检查，医生会对准妈妈进行胎心监护、B 超检查，了解羊水以及胎宝宝在子宫内的状况。临产前，准妈妈还要做一次全面的检查，为宝宝顺利来到人间做好“铺垫”。

帮助监测胎动

临近预产期，这个月的产检胎心监护和胎动是重点。准妈妈在这段时间可能会越来越紧张和焦急，准妈妈需要做的是充分休息、适当活动，而准爸爸这个时候就可以帮助准妈妈监测胎动，既可以让准妈妈休息，也可以促进夫妻间的感情。

陪准妈妈做胎心监护

本月的产检除了一些常规检查之外，最重要的就是胎心监护，需要每周进行 1 次，保证胎儿和准妈妈的安全。正常的胎儿心率会随子宫内环境的不同，时刻发生着变化。胎心率正常表示胎宝宝在子宫内状态良好。胎心监护的目的是尽早发现胎宝宝异常，在胎宝宝尚未遭受不可逆性损伤时，采取有效的急救措施，使宝宝及时娩出，避免发生影响其终身的损伤。胎心频率正常值为 120 次 / 分 ~160 次 / 分。这个时候准爸爸就要做好准妈妈的陪护工作，并为准妈妈解答或咨询检查中的疑惑。

陪同做好产前最后一次检查

准爸爸还要陪同准妈妈认真做好产前最后一次检查。准妈妈在未生产前，仍应坚持让医生进行胎心监护、B 超检查，了解羊水以及胎宝宝在子宫内的状况。如果超过 41 周还未有分娩迹象，准妈妈应该住院催产了，否则胎宝宝在宫内将面临缺氧危险。

另外，准爸爸还要再检查一下给宝宝准备的用品是否齐全了。随准妈妈成功分娩后的最初成就感和兴奋感过后，准爸爸可能要开始担忧现实的一些问题——如何让准妈妈坐好月子、产后的饮食应该怎样补以及产后准妈妈及宝宝护理等问题。这些问题都应是准爸爸该考虑的。

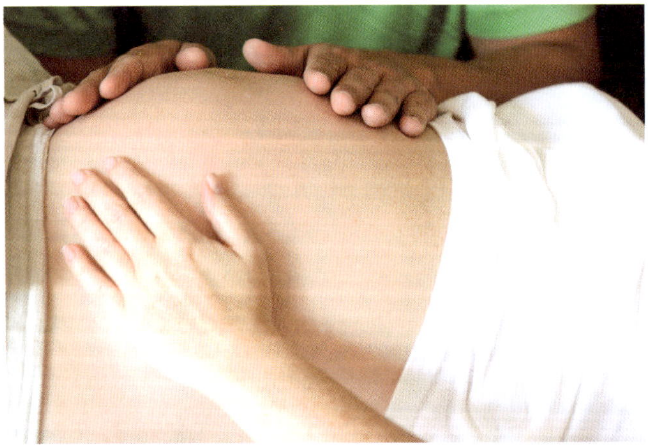

游戏胎教：与胎宝宝做游戏

这个时候的胎宝宝看起来已经像个新生儿了，胎毛已经逐渐褪去，只有两肩及上下肢部位仍被覆盖着少量胎毛，胎脂也没了，各项器官也已经发育得差不多了，反射能力也具备了。准妈妈要多多与他交流，适当做做游戏，给胎宝宝以美好的感受，快乐地等待“母婴会面”。

讲故事

胎宝宝这时候不怎么爱动，是出于他的“不愿”，他还是一样听得到你的声音，依然感受得到你的情绪，所以胎教是门必修课，一刻不能松懈。想让宝宝更熟悉你，就对他进行胎教吧！准妈妈闲来无事，就读故事给他听吧！用你最柔美的声音，读故事给他听，做个“话匣子”妈妈吧！把一切美好的事物都传递给胎宝宝。

唱唱歌

这既是准妈妈的任务又是准爸爸的任务。歌声是让人心情平静的良药。你可以边抚摸着自己的肚子，边唱歌给胎宝宝听，说不定他会在肚子里回应你呢！虽然这时的胎宝宝已经入盆，准备出生了，但他还是会给你回应，所以不要吝啬你的歌喉，想唱就唱吧！

十字绣

据说这是视觉胎教的好方法。在一副十字绣作品里往往要用到很多种颜色的线，所以在一针一线的编织过程中，准妈妈的色彩调和能力会不知不觉得到提高。事实证明，准妈妈倘若在孕期能够多接触一些色彩刺激，将来生出的宝宝也有较高的审美能力。但是准妈妈也要注意，刺绣时间不宜太长，否则容易引起视疲劳。

唤昵称

准妈妈和准爸爸每天都要和胎宝宝进行一定的交流，交流时要使用胎宝宝的昵称。曾经有一个成功的例子，在美国的一对夫妇，准爸爸在准妈妈怀孕期间，几乎每天都会抚摸着准妈妈的肚子对胎宝宝说：“XX，我是你爸爸！”在宝宝出生后，一直啼哭不停的情况下，准爸爸轻轻呼唤宝宝的昵称，宝宝竟然不哭了。所以，准妈妈与准爸爸，快给胎宝宝起个小乳名吧！

生活胎教：准备住院待产包

宝宝快要出生了，准妈妈肯定急不可待地想要一睹宝宝“芳容”了，可是你真的做好准备了吗？快来检查一下待产包吧！

待产包——妈妈篇

作为待产主角的准妈妈要带足以下物品：

梳洗用具

牙膏、牙刷、漱口杯、香皂、洗面奶。

毛巾3条，用于擦洗脸、身体和下身；擦洗乳房的方巾2条。

小脸盆2个，洗下身的脸盆，热敷或清洁乳房的脸盆各1个。

梳子、镜子、发卡。

特殊衣物

大号棉内裤3条。

哺乳胸罩、背心各2件、哺乳衬垫。

便于哺乳的前扣式睡衣。

束缚带1条。

产妇垫巾，特殊或加长加大的卫生巾、产后卫生棉、面巾纸。

保暖的拖鞋。

个人餐具

水杯、汤匙。（有的医院会要求自己准备餐具，需提前问清楚）

方便食物

准备一些巧克力或饼干，待产饿了可以随时吃。

医疗证件

身份证、医疗保险卡、有关病历、住院押金等。

待产包——爸爸篇

不要以为生宝宝是女人一个人的事，准爸爸也要行动起来，需准备以下物品：

照相机或录像机，可以记录下宝宝出生这重要的一刻。

游戏机或轻松的书，可以缓解压力。

洗漱用品和换洗衣物。

小收音机，没有辐射，且可以和妻子、宝宝听音乐。

待产包——宝宝篇

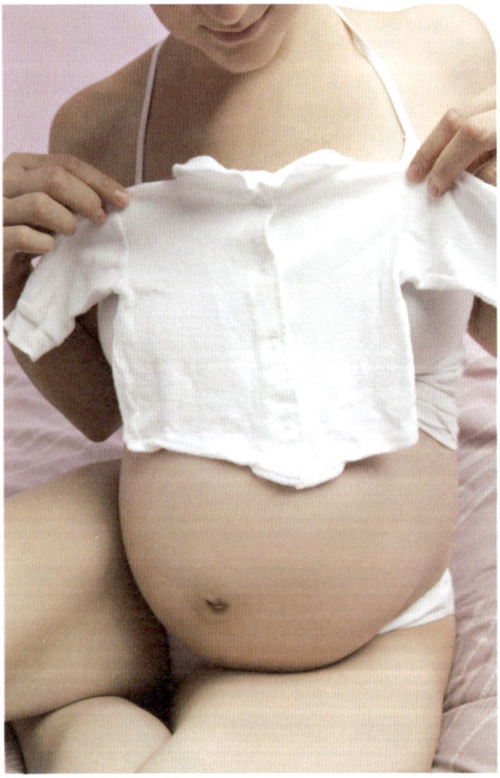

和尚衫2~3件。

纸尿裤（小号）2包。

小睡帽。

睡袋（有的医院会提供）。

包被。

小方巾3条，宝宝吃奶、喝水时垫在下巴底下。

配方奶粉1罐（备用）。

水碗、小勺。

奶瓶、奶瓶刷。

准备好这些，准妈妈就可以安心待产了。静静地等着宝宝出生吧！回忆一下这280天，你会感到既辛苦又幸福！完成了女性人生中的重要转变，你不会留下遗憾。孕期结束了，接下来，“养儿”才是你一生的恒久旅程，准妈妈，相信经历过生育的你会更加坚强与优雅，为了美好的明天加油！

音乐胎教

乐曲欣赏：《春之声圆舞曲》

到了怀孕后期，准妈妈即将分娩，难免有忧虑紧张的感觉，再加上体重的增加，会使准妈妈感觉身体笨重和劳累。因此，这时要听一些舒缓神经的音乐，不仅能让准妈妈缓解疲惫，还可以让准妈妈由衷地产生一种即将做母亲的幸福感和胜利感，并把这种愉快的感觉传给胎宝宝。这首《春之声圆舞曲》还可以缓解压力和忧郁。

《春之声圆舞曲》是小约翰·施特劳斯的一首圆舞曲杰作。它通过生动流畅的旋律和自由灵活的节奏生动地描绘了大地回春、冰雪消融、万物复苏的景象，歌颂了春天的美好之景和作者对大自然的无比热爱之情。该乐曲曲调优美酣畅、起伏跳跃，旋律轻盈优雅。准妈妈听了会顿觉紧张感全消，让人感觉属于自己的明媚的春天即将到来了，很快就能见到可爱的宝宝了！

语言胎教

智慧故事：最大的财富

有个年轻人整天抱怨自己太穷，什么财富都没有。

一天，一个老石匠从他家门口路过，听到了他的抱怨，就对他说："你抱怨什么呀？其实，你有最大的财富！"

年轻人惊讶地问："我有什么财富？"老石匠说："你有一双眼睛，你只要献出一只，就可以得到你想要的任何东西。"年轻人说什么也不献。老石匠又说："让我砍掉你的一双手吧，你可以得到许多黄金！"年轻人更是不能同意了。老石匠说："现在你明白了吧，人最大的财富是他的健康和精力，这是用多少钱都买不到的。"

甜蜜故事：三个好朋友

花园里有三只蝴蝶，一只是红色的，一只是黄色的，一只是白色的。三个好朋友天天都在一起玩，可快乐了。

一天，他们正玩得高兴，天突然下起了雨。三只蝴蝶的翅膀都被雨打湿了，冻得浑身发抖。

三只小蝴蝶一起飞到红花那里，对红花说："红花姐姐，让我们飞到你的叶子下面躲躲雨吧！"红花说："红蝴蝶进来吧，其他的快飞开！"

三个好朋友一齐摇摇头："我们是好朋友，一块儿来，也一块儿走。"